赵振华 著

旧京趣谈

中国文史出版社
CHINA CULTURAL AND HISTORICAL PRESS

图书在版编目（CIP）数据

旧京趣谈 / 赵振华著. —北京：中国文史出版社，2023.3

ISBN 978-7-5205-3884-8

Ⅰ. ①旧… Ⅱ. ①赵… Ⅲ. ①城市史—史料—北京—通俗读物 Ⅳ. ①K291-49

中国版本图书馆 CIP 数据核字（2022）第 199676 号

责任编辑：刘华夏

出版发行：中国文史出版社

社　　址：北京市海淀区西八里庄路 69 号　　邮编：100142

电　　话：010 - 81136606　81136602　81136603（发行部）

传　　真：010 - 81136655

印　　装：北京温林源印刷有限公司　　邮编：102445

经　　销：全国新华书店

开　　本：787mm×1092mm　1/16

印　　张：17

字　　数：204 千字

版　　次：2023 年 3 月北京第 1 版

印　　次：2023 年 3 月第 1 次印刷

定　　价：58.00 元

目录

追根溯源
元大都都城的修建

提起老北京的都城，可能有人说，我在北京城住了六七十年了，只听说过"内九外七皇城四"啊，怎么没听说过"都城"呢？确实，北京城从明朝嘉靖年间建了外城之后就有了内外城之分，也就有了内城、外城这么一说，可是在没建外城之前，内城叫什么呢？没有外城，对于原有的都城能叫内城吗？那是不可能的。有朋友知道，自从明朝永乐皇帝迁都北京之后，把北平改名为北京，北京的这座城就叫京城了。可是在元朝的时候，元大都的核心之城是宫城，也叫大内，在大内的外面有大内夹垣，大内夹垣的外边是皇城，而对于皇城外面的这一圈城墙叫什么呢？就叫都城，就是元大都的都城，或叫大城。老北京的都城是怎么来的，且听笔者细说。

刘秉忠的来历

说起元大都的总设计师、工程总指挥刘秉忠，那可是一位非常了不起的人物。刘秉忠 1215 年生人，原名刘侃，是位汉人，邢州人氏，即现在的河北邢台人，"秉忠"是后来忽必烈赐给他的名字。他很小的时候就博览群书，17 岁就当上邢台节度使府令史。要是一般人 17 岁就当官了，那得高兴得不得了，可是刘秉忠却闷闷不乐，为什么呢？他道："我家世代为官，难道我宁愿沦为书记小吏吗？大丈夫生不逢时，只有隐退以待时而起。"他说到做到，过了一年还真就弃官了。他们家附近有一座武安山，他就隐居于此山中。

又过两年，他一看天天得去街市上买米、面、蔬菜，还得自己生火做饭，这都要占用不少的时间，就没有多少工夫读书了，在哪里能够不用自己买菜做饭，还有大把的时间读书呢？他思来想去，找到了一个好去处——出家当和尚吧。刘秉忠还就真出家当了和尚了。当了和尚他又觉得这个地方也不可心，每天打坐、参禅、念经，还是没有多少读书的时间，他就又离开了寺院，以云游为名去寻找适合自己的地方。

他来到了云中（大同），感觉这里的南堂寺不错，寺院的方丈和各位长老都尊重知识、爱惜人才，他就留居在云中的南堂寺了，一待就是好几年。在这里他除了吃饭、睡觉，其他的时间都用在了读书上，还能够与附近几个寺院有知识的和尚们沟通、交流，说说自己学习的心得体会。更重要的是，他在耐心等待着机会，其实当时他自己都不知道能等来什么结果。

可是谁也没想到，这位刘秉忠在山西大同的这么一座小小的南堂寺里还真等来了一个大机会。1242 年，刘秉忠 27 岁，当时忽必烈还不是皇帝，还是蒙古王爷。忽必烈请海云禅师进京议事。这位海云禅师就是北京城里大庆寿寺的方丈。海云禅师不但佛法高深，而且知识渊博，很有智慧，并且在当时中国北方的佛学界具有很高的威望和巨大的影响力。他曾经给成吉思汗提过很好的建议，而且得到了成吉思汗的采纳，所以海云禅师得到了蒙古统治者的信任和尊崇。忽必烈知道海云禅师有真才实学，便想要听取他对治国的想法与高见。可能朋友们有些奇怪，他找的是大庆寿寺的方丈，而大庆寿寺不是就在北京吗？和居住在山西大同的刘秉忠有什么关系呢？有！原来这位海云禅师从成吉思汗十七年（1222）以后，也喜欢云游四方，可是他的云游和刘秉忠的云游有本质的区别。海云禅师是到处去传法授戒。20 年的时间里，他去了数不清的地区和寺院，他在"易州之兴国寺，兴安之永庆寺，昌平之开元寺，真定之临济寺，云中之龙宫寺等六七处寺院当了住持"。在海云禅师接到忽必烈请他回燕京的消息之后，在往燕京走的路上，恰巧路过云中（大同），在大同听几个寺院的和尚都说南堂寺的小师父刘秉忠博学多才，很是了得，便想见见这个人。结果见面一聊，感觉这位刘秉忠的确有真才实学，就收刘秉忠为自己的弟子了，并且劝说他和自己一起去燕京辅佐忽必烈。刘秉忠认为这是个机会，肯定足够他施展才华，就与海云禅师一起来燕京了。

辅佐忽必烈

到了燕京，忽必烈先单独召见了海云禅师请教治国方略。海云向忽必烈提了一个非常重要的主张：他建议忽必烈招贤纳士，广求天下的能人，向这些人咨问古今治国兴邦之道。然后海云郑重其事地向忽必烈举荐了自己的弟子刘秉忠。忽必烈一听，既然是禅师您推荐的人，又是您的弟子，我就见见吧。请进来一看，刘秉忠才20多岁，本没抱太大的期望，但是一聊，就发现这位刘秉忠对于各种书籍无所不读，读之无所不精，上知天文、下晓地理，阴阳，律历，占卜，儒、释、道，无论说到哪个方面、哪个话题，他都能说出与众不同的高论，对于天下大事了如指掌。再进一步深聊，发现刘秉忠曾经钻研过《易经》，熟读了宋邵雍的《经世书》，对国家管理的方略很有见地，忽必烈甚为称赞、宠爱，当即表态把刘秉忠留在身边供职，以便随时垂询。忽必烈府上其他官员一看，来了位年轻的新面孔，一打听，既没有文凭也没资历，好像就当过邢台节度使府令史这个小官，还只干了一年，所以就称他为"布衣幕僚"，多少有些看不起刘秉忠的意思。而忽必烈不是这样，他一直是抱着虚心学习的态度对待刘秉忠。几年下来，忽必烈越来越感觉这位刘秉忠真是位不可多得的能人。

1256—1258 年，刘秉忠负责于桓州城东、滦水北岸的龙冈相地建城，这座城建设得非常顺利，忽必烈非常满意，命名为开平。元朝中统四年（1263）开平升为都城，定名上都。至元元年（1264），刘秉忠升任光禄大夫、太保，领中书省政事，刘秉忠也愈加尽心尽力地参与国家大事。

建设元大都

至元三年（1266），朝廷的财政实力雄厚了，元世祖忽必烈就决定要建新的都城元大都了。如此重要且浩大的工程由谁负责呢？忽必烈首先想到了刘秉忠，和他一商量，刘秉忠也是满口应允，忽必烈就正式下诏，在燕京城的东北设计并建造一座新的都城，由刘秉忠全权负责。刘秉忠既是总设计师，又是工程总指挥。在设计都城的时候，刘秉忠参考了北宋的首都——东京汴梁开封府的建筑格局。以当时的北苑青山（如今的景山）作为元大都规划的"原点"，来规划和确定元大都中轴线的长度和中轴线北、南端点，以及全城的几何中心——中心台的地点。中心台，是城市东西南北的中心，这在中国城市建筑史上尚属首创。中心台占地一亩，在中心台东边15 步远的地方建有中心阁。《析津志》载："中心台在中心阁西十五步。"在中心台的南侧有石碑，刻有"中心之台"四字。中心阁位于大都城的中轴线上。《析津志》又载"齐政楼，都城之丽谯也"。齐政楼即元大都的鼓楼，其在中心阁西，亦即大都中轴线西，位于今北京旧鼓楼大街。到明朝才将鼓楼和其北的钟楼向东移到现在鼓楼、钟楼的位置，亦即城市中轴线上。当时以中心台为基准向四面拓勘城址，确定大都的四至。后来经人测量，实际情况是，中心台距元大都南北城垣的距离的确是大致相当的，但是距城东垣比西垣略近些，不知道这是有意为之还是当初测量的时候有些误差。新城规模宏伟，工程浩大，刘秉忠在元大都共设计了四重城。有人说元朝在元大都建了宫城、皇城、都城三重"城"，那是因为没有把大内夹垣算一道城。笔者个人认为虽然大内夹垣只是在东、西、北三面有墙，在南面与皇城共用一道城墙，但是还是应该把大内夹垣算一道城，所以元大都是四重城。元大都的核心之城是宫城，也叫大内；元大都的第二道城是介于宫城与皇城之间的内皇城，当时叫大内夹垣；元大都的第三道城是皇城；元大都的第四道城是最外面的都城，也叫大城。建造都城的目的是保护皇城，保卫帝都。在冷兵器时代，城门和城墙能够在军事防御中起到至关重要的作用。元大都的这四道城形成了元大都的城防体系，元大都都城的城墙全长按当时的尺寸为 60 里又 240 步，按现在的尺寸约 28.6 公里，从元大都的平面图来看，呈东西短、南北长的长方形，按现在的尺寸东西向城墙长约 6700 米，南北向城墙长约 7600 米。关于东西南北四面城墙的位置，东、西边是非常清楚的，东面是现在的建国门以北的东二环及往北的延长线，西面是现在的复兴门以北的西二环及往北的延长线，北面相对模糊一些，但是能说清楚，就是现在的地铁 10 号线西土城至北土城一线。只是元朝都城南城墙说着费点儿劲——它大约是从建国门到复兴门的东、西长安街的南步行道一线，其中还有一段是半圆形向南弯曲的。那么元大都三面都城的城墙都是笔直的，为什么在南面有一段弯曲的呢？原来，它是为了给大庆寿寺双塔让路。海云禅师在把刘秉忠引荐给元世祖忽必烈之后，又过了十几年，在宪宗七年（1257），不足 57 岁的时候就去世了，埋葬在了大庆寿寺院子里的西南角，众僧筹钱为他建了一座九层的佛塔。没过两年，接替他的方丈可庵法师也去世了，就埋葬在他那座塔的旁边，又建了一座七层的佛塔。元大都的都城建南城墙的时候请示过忽必烈，据《析津志》记载，"时相奏，世祖有旨，命圈裹入城内"。就是忽必烈批示，把这两座佛塔围在城墙的里边，都城的南城墙为此向南弯曲了 30 步。

刘秉忠是从 1267 年开始指挥建设元大都的都城的。都城的城门门道沿用宋金时代的旧做法，为大木过梁式方门。当时都城的每座城门都没有建设瓮城。是当时还没有瓮城这个概念吗？不是。因为在南宋时期的许多城市已经在城门处设有瓮城了，那为什么在元大都的都城城门设计上没有瓮城呢？笔者认为，一方面是出于节约资金的考虑，另一方面是刘秉忠认为没有必要。因为在金末元初的时候，蒙古人东征西战、攻城略地，推翻了宋朝的统治，以武力平定了天下，兵强马壮之时没有感觉到外来的威胁，所以认为没有建瓮城的必要。其实刘秉忠是一位办事小心谨慎、考虑仔细周到的人，笔者认为他当时想，元大都已经建了四重城了，又在都城的四个犄角建了角楼，便于观察敌情，城墙外面还有护城河，有多道保险，已经是有备无患了。当时都城城墙的高度为 10—12 米，应该说，是相当高了，已经接近后来北京内城城墙的高度了。基宽20—24 米，顶宽 10—15 米。筑城时采用宋代旧法，即在墙内先设永定木（立着栽的粗木桩子），然后再加横向的纴木（在夯土城墙中使用水平方向的木骨墙筋，称为"纴木"），这种做法上至汉长安城，下至南北朝、唐朝、宋朝一直都在使用，所以在元代的元大都建设中继续使用。然后加土夯筑。由于当时北京地区夏季多雨，土城墙被雨水冲刷浸泡之后容易倒塌，因此在设计建城方案的时候，曾计划以砖石包覆，可是一测算，费用高出一大截，终因财力不足而放弃了那个设计方案。夯土城墙不但省钱，而且省工时，建得快。在刘秉忠和张柔、段桢等人的主持下，施工进展也很顺利。至元六年（1269），在建设都城的同时，刘秉忠又着手订立朝仪，制定官制，规定了觐见皇帝的礼节、百官的服饰及各级官员的俸禄数额等。到至元八年（1271），仅用了四年的时间，元大都的都城建设就大功告成了。至元十一年（1274）正月，元大都的宫阙也建成了。

当年的八月份，呕心沥血的刘秉忠还没有等到元大都完全建成就去世了，按历史记载，是无疾而终。刘秉忠对元代政治体制、典章制度的建立发挥了重大作用。其对元大都的规划设计，奠定了北京城最初的城市雏形。

刘秉忠还非常擅长诗、词、曲的写作，在元代可谓多才多艺的一代名家。笔者认为刘秉忠是令后人尊敬、敬仰的一代伟人。刘秉忠的光辉事迹还有很多，在后面笔者还会说到。对于刘秉忠的去世，忽必烈甚为痛惜，他对群臣说："秉忠为朕尽忠三十余年，小心谨慎，不避艰险，言无隐情，其学问之深，唯朕知之。"下令出内府钱将其安葬于大都，墓位于北京卢沟桥北不远处。后来明代姚广孝来到北平后专门去墓地祭奠，而且先后去了两次，并作《春日谒（夜）刘太保墓作》以表敬佩之情。后来刘秉忠的后代把他的尸骨由北京迁回老家邢台，安葬于邢台市桥西区贾村，墓地规模宏大，是邢台三大古墓之一，可惜在"文革"时期，被邢台的"造反派"破坏得一塌糊涂，石人石马被砸毁了，坟被挖了，只余一个残碑，近些年才修复了一部分。

都城是座哪吒城

元大都的都城共开辟了十一座城门，南、东、西三面各三门，北面二门，各城门的命名都与《周易》卦象相关。笔者就简单说一下名称和位置。南面的三座城门，正中为丽正门，大约在现在天安门广场国旗旗杆与人民大会堂之间的位置。东为文明门，大概是在现在东单十字路口往南一点儿偏西的位置。西为顺承门，在现在西单路口往南一点儿偏西的位置。东垣正中为崇仁门，就是现在东直门立交桥的位置。南为齐化门，是现在朝阳门立交桥的位置。北为光熙门，13号地铁线有光熙门一站，大约是那个位置。西垣正中为和义门，就是现在的西直门立交桥位置。南为平则门，是现在的阜成门立交桥的位置。北为肃清门，大约是现在的西直门往北，明光桥到蓟门桥之间偏北一点的位置。北垣东为安贞门，现在地铁10号线有一站，叫安贞门站。西为健德门，现在地铁10号线有健德门一站。对于元大都的这十一座城门后人有很多演绎，其中有一个说法，说十一座城门暗示着元朝只能执政110年。确实元朝存在了110年左右就被朱元璋给推翻了，但是笔者认为这和元大都的十一座城门没有任何关系，既没有根据也没有道理，完全是牵强附会。还有一种说法，流传了数百年，说元大都的都城是座哪吒城，十一座城门是哪吒的"三头六臂两足"，这个传说十分有意思。笔者在这里说说对都城是座哪吒城的个人看法。

元大都的都城大约间隔2公里建一座城门，这个间距既便于朝廷官员的进出、军队的调动，也方便老百姓的日常生活，笔者认为是很科学、很合理的。那么有人可能问，为什么同样的距离，北面设计了二门，而南面却设计了三门呢？笔者个人研究的结果是：当时元大都北部城里、城外都比较荒凉，人烟稀少，所以刘秉忠可能认为没有必要建三座门，而且建城门的费用是高于建城墙的，虽然当时元朝有雄厚的经济实力，但是当时要建大都这四重城，而且从1256年到1263年忽必烈刚刚在桓（环）州城东、滦水北岸的龙冈相地建完上都开平府，因此在经济上还是要考虑的，所以在都城北部城墙只设计了两座城门。而当时都城的南部情况可就不一样了，那里人烟稠密、商业繁华。在都城的设计上，在皇城的南门灵星门的南边，于元大都的中轴线上就有一座城门，而且是都城的十一座城门中最为高大挺拔的城门，这就是丽正门。而且燕京中都老城在元大都的西南方向（就是现在的广安门一带），将来等建成大都，要把中都的官员以及有钱的百姓陆续迁到大都来，所以都城南墙的西部必须要设计一座门，以方便官员、百姓的来往，所以就安排了顺承门。中国传统建筑是很讲究对称美的，既稳定又漂亮，所以在都城南墙的东部相应的地方就设计了文明门。

那这十一座城门又和三头六臂的哪吒有什么关系呢？其实没有关系，但是就说现在设计各种大型建筑的时候，设计者也往往要找一些理论根据来说明他设计思路的正确和设计理念的合理。

笔者认为在700年前，刘秉忠把元大都的都城设计了十一座城门，而且正好是南边三座，北边两座，那时候的地图不是按照上北下南、左西右东，而是上南下北、左东右西，所以就正合上了哪吒的三头六臂双足。虽然那时候《封神演义》和《西游记》两部小说都没有问世，但是关于哪吒的故事在民间已有流传，家家户户已经是耳熟能详了，在故事里哪吒是守护天庭、保护国家、惩治恶龙、打击邪恶的护法天神，在老百姓的眼里哪吒是集正义、智慧、力量于一身的大英雄，而哪吒的英俊、顽皮、可爱的外形更可以说是人见人爱，所以作为佛教弟子的刘秉忠就很自然地把他的都城设计方案与哪吒联系到一起，这对于设计方案绝对是加分的，是更加有含金量的，是更有说服力的。笔者想象当刘秉忠把都城设计方案与哪吒捆绑起来，介绍给元世祖忽必烈的时候，忽必烈肯定是心服口服外加佩服的了。几百年来，对于元朝刘秉忠建造的都城是座哪吒城一事一直停留在民间传说的层面，没有正经的历史记载，笔者说的这些也只是推测罢了。

龙虎水火护都城

关于龙虎水火护都城，不是传说和推断，是有事实的。中国古代天文学家把天空中可见的星星分成二十八个区域，叫作二十八星宿，又把这二十八个星宿划分为四组，也称为四象、四灵、四兽、四方神，每组各有七个星宿。为什么叫四灵、四兽呢？就是按照每组七个星宿所组成的形状，分别想象成一种有神灵的动物，东方就是青龙或者叫苍龙，是中华民族的图腾，大家耳熟能详，是古代人想象出来的能腾云驾雾、呼风唤雨的一种神兽，是东方之神。南方朱雀是红色的大鸟，也叫朱鸟，也是想象出来的一种神灵动物。据说朱雀能引导死者灵魂升天，也能助人成仙，南方属火，朱雀属火，是南方之神。西方白虎呢？在古人心目中，老虎是可怕的庞然大物，可又是可敬的动物。可怕的是，它能够食人畜，而可敬的是虎是百兽之王，其威猛勇武，力大无比。尤其是白虎有降伏鬼物的能力，在古书中就有"画虎于门，鬼不敢入"的记载。而且白虎也是战神，具有辟邪、禳灾、祈丰及惩恶扬善的本领。在传说中，白虎能使人发财致富、喜结良缘，有多种神力，是一种祥瑞之兆。北方玄武是蛇与龟的组合体，也是古人根据天上星星组成的形状想象出来的，乌龟长寿，所以玄武是长生不老的象征，又因为蛇与龟都可以在水中活动，北方属水，所以玄武是北方水神。它们分别从天空上的四个方向拱卫着紫微垣。紫微垣就是中国古代神话故事中的天庭，是玉皇大帝等天神居住的地方，这四种神兽就是分别从四个方向保卫着天庭的。

在与天象相对应的地面上，刘秉忠就是要安排东方青龙、南方朱雀、西方白虎、北方玄武，从四个方向保护着皇帝居住的紫禁城。

　　具体来说，刘秉忠特意在建都城东侧的崇仁门（就是在现在的东直门的位置）的时候，在城里建了一座宏大的青龙庙，供奉着东方之神。现在青龙庙是早就没有了，但是留下了一条青龙胡同至今还在，从东直门里北小街中间往西，一直通到雍和宫的东侧，是青龙庙遗存的痕迹。

　　在建都城西侧的和义门（就是现在的西直门）的时候，在城里建了一座白虎庙，供奉着西方之神。白虎庙也叫老虎庙，一盖老虎庙，庙墙的西边就形成了一条胡同，这条胡同就叫扒儿胡同。扒儿是蒙古语，就是老虎的意思。这条胡同的名称也记录了元朝蒙古大军来到北京，蒙古语言和北京当地语言融合的过程。这座老虎庙到了明朝就被朝廷改成了尼姑庵，叫翠峰庵，也叫翠峰寺，而且还是皇家的寺院，朝廷的女眷经常到这里烧香、拜佛。到20世纪30年代，翠峰庵里还有尼姑生活。尼姑们在翠峰庵里生活到了新中国成立之后，一直到1966年"文革"时才被遣散了，翠峰庵的西院儿成了消防局的训练场。到20世纪90年代，在西直门立交桥的东南角建成铭大厦和消防局大楼，翠峰庵的东院也被占用，翠峰庵也就消失了。

　　在翠峰寺的门口曾经有一座汉白玉雕刻的1米多高的石老虎，直到20世纪50年代，附近的小孩子们还在石虎上爬上爬下呢，再后来就不知去向了。至于为什么把石老虎安置在寺院的门外，笔者认为很有可能在元朝刘秉忠建老虎庙的时候，这只石老虎是摆在大殿的正中供奉着的。在明朝老虎庙被朝廷改成尼姑庵的时候，大殿改供佛祖了，就把老虎移到大门外面了。后来围着寺庙又产生了几条胡同，有南扒儿胡同、北扒儿胡同、中扒儿胡同、大扒儿胡同。到民国年间，扒儿胡同改叫"大安胡同"了。后来随着盖大楼，南大安、北大安、老虎庙这些地名也随之消失了。近些年来，有些专家针对这座老虎庙和青龙庙发表了一些文章，说当初把老虎庙安排在京城的西北角，把青龙庙安排在京城东北角是守住了金角。笔者认为情况并非如此。第一，元朝刘秉忠建元大都的时候东西各三座城门，和义门是西侧正中的门，崇仁门是东侧正中的门，怎么能用明朝的地图去套元朝的建筑呢？再者说，金角是曾经下围棋对犄角用比较少的棋子可以守住比较大的空间的形容，叫"金角银边草肚皮"，这既和城门没关系，也和建庙的位置没关系。第二，有的专家说老虎庙、青龙庙都是刘秉忠建元大都的时候设置的镇物，笔者也不赞同。天上的青龙、朱雀、白虎、玄武是从四个方向拱卫着紫微垣的，地上的老虎庙、青龙庙就应该是护卫着紫禁城的，怎么能是镇物呢？它们要镇着谁呢？对镇物怎么能盖一座庙供起来呢？所以笔者认为刘秉忠是把青龙、白虎作为保佑、守护着皇宫的神灵看待的，是要建庙供奉的。而且笔者还认为刘秉忠不会只供奉东西两方的青龙、白虎，而舍弃南北两方的神灵。也就是说在元朝初年建青龙庙、白虎庙的同时，刘秉忠一定在元大都的城南建了供奉朱雀或火神的建筑，在城北建了供奉玄武或水神的建筑。如果进一步推测，永定门外的燕墩就是刘秉忠的杰作，就是供奉火神的建筑。燕墩又名烟墩，位于永定门外西南方向，距离永定门200多米。根据记载，燕墩始建于元代，早期是一座土台，其形状非常像烽火台，至明嘉靖三十二年（1553）北京修筑外城时，才以砖包砌。后来燕墩上竖有清乾隆皇帝御制碑一座，是北京著名碑刻之一。碑座束腰部分雕出水神像24尊，均袒胸裸足于海水之上。燕墩下有石刻的燕墩介绍，有的专家说这座燕墩就是元、明两朝的烽火台，笔者并不认同。烽火台是我国古代的军事防御设施，如果有敌入侵，白天燃狼烟，夜间点明火，以此来传递敌情。要做到这些有一个前提，就是每隔一段距离都要建一个烽火台，要建若干个烽火台，台台相连，才能传递消息，永定门外孤零零的一个土台，怎么能是烽火台呢？只不过元朝是把守护京城的火神供奉地建设成为烽火台的形状了。还有人说燕墩最早可能是两个土堆，笔者觉得不会，刘秉忠是不会供两个火神的。还有人说燕墩是土堆起来的，是北京城金、木、水、火、土五镇之一的土镇。从五行与五方的关系来说，土的位置在中央，怎么能在北京城的南郊呢？刚才笔者介绍燕墩的时候说燕墩碑座上雕有24尊水神像，这显然是后加上的，笔者认为这也是不了解燕墩作用的人，包括清朝的朝廷，担心燕墩的火太大了，用水神控制一下，实属画蛇添足。其实刘秉忠在这里供奉的就是火神，弄来24尊水神，不是要和刘秉忠唱对台戏吗？可能有人觉得笔者说的有些牵强，在元朝还没有北京的外城，刘秉忠为什么把火神安置在离都城这么远的地方呢？而且燕墩在永定门的西南方向，并不在北京城的中轴线上。不要用现在的眼光看待过去的事情。实际上清代同治年间的杨静山有《燕墩》诗云："沙路迢迢古迹存，石幢卓立号燕墩。大都旧事谁能说，正对当年丽正门。"这首诗证明了当初的燕墩正是在北京城的中轴线上。再有，可能有人问为什么青龙庙、老虎庙建在城里，而火神却离城这么远呢？其实这表达了刘秉忠的一种理念，就是龙、虎护宫城要离宫城近，水、火护宫城要与宫城保持一定的距离，俗话说，水火无情啊，必须敬而远之，而且按哪吒城的安排布置，都城南部的三座门是哪吒的三个脑袋，这位火神是不能离哪吒脑袋太近的。燕墩的位置大约距离当时都城的南城墙十里路，又正是在都城的南中轴线上，所以这个位置是刘秉忠经过计算，做出的最佳选择。

如果按此进一步推断，在元朝都城北城墙往北十里路的中轴线的地方刘秉忠一定建了一座供奉玄武或是水神的建筑。水神，是我国神话传说中的司水之神，也有水君、水母、龙王等别称，笔者后来果然在奥林匹克森林公园旁边的朝阳区科荟路 39 号找到了一座龙王庙。

根据朝阳区文化委网站资料：龙王庙位于朝阳区洼里乡龙王堂村（奥运村街道奥运森林公园国际区），始建于明弘治十四年（1501），明正德、清乾隆年间两次重修。原名龙泉庵，现名龙王庙。据 2008 年初修缮龙王庙时挖出的明正德十六年（1521）《重建龙王堂记》残碑记载，明宪宗成化皇帝遇灾惊惧之时遣官"备祀物祈祷龙王祠"，"千金修之"，"坛公复捐己资而再造"，"柴公舍地一丛，在殿后善造方丈五间"。修缮后的龙王庙占地面积 3050 平方米，古建面积 2149 平方米。龙王庙原为三进院，民国之后因无力修缮而仅存山门、前殿三间。据传，龙王庙山门为龙嘴门，左右侧门为龙眼门；在庙的东西两侧各有古井一口，象征龙的眼睛；在一进殿内原供有龙王、龙母神像，后殿供奉四海龙王即黄、红、青、白四海龙神像；门前有地下泉水喷出，最高可达 2 米，此景今已无存。

笔者觉得这段文字很有意思。可能大家一看，这段文字说龙王庙是始建于明弘治十四年（1501）的。请各位仔细看，文字显示：据 2008 年初修缮龙王庙时挖出的明正德十六年（1521）《重建龙王堂记》残碑记载，明宪宗成化皇帝遇灾惊惧之时遣官"备祀物祈祷龙王祠"，"千金修之"，"坛公复捐己资而再造"。要知道明宪宗成化皇帝可是在明孝宗弘治皇帝之前一代的皇帝，而且据这个残碑记载，成化皇帝是遣官"备祀物祈祷龙王祠"，说明在成化年间就已经有这座龙王祠了，又说"千金修之"而不是建之，修之就是早已经就有了，只不过再修一下，还说"坛公复捐己资而再造"，是再造，即使是全拆了再造，那也是原来就有的。真正最初是什么时候兴建的呢？肯定是在明朝成化以前的，也就是说肯定不是始建于明弘治十四年（1501）的。成化年间距离元朝末年满打满算也就是一百年，所以笔者认为这座龙王庙应该就是刘秉忠建造的供奉水神的庙宇。

进一步分析这篇文章，首先说这座建筑的名称，不叫龙王庙，最早叫龙王堂，这座建筑所在地就叫龙王堂村，说明什么呢？说明当初附近的老百姓就看到了这座建筑与普通的龙王庙是有区别的。咱们再看这座建筑的配置：龙王庙山门为龙嘴门，左右侧门为龙眼门；在庙的东西两侧各有古井一口，象征龙的眼睛；在一进殿内原供有龙王、龙母神像，后殿供奉四海龙王即黄、红、青、白四海龙神像。通过这段文字可以知道这不是一般的龙王庙的配置，有龙嘴、有龙眼，不但有龙王还有龙母，不但有总管龙王，还有四海龙王，笔者认为这绝对是供奉水神的配置。再说，一般的龙王庙是建在河边、湖边的，如延庆龙栖湖、颐和园昆明湖，其目的是让龙王管理好水势，避免洪水泛滥。还有一些龙王庙是建在缺水的山区的，老百姓企盼龙王保佑下雨，而这座龙王庙旁边既没有河也没有湖，通过文章里的描述，这里的地下泉水喷出，最高可达 2 米，所以也绝不是缺水的地方，因此按照常理，这个地方是不需要建龙王庙的。那建的不就是水神庙嘛！为什么能够预判到水神庙要建在这里呢？因为燕墩是建在曾经的丽正门南方十里的元朝都城的中轴线上的，这座水神庙一定是建在曾经的元大都北城墙以北十里的中轴线上的。

那么对于龙虎水火护宫城这么大的事情，为什么大家都不知道呢？也从来没看到文字记载啊？别说现在的人不知道，就连清朝的皇上也不知道，所以乾隆才命令在燕墩的束腰上雕刻了 24 尊水神像；不但清朝皇帝不知道，而且连明朝的皇帝也不知道，所以元朝的白虎庙到了明朝就被皇上改成皇家的寺院翠峰庵了；别说明朝的皇帝不知道，大概就连元朝元大都里的以及水神庙旁边居住的老百姓也不知道这四处建筑的真实作用，更不知道四神拱卫紫禁城的事情。为什么呢，因为刘秉忠建造这四神拱卫紫禁城是为朝廷着想的，是与老百姓无关的。在建元大都的时候，朝廷对四方的神灵是诚惶诚恐的，是毕恭毕敬的，所以采取了供奉的方式，而且这个供奉既是实实在在做出来的，也是悄悄地做的，并没有大张旗鼓地宣传。建庙宇需要申请拨款，所以要和朝廷的大臣讲清楚，和皇上讲清楚，但是就不用让老百姓知道了，更不能让敌人知道，要避免敌人破解。所以元朝在元大都供奉青龙、白虎、火神、水神，有庙宇、有建筑、有祭祀，就是没有宣传，所以这四座建筑的真正作用在历史上既没有文字的记载，在改朝换代的时候也不可能传承，即使明朝的徐达抓住了元顺帝，元顺帝也不可能向徐达交代这些庙的功能，也不可能嘱咐明朝的人要按时祭祀。所以这个设置成了一个秘密，隐藏了 600 多年，如今被笔者揭开了。北京城的中轴线长度大约在 7.8 公里，而如果认可元朝的中轴线，从供奉水神的龙王堂到供奉火神的燕墩，足足有 16 公里长，比现在的北京中轴线的长度翻了一番，又延长了 8 公里！同时把北京的中轴线存在的时间又往前推了 100 多年！这是不是笔者对于北京历史、北京历史上的建筑文化的一个重大发现呢？

元大都是宜居城市

刘秉忠对于元大都的设计，除了都城、皇城、大内夹垣和大内紫禁城这四道城设计得井井有条、令人称道外，他对于都城里的前朝后市、左宗右社的整体布局也是遵循了《礼记》的规矩。所以元大都的大内，也就是紫禁城是在都城中央的南侧，也就是靠前，前边是朝廷，钟鼓楼商业区在紫禁城的北侧，也就是紫禁城的后面。用于祭祀的宗庙建在了皇城的南门灵星门的左侧，祭祀社稷的社稷坛建在了皇城的南门灵星门的右侧。这一安排不但符合《礼记》的规矩，而且便于皇帝参加祭祀活动——出了紫禁城就到了，这一规制在明清两朝得到了继承与延续。现在我们看到的天安门东侧的劳动人民文化宫和天安门西侧的中山公园就是曾经的皇朝祭祀祖宗的宗庙和皇上祭祀社稷的社稷坛。

刘秉忠当时把都城里划分为五个区，也叫五城（东城、西城、南城、北城、中城），在元大都的鼓楼上设置有壶漏、鼓角等计时、报时工具；数百年来，鼓楼里的壶漏为都城提供着时间的指示，再通过钟声、鼓声传达给全城的官员与老百姓，日复一日、年复一年。

钟楼上有阁楼，飞檐三重，内置大钟，声响洪亮，全城遍闻。钟楼、鼓楼在元朝的作用不但是为全城报时，也是元朝统治者控制大都的一个工具。《马可·波罗游记》述云："新都的中央，耸立着一座高楼，上面悬着一口大钟，每夜鸣钟报时。第三次钟响后，任何人都不得在街上行走。除非遇有紧急事务，如孕妇分娩或有人生病，非出外请医生不可者可以例外。但是，如果遇到这种情况，外出的人必须提着灯笼。""在夜间，有三四十人一队的军人，在街头不断巡逻，随时查看有没有人在宵禁时间——第三次钟响后——离家外出。如果在夜里无故外出，甚至不拿灯笼，行动可疑，被查获者立即逮捕监禁。"

刘秉忠对于元大都的街道、胡同的设计、安排、布置也是很有其独到之处，不但非常适合市民的居住、生活，即便用现在的眼光来看，仍然是非常合理的，甚至是非常科学的。为什么这么说呢？首先说都城是长方形的，东、西、南、北四面共有十一座城门，对此大家都很清楚了，在城内东西向、南北向各设有九条大街，叫九经九纬，南北的街属经线，东西的街属于纬线，其实一直到现在的北京城仍然遵循着这个规矩，例如现在的东经路是南北走向的，北纬路是东西走向的。九经九纬也叫九横九纵，东西的街叫横街，南北的街叫纵街，例如现在的南横街就是东西走向的。当时设计的大街既宽阔笔直，又整齐划一，还正南正北。只是在当时全城的中心地带，中心之阁的西南边有一片水面，当时叫海子，也就是今天的积水潭、前海、后海、什刹海这一带，因为水面的原因，形成了几条斜街，也正是因为刘秉忠不拘泥于局部的方正，因地制宜、因势利导，才有了很实惠的斜街，不但解决了交通问题，而且缩短了距离，这在后来郭守敬为北京城引来了水源，疏通了河道，通惠河的运输船只能够直接开到什刹海之后，更彰显了斜街的便利性。鼓楼西大街和烟袋斜街在元代称斜街市，是非常繁华热闹的所在。

说到科学合理，刘秉忠设计的大街宽 24 步（约合 37.2 米），设计的这个宽度是可以并排走九辆马车。大街的用途首先是保证军队的通行，包括骑兵的通行，再就是各种车辆的行驶，刘秉忠的设计充分地考虑到了这一点。再就是对于各坊的划分。元朝为了便于管理，把都城里划分为 50 个坊（也有资料显示 49 个坊），基本上都是以大街为界线的，在金中都的有些坊之间是有高大的坊墙的，执政者只考虑便于管理了，没有顾及老百姓的出入自由。被高大的围墙圈起来，生活起居肯定是不方便的，而元大都的设计就取消了坊墙，只是在各坊的主要出入口处建立了木制的牌坊，上面写了坊名，方便不熟悉的人寻找。

再说说都城里的小街。刘秉忠设计的小街宽 12 步（约合 18.6 米），小街也叫火巷。为什么叫火巷呢？刘秉忠在做都城规划的时候，对于将来要盖房屋的一块一块的建筑用地之间留出一条条的宽度为 12 步的隔离地带，叫小街。这些隔离带平时作为通行的道路供居民们正常使用，万一哪个家庭不留神失火了，这些小街就又发挥另一个作用了，就成了防止火势蔓延的隔离通道，有了这接近20米的空旷地带，就能把火控制在着火的这个区域，大家努力把火扑灭，火就不容易扩大到火巷的另一侧，就有可能避免火烧连营。当时设计的小街以南北向居多，小街的两头都与大街相通，小街的两侧是一条条胡同的进出口。应该说刘秉忠为元大都的规划设计呕心沥血，考虑得非常周到。同时笔者认为，从当时设计火巷的防火功能的角度来判断，很可能在当初火巷是不叫火巷的，是叫防火巷或隔火巷的，后来人们嫌麻烦，也是老北京人说话爱省略字的习惯，逐渐就把防火巷或隔火巷简称成火巷了，这也是笔者一家之言。

比小街还要窄的街道就是胡同了。当时设计的胡同基本上是东西走向的，宽度是6步（约合9.3米），为的是能够保证两辆马车错车或者两乘轿子交会。胡同与胡同之间要有50步的间距，留出来供迁来的居民建住宅，就是四合院。为什么胡同基本上是东西向的呢？因为这样在胡同两侧建四合院很容易把院门安排在院子的东南角或西北角，是非常有利于生活起居的，也是符合风水学说的。刘秉忠对这一安排的文字记载与复原的元朝都城地图对照来看是一致的。至于我们现在看到民国时期的北京城区地图有很多弯曲的胡同和南北走向的胡同，那都应该是明清两朝形成的。

刘秉忠当时并没有为老百姓盖四合院，只不过预留好了建四合院的位置。四合院的建设是在元大都建设完成后的1285年，朝廷开出了优惠条件，免费提供土地，鼓励住在金中都的人家搬到元大都来。几十万的居民陆续从金中都搬到了元大都，使元大都的都城里出现了大量的四合院。对于四合院格局的解释，已经有很多书籍了，这里就不详细说了，简单来说，四合院就是在院子的东西南北四面都有房子的院落，也叫四合房。在中国的北方，太阳是从东南升起的，北房采光比较好，而且下午没有严重的西晒，相对来说是冬暖夏凉，所以北房在北京也叫正房或上房，一般安排家里的长辈居住。

刘秉忠不但对大街、小街和胡同的宽窄规定了严格的标准，而且规定只有街上允许开商铺，大街、小街上都可以开商铺、建市场，所以叫街市，胡同里是禁止开商铺的，因为胡同两侧都是居民住宅，买东西和卖东西的喧嚣声是不利于百姓居住休息的。大家看刘秉忠的设计充分地考虑到了居民的生活，是很科学的，按现在的说法，是设计了一座非常宜居的城市。当时都城里一共有街巷胡同413条，其中只有29条被称为胡同。

元大都是我国历史上第一座平地创建的街巷制都城，在中国和世界古代城市发展史上，从规划的完整性、周到性、宜居性和面积的宏大来说，在当时是可以称为世界之最的，而且为后来的城市设计提供了重要的借鉴作用。笔者认为刘秉忠设计的都城，就是现在来看，仍然具有很多的合理性、先进性和独到之处，值得我们学习。

刘秉忠在这项浩大的工程中是功不可没的，或者说是厥功至伟的。从元朝初年到现在，近800年过去了，现在的北京城里还有元朝设计的胡同吗？经实地勘察，笔者认为，现在的北京城里还是有多条胡同非常接近元朝规定的标准，很有可能这些胡同是元朝初年的胡同遗留下来的痕迹。从明朝到民国的500多年，北京城里的街道、胡同基本上没有什么改动，只是增加了一些而已。通过新老地图的对照以及实地走访，笔者认为在东城区的东四南大街从史家胡同往北、内务部街、本司胡同、演乐胡同、灯草胡同、礼士胡同、前炒面胡同这几条胡同，和东四北大街的三条到九条这几条胡同，再往北，过了东四十条之后，从东四十一条到十四条这几条胡同，总共十七八条胡同，1平方公里左右的面积，从元朝到现在的变化不大，大部分胡同还没有拆除，胡同的走向、形状还没有大的改变，胡同里还有一些四合院，虽然这些不是元朝遗留下来的，但是还是老式的建筑，胡同与胡同之间的距离也还基本保持在80米左右，也就是元朝刘秉忠定的50步。

何谓蓑衣披城

元大都的都城建设完成之后，既高大又雄壮，满朝的文武大臣看着都很高兴。可是到了雨季就发现雨水对土墙是有侵蚀的，雨水把城上的泥土泡成泥汤顺着城墙往下流。大都的官员就担心了，这要是雨水下得大、下得勤，恐怕用不了几年，这都城的城墙就垮塌了。就赶快上报到朝廷，朝廷的千户王庆瑞建议，"以苇排编，自下彻上"。就是每年在雨季到来之前，用苇席把城墙的墙体苫盖上就能避免土城墙被雨水冲刷浸泡了，也就不会倒塌了。朝廷采纳了这个建议，派人四处查找哪里有大量的芦苇，后来发现文明门东5里有一大片水塘，盛产芦苇，就又派专人去测算了一下，觉得产量还是不太够，元太祖忽必烈就命人在那里进一步扩建了芦苇塘，并且专门抽调军队，看护苇塘，负责按时收割芦苇送到都城里的各个草厂。那时候在都城里建了30多座草厂，几乎隔几里地就有一座草厂。元朝草厂的一项重要工作就是负责编织苇席，保管苇席，草厂的管理人员是军队的官员，干活的人叫草帮。每年一入夏，草厂的草帮们要用马车把苇席拉到城墙边，一片一片地把用土夯成的城墙都苫盖起来，等过了雨季再把苇席撤下来，运回草厂，这60里长的城墙，全苫上、撤下来，苇席运来、运走、装卸，每年的工作量是相当大的。

可是元朝的草厂的任务还不光这些。因为蒙古人号称马背上的民族，军队有很大一部分是骑兵，骑兵坐骑的饲料也是草厂提供的，以及朝廷牵引各种车辆的牲畜所需草料的加工与保管，也是由草厂负责，所以草厂工人的劳动强度之大是可想而知的。每年当雨季到来的时候，老百姓看到都城的城墙都苫盖上苇子了，就管都城叫苇城，还说这是"蓑衣披城"。

就这样苫盖，城墙仍然有垮塌的情况，垮塌严重了就要征调民夫修补。根据记载，从至元九年（1272）到至正十年（1350），近80年里修城就达到了15次。不过这近80年中的后10年对于都城的城墙就不用苇席苫盖了，因为在元文宗执政的1328年到1332年期间，朝廷内部钩心斗角，天下也动乱频发，元文宗担心反叛人员或起义军在雨季到来之际，趁城墙上都苫盖着苇席的时候攻打元大都，用放火焚烧苇席的办法来攻城，而且这几十年的实践证明苇席苫盖城墙也并不是个好办法，花了大量的人力、物力、财力苫盖的城墙仍然会垮塌，都城的官员还是经常向朝廷打报告要钱雇民夫修补，因此决定终止用苇席苫盖城墙的办法。老百姓"蓑衣披城"的叫法就逐渐消失了，但是草厂并没有撤销，要继续为马匹、牲畜加工、保管草料。后来明朝延续了元朝的做法，清朝军队也擅长骑马打仗，草厂仍然存在，直到清朝晚期，骑兵逐渐减少了，北京城里的草厂才逐渐退出历史舞台。

北平战事
元大都的改造与永乐迁都

改造都城

一、为什么北京城西北缺角

在元朝的至正二十八年（1368）夏，朱元璋派遣大将徐达、常遇春率军北征，同年七月攻克通州。元顺帝听到消息，知道大势已去了。他很清楚自己身边这些人是抵挡不住明军的，于是元顺帝在至正二十八年七月二十七日的夜里率领妻儿及妃嫔、侍从，偷偷地打开了都城北部的健德门，向着居庸关的方向逃去，逃往上都开平府（今内蒙古自治区锡林郭勒盟正蓝旗）去了。元顺帝溜走，他手下守卫元大都的军队一看，皇上都不抵抗了，咱们还给谁卖命啊？也撤吧，就以保护元顺帝为名，也逃往"上都"了。

至正二十八年八月初二（1368 年 9 月 14 日），明军攻打元大都的齐化门（朝阳门），轻易地就占领了齐化门。入城一看，居然是座空城，元朝的当官的、当兵的全跑了，只剩老百姓了。徐达赶紧派人了解情况，一打听才知道，元顺帝在五天前就出了健德门了。徐达打开地图看了看，心里明白了，元顺帝这是知道打不过，又不愿意投降，这是逃跑了啊，他能跑哪儿去呢？出健德门一定是往他的老窝儿元上都开平府去了。徐达马上安排兵分两路，一路人马也出健德门，去追击元顺帝，另一路人在元大都城里安抚民心。徐达要求下属绝不可烧杀抢掠，要秋毫无犯，这一做法得到了老百姓的拥护。徐达又派快马往南京送信报捷。当时中国北方的最大重镇元大都已经被攻克了，同时徐达决定把健德门改名为德胜门，以庆贺明朝大军占领了元大都。这就是德胜门名称的由来，只不过当时的德胜门是原来的健德门，三年后才挪到现在的德胜门。当明朝大军占领元大都的消息报告给明太祖朱元璋的时候，朱元璋心中大喜，通令嘉奖各位战将，犒赏三军，并且决定把元大都改名为北平府。

徐达为了提防元朝军队反攻倒算卷土重来，一方面派人追击，另一方面亲自对元朝都城的防御设施仔仔细细地查看了一遍，尤其是北部的城防，因为蒙古人要来肯定是从北边来的。他一查看就发现北城里居民稀少、地势空旷，这对于北城墙上的防守作战是很不利的。为什么不利呢？因为如果城墙里居住着很多老百姓，就能够为守城的军队提供饮水、吃饭等诸多方便，而现在是这么荒凉，守城的军人根本没有协助与后援之人，这对于作战是很不利的，这道防线是很容易被攻破的。那为什么会出现这种情况呢？因为元大都都城里的老百姓是从1285年开始从金中都迁过来的，虽然陆续迁过来几十万人，可是都住在繁华热闹的市中心，也就是鼓楼一带，以及距离市中心比较近或离金中都比较近的地方，而靠北的地区不但不繁华热闹，而且买东西也不方便，离原来的家也非常远，所以都不愿意搬到北边来住，因此北城居民稀少，这从元朝的地图上也看得出来。

面对这种情况，徐达在占领北平的当年就命令驻守北平城的华云龙在城里距离北城墙5里的东西一线新筑一道土城墙，作为第二道防线，并要求年底之前一定要建完。也就是要把原来元大都的都城的形状从"口"字形改为"日"字形，这道土城墙就是后来明朝的北城墙，也就是现在的北二环路一线。本想新筑一道东西笔直的城墙，可是西边的一段是高粱河的河道，在河道里用土垒起来的城墙没有几天就塌了。华云龙很是着急，赶紧向徐达报告，如果在河道里建城墙，必须对地基反复碾轧夯实，工期势必要延长，如果保工期，只能把西部的城墙从河道里改到河岸上，建一段斜的城墙。由于当时徐达认为被推翻的元朝军队随时都可能打回来，战事紧急，为了早日建好防御工事，徐达就决定，宁可城墙斜，也要按时完工，一定要在保证新筑的城墙不垮塌的前提下，加快工程进度，新城墙不一定非要垒成东西笔直的城墙，斜着的城墙照样能起到防御作用。结果华云龙把西部的城墙从河道里挪到河岸上，虽然是斜的，但是这样筑起的城墙就再也没有垮塌过。可是从此以后这道城墙的西部就斜了，在几次大修，包括城墙的外侧和内侧砌砖的时候都没有再调直了，这也就造成明城墙西北缺角的格局，也就是现在大家常说的北京内城西北缺角之谜。笔者刚才所说的就是这个谜的答案。还是回到明朝初年吧，到这里笔者要明确一下，在华云龙新筑这道土城墙的时候，并没有建德胜门和安定门，一是因为时间不允许，二是物料不齐备，只是在这两处留了供人通行的豁口。建设德胜门和安定门是明洪武四年（1371）的事情了，在徐达占领北平的 1368 年，华云龙除了新筑这道土城墙外，还对齐化门、崇仁门几座城门进行了加固，以提高这几座城门的防御能力。

二、为什么要废除元大都的北四门

　　笔者刚才解释了北京内城西北缺角之谜，但是在明朝初年，在都城的北城墙上还有一个更大的谜团！就是在洪武四年（1371），明朝决定把元大都都城北部的四座城门废弃了，把这四门的城楼、箭楼都给拆除了。难道他们又不担心元朝统治者打过来了吗？对于这件事的原因，笔者在史书上没找到，的确是谜团。下面笔者说一说对此事的看法，来解开这个谜。笔者的结论是废弃北四门和拆除北四门恰恰是为了北平城的安全采取的一项措施。为什么这么说呢？咱们先说一下当时明朝北平府守军的情况。在明朝军队刚刚攻占元大都的时候，为了抵御元军的反攻，抓紧时间修筑了又一道城墙，而且没有废弃这四座城门，每天傍晚都要按时关上城门，拉起吊桥，第二天早上再打开城门，放下吊桥。在城墙上还设有固定哨和巡逻哨，昼夜值守，日复一日、月复一月、年复一年，天天都重复做这些工作。三年过去了，元军并没有打过来。为什么没打过来呢？因为自从 1368 年元顺帝带着家人跑到元上都开平府之后，明朝大军就乘胜追击，穷追不舍，追到了元上都开平府，元顺帝只好带着家人又跑到了应昌（大约是今天的内蒙古自治区赤峰市）。其实元顺帝从离开元大都开始就有再夺回元大都的想法，可是实现不了，一是明朝军队甚是厉害，他手下的军队不是对手，只有招架之功，没有还手之力；二是上苍留给元顺帝的时间不多了，在至正三十年（1370）四月，也就是元顺帝从元大都出逃两年多之后就病死在应昌了，他的儿子爱猷识理达腊在这里接了他的班，就是元昭宗。明朝政府得到消息，为了斩草除根、免除后患，又派军队追到了应昌。元昭宗这几年一直跟随着元顺帝逃来逃去，知道明朝大军的厉害，所以不敢抵抗，继续逃跑，这回一下就跑到和林去了。和林在呼和浩特的南边，距离北京的直线距离有 400 多公里，按实际道路里程得有 1000 多里地。这时候的元昭宗已经对北平府构不成威胁了，尤其是在明洪武四年（1371）北平府又将新筑的土城墙加宽、加高了一些，并且建设了两座城门，西侧门仍称德胜门，东边的叫安定门。两座城门建成之后，夜晚关上城门，拉起吊桥，白天对于从这里进北平城的人仔细盘查，真正是严防死守。从这以后，笔者估计北边的四座城门就不再天天开关了，护城河上的吊桥也不再天天抬起来、放下去了，北平府把这四座瓮城里的驻军调到德胜门、安定门了，平时也就是在这四座瓮城以及城墙上安排一些巡逻哨就行了。北平府放弃了对于都城北边四座城门的看守，把这四座瓮城里的驻军撤走之后，就有别人住进来了。谁呢？有逃荒要饭的，有跑长途做买卖的，有走亲访友路过这里赶不上住店的，也有刮风下雨的时候来遮风避雨的，因为瓮城里有好多间曾经驻军的房屋，不花钱，随便住，结果是时不时就有人住几天，甚至有长期居住的意思。巡逻哨兵发现了，说这里不许住，可是赶走了一拨，又来一拨，四座瓮城里都有，轰都轰不过来，抓起来吧，都是穷老百姓，一问，还都能说出点儿理由，朝廷也不是能随便抓人的。可是北平的官员也担心这些人里面有元朝蒙古人派来的密探，更担心蒙古人派来穿便衣的军人，趁夜黑风高把守军的巡逻哨给干掉了。怎么能解决这个问题呢？怎么能进一步保证北平城北部的安全呢？索性把四座瓮城废弃了，把瓮城里的房子拆了，这个问题就彻底解决了。就这样，在明洪武四年（1371），就把曾经元大都都城北部的四座城门废弃了，即为了北平城的安全，把这四座城门的城楼、箭楼和瓮城里的房屋都拆除了。从此这四座城门消失了，只有这四座城门的名称载入了史册，直到现在这四座城门的名称还在公交站名、地铁站名里有所体现。

可是明朝和清朝的老百姓可不是这样的，城门没了，他们也不再叫什么门了，便改了名。老百姓管东城墙东直门北边的光熙门叫红桥豁子；对北城墙东部的安贞门改叫东小关；把北城墙西部叫了四年的德胜门，也就是原来的健德门改叫西小关；对于西直门往北的肃清门改叫小西门豁子。当时虽然把这四门的城楼、箭楼、房屋都拆除了，但是城墙并没有拆除，而且还有军人守卫，仍然是防止蒙古军队反攻的一道重要屏障。根据历史记载，直到明朝嘉靖年间的俺答之变时，在土城（老的健德门附近）仍有明军驻守。一直到现在，在德胜门外，有一处名叫土城关的地方，那里仍有元代健德门的遗址，而且在几十年前北京市政府为了保护元大都城墙的历史痕迹，在北土城一线设立了"元大都城垣遗址公园"。在洪武四年（1371）废除北平城的北四门的同时，北平府再次对齐化门、崇仁门进行了修缮。

三、永乐年间都城的三大变化

明朝永乐年间，为了迎接迁都，北京的都城有了三大变化。

一是对崇仁门、齐化门、和义门进行了修葺，并且据《明太宗实录》记载：把崇仁门改名为东直门，把和义门改名为西直门，但当时齐化门并没有改为朝阳门。东直门、西直门就是从这时候开始叫的，城门上面的匾也是那时候更换的，"门"字没有钩，为什么呢？据说明朝初年，明太祖朱元璋在南京命中书詹希原写太学"集贤门"匾，所写"门"字，末笔微微钩起，"门"字末笔有钩，开国皇帝朱元璋见后大怒："吾方欲集贤，乃欲闭门塞贤路耶？"遂下令斩之。笔者估计朱元璋可能早就想杀詹希原，只是没有借口，这回终于找到借口了，就借这件事，把詹希原给杀了。通过这件事朱元璋实现了杀詹希原的目的，结果从此以后，南京各城门上面匾额上的"门"字就都没有右下方的那个钩了。到后来，北京各座城门上的"门"字也没有钩了。

第二个变化是把都城的城墙外部包砌上城砖了，就是从外边看，都城的城墙是砖墙了，更坚固了，也不怕雨淋了。砌砖的方式是利用元大都土城作为墙心，土墙外侧加砌内外两层砖；外层用大砖，内层用小砖。明北京城墙所用城砖多在山东临清、聊城和河南安阳等地烧制，又以临清砖最为出名。当时每块砖约重 24 公斤，包筑 1 公里城墙需要几百万块的城砖（内城的城墙 3 丈 5 尺 5 寸高）。城墙顶部外侧用砖砌有雉堞。古代计算城墙面积的单位是

"方丈曰堵，三堵曰雉，一雉之墙，长三丈，高一丈"。堞也叫垛口，是城上的短墙，城墙上如齿状的薄型矮墙，可作为守御者在反击攻城者时的掩蔽之用。每个稚堞长度几十厘米到 2 米，北京明朝城墙每个雉堞高 1.9 米，宽 1.5 米，厚 0.7 米。城墙每隔约 80 米设有一个墩台，也叫墙台、马面。马面与城墙同高，向外凸出，因外观狭长如马面而得名。在明成祖朱棣迁都之前，只是在北城垣修筑马面，以防北方蒙古人攻城。都城其他三面是到了明嘉靖三十二年（1553）加建南城时，才在城墙上修筑马面 172 座。面积有大小两种，间距为 60—100 米。在作战的时候，马面与城墙互为依靠，消除城下死角，自上而下从三面攻击来犯的敌人。

　　在城墙外面砌砖的时候，并没有在城墙的里侧砌砖，所以从城里看，还是土墙。为什么没有把里面也砌上呢？笔者估计，因为资金紧张，所以只包砌了外面，那已经显得威武多了。明朝永乐年间改建的砖城也略呈梯形，下宽上窄，每行砖与每行砖之间，往里稍有凹进，以利雨水下流，也就在每层城砖之间形成了很窄的错台。笔者还记得十几岁的时候和几个邻居小孩子曾经试图通过蹬着每一层的错台，要爬到城墙顶上的事。记得那是"文革"前一年的夏天，学校放暑假了，中午吃完饭不想睡午觉，和几个孩子去西直门玩，一般的时候，我们都从上城墙的马道小门的铁栅栏下面钻过去，到城楼里玩或者在城墙上逮老琉璃（蜻蜓）。结果这天走到城墙根底下，一个孩子说，咱们顺这儿爬上去吧！开始好爬，城墙错台的宽度和我们的鞋底宽度差不多，上到 2 米以上就窄了，不好爬了，爬到三四米的高度基本就上不去了，有一个比笔者大一岁的孩子，爬得比我们高不少，开始还美呢，还朝下跟我们显摆呢，后来就哭了，我们说你哭什么呀？他说上不去了。我们说那你就下来吧。他说也下不来了。我们一看也害怕了，说你别动，我们叫大人去。大中午的，根本没有人，后来有俩孩子跑到西直门瓮城的电车站带着一个警察来了。警察一看也说，你千万别动，他跑到旁边居民家里带个人还抱着一床夹被窝（就是棉被，到了夏天把棉被套抽出来用，类似现在的被罩，叫夹被窝）就跑过来了，这时候已经有几个大人也过来了。他们把夹被窝撑开了接着，那警察说你跳下来吧！那他哪儿敢跳啊！警察又说，那你慢慢爬下来吧！那孩子就俩手扒着往下爬，一点儿一点儿地爬下来了，几个大人撑着被窝也没用上。等他爬下来了，有个孩子也把他奶奶叫来了。他奶奶一个劲儿地向警察和那几位大人道谢。这就是笔者小时候爬城墙的一件事。

下面再说第三个变化。据《明太宗实录》记载："永乐十七年十一月甲子，拓北京南城，计二千七百余丈。"也就是说把东西长2700余丈的北京南城墙往南移了2里，就是从现在的长安街的南马路边上，挪到了后来的崇文门、宣武门一线，现在能看到的内城东南角楼以及角楼西侧的老城墙就是挪之后城墙的标志。从北往南挪了大约2里，当时的2里地是现在的800米。这一变化使北京城扩大了5.4平方公里。至于为什么要把南城墙再往南挪，有些资料说是因衙署不足，又没有合适的地方兴建，所以扩大了城区建衙署。当时北京成了国都了，确实要建六大部和一些新的机构，所以这个理由是站得住脚的，但是笔者认为除了这个理由，往南挪城墙还有两个原因：一个是原来都城的南城墙与皇城的南城墙之间的距离太近了，不足200米，既不合理，也不实用，而且由于原来的丽正门与承天门之间距离过近，没有建设千步廊和大明门的位置，所以才把都城的南城墙往南移。第二个原因就是元朝本来都城是南北长、东西短的长方形，是符合国都规制的，可是在明朝初年徐达垒了新城墙，废除了北部城墙之后，北京城成了南北短、东西长的长方形，既不好看也不太符合《周礼》关于国都的规制了，要是把都城的城墙往南挪2里地，北京城形状接近于正方形，周长45里是比较符合《周礼》中理想的都城的形制的。所以因为这三大原因，就把城墙向南挪了2里地。在建新城墙的同时，新建了三座城门，城门的名称当时还是沿用了元朝的名称，正中的是丽正门，东边的是文明门，西边的是顺承门。

在修建都城新的南城墙的时候，对于元大都的南城墙，就是那个土城墙，并没有全部拆除，而是顺其自然、自生自灭了。老百姓有想在老城墙的哪个位置盖房的，就把那个位置削去一块城墙，平整出一块土地盖房了。管理者觉得哪里的老城墙碍事了，要开辟条道路，就安排民夫削去一块城墙，平整出一条道来，对于用不着、不碍事的地方就还堆着它，有别的地方需要黄土，就上老城墙这里来挖。就这样至明朝末年，元大都南城垣经过200多年的拆、挖、风吹雨淋，就剩了几座小土包，名称也不叫城墙了，叫土岗，土岗的两侧叫"上岗""下岗"。等到了清朝，元大都南城墙的遗迹就逐渐完全消失了，但是"上岗""下岗"这两个地名一直叫到民国时期，这是元朝都城南城墙遗留下来的一点儿痕迹，现在看老地图上还有这个名称。

以上就是明朝永乐初年到永乐十八年北京都城的三大变化。

永乐迁都

一、迁都的五大原因

明朝的建文元年（1399）燕王朱棣起兵，建文四年（1402）攻占了帝都应天（今南京），1402年7月17日当上了皇帝。朱棣在即位第二年（1403）就下诏升北平为北京，实际上就是为迁都做准备了。为什么朱棣要迁都北京呢？笔者认为有这么几个原因。1. 在洪武三年（1370）朱棣十岁的时候就被明太祖朱元璋封为燕王，洪武十三年（1380），朱棣就藩来到了北平，从此这里就成了他的大本营，他的政治根本在北平，忠于他的军队在北平，所以他感觉在北平是最安全的。2. 从 1380 年到 1402 年，朱棣在北平生活了 20 多年，他对居住环境是非常熟悉的，对北平的山山水水是亲切的，他对北平有一种特殊的感情。3. 当时对明朝构成的军事威胁主要来自北方的蒙古族，从永乐八年（1410）至永乐二十二年（1424），朱棣当了皇帝之后亲自率兵五次北征，从南京北征路途遥远，如果迁都北京，不仅可以及时抗击自北入侵的蒙古人，而且可进一步控制东北地区，往南则可统领中原，有利于维护全国统一。而且北平处于中国中部的农业区与北部牧区接壤处，交通便利，形势险要，既是汉蒙各族贸易的中心，也是中国北方政治与军事要地，更是历年来的兵家必争之地。4. 朱棣的"靖难之役"夺取皇位是从北平发起并最终成功的，他想体会荣归故里的感觉，并且要按照他的想法重新建一座令自己满意的国都。5. 在南京他时时处处都不踏实，都感觉不安全。他虽然是一国之君，但是既要面对朝廷老臣的掣肘，又要提防新提拔官员的虚情假意，更要命的是既有明枪，又有暗箭。在 1402 年朱棣攻占南京后不久，左佥都御史景清就要对朱棣行刺。虽行刺未遂，但朱棣大怒，下令夷其九族，尽掘其先人冢墓。后来朱棣对于忠于建文帝的一些大臣不但斩首，而且株连九族甚至十族。方孝孺被灭十族牵连了近 2000 人，还有练子宁、陈迪、司中、胡闰、董镛等人都被处死，并各有受牵连之死数百人。朱棣知道这些人的朋友、同情者都对自己恨之入骨，所以他在南京是如坐针毡，度日如年，恨不得尽早回到北京来。笔者认为朱棣出于这五大原因，对于迁都一事是铁了心了。

二、反对迁都，革职勿论

对于迁都之事，明成祖朱棣也曾经召集群臣，和大家商议，实际上就是听听大臣们对这件事是怎么想的，结果是众多大臣纷纷提出了反对意见，什么南京是虎踞龙盘之地，是天下最适合当国都的地方啦；什么南京是太祖确定的国都，可不能轻易变动啦……明成祖一听，差点儿把鼻子气歪了，心里说，我和你们商量是给你们面子，你们顺着我说说就完了，你们不但不顺着说，还唱反调，这是明目张胆地和我对着干，看来是敬酒不吃吃罚酒啊，都谁反对迁都啦，该革职的革职，该查办的查办，一律严惩。从此再也没人敢反对迁都了。虽然朱棣急于迁都，可是新国都的建设可不是一朝一夕的事。从永乐四年（1406），北京方面的臣僚奉旨征调工匠、民夫上百万人，为营建北京的国都做准备。永乐五年（1407）五月开始建造北京的紫禁城、皇城，一下就干了13年！在此期间，在永乐七年（1409），明成祖朱棣又指示北京的大臣着手营建北京昌平的天寿山长陵。13年来，朱棣时时刻刻惦念着北京建都的情况，所以每次朱棣北征都要到北京视察建都的进度。在这个阶段，北京还不是正式国都，只能称为"行在"或者行在所。直到永乐十八年（1420），在北京建国都的特大工程终于完成了。永乐十九年（1421）正月朱棣于北京紫禁城的奉天殿宣布北京为国都，改北平顺天府为京师，原国都南京降为留都，取消了南京京师的称号。但在南京仍设六部等中央机构，称南京某部，迁都大政至此基本完成。可惜朱棣在北京这个新的国都仅三年多的时间就去世了。

九门八点一口钟

一、"内九外七皇城四"还有后半句

在明朝永乐年间朱棣皇上做出了一些决定，给北京城带来了一些变化。大家可能都听说过老北京人常说的一句话："内九外七皇城四"，其实这是前半句，还有后半句："九门八点一口钟"。仔细分析起来，这句话的前半句和后半句说的是间隔100多年的两件事情。前半句话："内九外七皇城四"，说的是从明朝嘉靖年间在北京建了南边的外城之后，北京城主要的城门有二十座，内城有九座，外城有七座，皇城有四座。而后半句话："九门八点一口钟"，说的是自从明朝永乐年间迁都之后，朱棣皇上就在都城的九座城门安排了八座城门来打点（也称"钟板""响板""铁板""云板"，俗称"点"。是铁或铜铸成厚板，通常制作成云形。上系绳，悬而用木槌或铁锤击板发声，来确定开关城门的时间）。只有一座城门是用撞钟来确定开关城门的时间，哪座城门撞钟呢？是崇文门，在永乐年间还是叫文明门的。这就是"九门八点一口钟"的来历。

二、为什么九门不统一撞钟

那么为什么不安排九座城门都打点，或者安排九座城门都撞钟呢？多少年来，流传着三种说法。一种说法是个传说，说建北京城的时候，崇文门开城、关城也是打点的，因为建北京城占的是原来幽州龙王的地盘，龙王不高兴了，就率领龙子发大水，要水淹北京城。北京城的设计者姚广孝与龙王、龙子搏斗，终于把龙子锁在崇文门桥下的海眼里。龙子问："姚军师，你要关我到什么时候啊？工夫短了我就忍了，时间长了我可不干！"姚广孝说："只要你听见

这座城门开城门的时候打点，就可以出来了。"龙子一听，每天早晚都要打点啊，很快我就能出来了，说："那我就忍了吧。"没想到打这儿起，姚广孝就安排崇文门开城、关城不再打点，一直改为撞钟了，所以龙子也就永无出头之日了。这是传说，肯定是假的。

还有两种说法，一种是说崇文门离通惠河有一段距离，南方来的商船上的客人都是从崇文门进城的，撞钟的声音比打点的声音传得远，是为了让船上的人能听到，赶快进城，别被关在城门外面。第三种说法是崇文门是税门，明清两朝的酒必须纳税。那时候北京的酒厂大多在北京城的东南郊，运酒纳税进城的车很沉，走得比较慢，撞钟的声音比打点的声音传得远，是为了让酒车的车夫听见赶快走，别耽误了纳税进城。

笔者认为其实这些说法都不对！那为什么偏偏只安排崇文门撞钟呢？咱们先说说打点和撞钟是起什么作用的。自从元朝在燕京建了都城，每座城门到晚上都要关门上锁，在元朝的至正十九年（1359）把都城的城门增建了瓮城，而且把这些城门外原有的护城河上的木桥从固定的桥改成了吊桥之后，一有风吹草动，不但要关城门，而且还要把护城河上的吊桥拽起来。元朝的时候，每天开关城门是守城官兵的一项任务，是根据钟鼓楼的报时声音早晨开城门、晚上关城门的，但是从明朝永乐年间迁都北京之后，开关城门的管理工作就交给九门提督了。

（一）明清两朝九门提督的区别

讲到这里，大家可别误会，这可不是清朝，明朝的九门提督也不是清朝的九门提督，那可真是不可同日而语。清朝时的九门提督的全称是"提督九门巡捕五营步军统领"，简称是步军统领，属于正二品官位。这个职务要担负守卫京师，还有稽查、审案、发信号炮等职责，而且还代管对于外地进京商品的税收工作，这可是个肥缺。九门提督的办公地点在崇文门，所以北京的税收总部也设在崇文门，所收的税款本来应该全上缴国库，可是实际上是有相当一部分进了收税官员的腰包。根据文字记载，这些税官以"献鲜"为名，定期给皇帝及大臣们送东西，每年三月送黄花鱼，十月送冬笋和银鱼等，这么做是为了防止其他官吏忌妒，也是在变相分赃，这样既能让别的大臣们心里平衡一些，压住了他们的口舌，又与皇帝及大臣们联络了感情，密切了关系。据说崇文门的税官每年还要向后妃们孝敬"脂粉钱"。著名的大贪官和珅在乾隆四十三年（1778）28 岁的时候就曾担任监督崇文门税务之职。不过听说那时候的和珅当此官的时间并不长，而且当时还是位清官，也可能就是在这个位置上，整天看到白花花的银子，逐渐起了贪心的，后来的和珅成了清朝最大的贪官。可是因为他把乾隆皇上哄好了，谁也拿他没办法，甚至嘉庆当了皇帝之后，因为乾隆爷还在世，仍然对他敢怒不敢言。直到嘉庆四年（1799）正月，太上皇乾隆驾崩了，嘉庆帝先安排和珅总理丧事；正月十三日，嘉庆帝突然宣布和珅的二十条大罪，下旨将和珅革职下狱，查抄他的资产。和珅所拥有的黄金和白银加上其他古玩、珍宝逐一造册登记，通过评估，值 8 亿两至 11 亿两白银，超过了清朝政府十五年财政收入的总和。乾隆帝死后十五天，嘉庆帝赐 49 岁的和珅自尽，所以后人称"和珅跌倒，嘉庆吃饱"，这是真实的和珅的事儿。

咱们还是继续聊清朝崇文门。税官们是发财了，直接收税的小兵们也得喝点汤啊，那时候收税的手续繁多，挑担做买卖的小商贩们嫌排队登记交税耽误时间，就想了个既省事儿又省钱的办法：根据自己货物多少，该交多少税，少掏点钱插在帽檐上，走到城门处，收税的兵丁取下钱来立即放行。这钱基本上就被兵丁们私分了。清朝有位叫查嗣瑮的人曾经写了首诗来讽刺崇文门的收税人，他说："九门征课一门专，马迹车尘互接连。内使自取花担税，朝朝插鬓掠双钱。"根据这种情况，清朝还产生了一句歇后语，一直流传至今，当然只有很少的老北京人知道了，就是：崇文门当差——大发了。这说的是清朝的九门提督，而明朝的九门提督可没有那么大的权力，也根本不管收税的事，甚至都没有官衔。明朝的九门提督属于内官担任的内监衙门，也就是说明朝的九门提督是由太监担任的，一般要由地位显要的宦官担任，叫提督九门内官。明朝的九门提督不但负责看守京城的九座城门，而且要负责看守皇宫的大门，这样就使皇城门的开关和都城门的开关得到了统一管理。那时候看守城门的守卫还负责巡夜、救火，但是这些人不负责保卫北京城，因为他们不是作战打仗的军人，也不归兵部或五军都督府管理，只受提督九门内官的领导，而真正保卫宫城、皇城和都城的军队是御林军，和他们是两码事。由提督九门内官负责城门开关的管理方法是从什么时候开始的呢？有些人说是从明朝成化年间开始的，因为在《明宪宗实录》中有这么一句话："命提督九门内官巡视城池，且榜禁沿河居民毋得秽污……"据考证，在《明宪宗实录》中提到的这位"提督九门内官"是太监陈良。有研究明史的专家找到了太监陈良死后埋葬的墓地和为陈良立的碑，碑文里有曾经担任提督都城九门、皇城四门的字样，所以专家们就认为太监担任提督九门内官是从太监陈良开始的，时间是明成化十年（1474）的六月份。经考证，太监陈良在成化年间担任提督九门内官是确有其事的，但是明朝安排太监担任提督九门内官可不是从成化年间太监陈良开始的。根据记载，明太祖朱元璋在南京对于城门的管理就是这么安排的，朱棣迁都之后只不过延续了南京的旧制。从明朝迁都之后，北京城的九座城门就是每天晚上关，早上再开。几点关，几点开呢？规定每天是晚上7点的时候关城门，早晨5点的时候开城门。为什么这么安排呢？因为中国历史上是把夜晚分为五更的，两个小时为一更，从晚上7点开始，7点为定更，从7点到9点为一更，也叫头更；然后晚9点到11点为二更；11点到夜里1点为三更；1点到3点为四更；3点至5点为五更，5点为五个更时的结束，也叫出更。一般是这么说的，也有不同的解释，咱们就不在这里探讨了。北京城从明朝永乐年间迁都开始，规定每天定更的时候关城门，早晨出更的时候开城门，这个规矩延续了500多年，直到1949年北京解放。那么这九座城门如何掌握统一操作的时间呢？几百年来，都城的老百姓日常了解时间、掌握时间是靠钟鼓楼的报时，把钟鼓楼安排建在城市的中心部位，就是考虑到钟声、鼓声在城内传播的距离对于东西南北城是不偏不倚的，是方便老百姓收听的。在元朝守城的军人每天开关城门时间的掌握也是靠钟鼓楼的报时，晨钟暮鼓，军人们每天提前一些时间就要支棱起耳朵，注意听鼓楼傍晚定更的鼓声或早晨出更的钟声，可不敢耽误了开关城门的大事。如果有老百姓家住在城外，到城里办事，要在关城门之前出城的，或者是本来在城里住，早晨着急要出城的，更要格外地注意这些。而这一时间段的钟鼓声和其他时间段的钟鼓声音是没有太大区别的，就有搞混的可能。明朝迁都以后，都城的老百姓日常了解时间、掌握时间还是靠钟鼓楼的报时，这个方法没变，但是朝廷在开关城门的程序上做了重大的调整，不但统一了开关城门的时间，就是晚7点关，早5点开，而且安排九座城门的开关要统一指挥，同时开关。由谁来指挥呢？就是提督九门内官。提督九门内官在哪里指挥呢？提督九门内官是太监，在皇宫里有他的办公点，但是提督九门内官白天要在这九座城门来回巡视、检查，可是也不能成天坐在轿子里办公啊，朝廷就决定在崇文门城楼上给提督九门内官再安排一处办公点。这个决定一直延续到清朝。每天傍晚和清晨，提督九门内官，或者他指定的人员就要注意钟鼓楼的报时，当听到钟鼓楼定更的鼓声了，或者听到钟鼓楼出更的钟声了，提督九门内官马上命令手下在所在的文明门（后来的崇文门）的城楼上敲钟，确实钟声要比点的声音大得多，其他八座城门的守卫都能听到，当其他八座城门的守卫听到崇文门传来的钟声了，各个城楼上的守卫就打响各自城楼上悬挂的点，把守城门的守卫们就一边喊"关城门喽！"呼唤进出城的老百姓快点儿走（早晨开城门的时候是不用喊的），一边着手做关城门的准备了。击打点的声音虽然比钟声小，但是音频高，声音独特，足以让本座城门里外周边的老百姓听得清清楚楚了。这就是从明朝一直到民国，北京城开关城门的程序。

（二）"九门八点一口钟"是在为老百姓着想

明朝迁都之后的这个调整变化不但保证了九座城门开关城门的准确和一致，而且方便了要进出城的老百姓。为什么这么说呢？就比如家住城里的人，出城到距离城门远一些的地方办事去了，准备在关城门之前进城回家。以前是听到钟鼓楼的鼓声，再往城门那里赶，就来不及了，就有被关在城门外边的可能，真要是被关在城门外边，就要到城外关厢找个旅店住一宿，如果是位穷人就只能在城门洞里凑合一宿了，或者就要提前进城。可是调整之后呢，听到钟鼓楼的鼓声，再往城门处走，等城楼上打点了，也走到城门口了，就不至于被关在城外了。以上就是"九门八点一口钟"的来历。实际上，崇文门上的钟声既是通知附近进出城门的老百姓，也是给其他八个城门发出的开关城门的信号。当然，崇文门城楼上敲完钟，城楼下面的守城人员就可以开关城门了，没有必要再打点通知了。而一般老百姓不明白敲钟与打点的关系，只看到了崇文门开关城门是敲钟，其他的城门是打点，觉得奇怪，所以就有了"九门八

点一口钟"这句老话儿。老话儿在北京流传了几百年，北京城的很
多老百姓也奇怪了几百年。这也是明朝永乐年间北京都城的又一个
变化。

九门十座庙，一座无神道

一、九门十座庙

可能有些老北京人知道有这么一句老话儿，叫"九门十座庙，
一座无神道"。其实这句老话儿说的也不是同一时期的事。"九门
十座庙"说的是什么呢？说的是明朝初年，在内城的九座城门旁边
（后来的瓮城里）各建了一座庙，后来在明朝末年，在正阳门的瓮
城里又建了一座庙，就成了九门十座庙了。这是为什么呢？

从明朝永乐年间开始，朱棣决定在都城的九座城门旁边各建一
座庙，其中有七座庙是供奉关老爷的关帝庙，后来在明朝崇祯十五
年（1642），崇祯皇帝安排在正阳门的瓮城东侧又建了一座庙。为
什么增加一座庙呢？这是一座供奉谁的庙呢？后来的 300 多年，这
里都是供奉观音菩萨的观音寺，就是 1902 年慈禧从西安回北京路
过正阳门进去烧香的那座观音寺。

可是当初建的不是观音寺，而是一座祠堂，是崇祯给洪承畴建
的祠堂。大家知道洪承畴是投降清朝的人，是明朝的叛徒啊，崇祯
皇帝为什么给洪承畴建祠堂？后来又为什么改成观音寺了呢？听笔
者慢慢说。这位洪承畴是个有本事的人，他在万历二十一年（1593）
十月出生在福建泉州，23 岁就考上了举人，24 岁考上了进士，天启
七年（1627），34 岁的洪承畴升任陕西督粮参政。崇祯四年（1631），
38 岁的洪承畴当上了陕西三边总督。从崇祯当上皇帝以来，洪承
畴按朝廷的旨意，围剿农民起义军，十来年的时间，近百场战斗，

真是攻无不克、战无不胜，屡立战功，其中就包括和李自成的战斗。所以洪承畴深得崇祯的信任。洪承畴对朝廷也是忠心耿耿。他曾经写了副对联贴在厅堂上：君恩深似海，臣节重如山。崇祯十一年（1638）九月，清军在皇太极的率领下，分两路南下，再一次攻打明朝。明朝的崇祯皇帝感觉这回京师真的危险了，考虑再三，在崇祯十二年（1639）不得不把英勇善战的洪承畴从陕西围剿李自成的战场上调了过来，任命洪承畴为蓟辽总督，并且赐给洪承畴一把尚方宝剑，让他有生杀大权，来抵御皇太极的进攻。由此可见崇祯是把抵挡住清军的进攻，延续明朝的统治的全部期望都寄托在了洪承畴的身上。洪承畴也是竭尽全力，与清朝皇太极的军队周旋了两年多，后来在崇祯十四年（1641）的秋天，洪承畴的部队被清军围困在了松山（现在的锦州南站一带），崇祯皇帝听说之后更是心急如焚，可是这时的崇祯皇帝身边已经派不出像样的援兵了，这一困就是好几个月，松山城中粮食也吃得差不多了，人心也散了。崇祯十五年（1642）三月，清军突然在夜里发起了进攻，松山城就被攻破了，当时传说洪承畴战死了，消息就传到了北京。崇祯皇帝非常痛心，据说是辍朝三日，然后以王侯之礼为洪承畴祭十六坛沉痛悼念。崇祯说洪承畴是一位为国捐躯的烈士，一方面安排人去前线要寻找回洪承畴的尸体来厚葬，另一方面就安排在前门的瓮城里为洪承畴建一座祠堂，为的是方便人们来这里缅怀祭祀这位以身殉国的英雄。经过几个月的施工，祠堂建成了，崇祯皇帝亲自写了一篇《悼洪经略文》以示哀悼。祭祀、悼念活动要进行几天，结果就在祭祀过程中，传来了洪承畴没有死，而且已经投降了清军的消息，崇祯帝愕然，一下就愣在那里了，便草草结束了祭祀。

崇祯皇帝回宫之后，赶紧派人再探，后来了解清楚了：清军夜袭松山成功，洪承畴被活捉，本来是宁死不屈，硬扛了两个月，还是没有经受住皇太极的软硬兼施，洪承畴最终投降清军了。崇祯皇帝听了之后，差一点儿背过气去，立刻命人把祠堂里的所有器物砸了个稀巴烂。等冷静下来一想，刚建成的房子拆了有些可惜，改成观音寺吧，就这样缅怀洪承畴的祠堂改成了佛教的观音寺。北京的老百姓一般是寺庙不分的，本来是九座城门九座庙，加上观音寺就变成了"九座城门十座庙"了。

二、一座无神道

这句老话儿的后半句"一座无神道"是怎么回事呢？原来九座城门旁边的九座庙，有两座是真武庙，其他七座是关帝庙。在这几百年来，这七座关帝庙有六座庙里供的是关老爷的塑像，就是关老爷的神道，只有一座没有供奉关老爷塑像，只供了一个写有关帝圣君的木头牌位。老北京的百姓们看到了这个区别，就有了这句俗话："九门十座庙，一座无神道"。那是哪座城门的关帝庙里供的不是塑像，是牌位呢？在很多资料里写的都是朝阳门的关帝庙，理由是朝阳门的瓮城比较小，供不下塑像，所以供牌位。可是这个理由是站不住脚的。首先说，朝阳门瓮城南北长 74 米，东西宽 65 米，和其他几座瓮城的大小是差不多的，而且朝阳门瓮城里的关帝庙和其他几座瓮城里的关帝庙的大小也是差不多的。再说，塑像可大可小，要是地方小，还想供塑像，那可以供小点儿的塑像啊，怎么能因为瓮城小就把关老爷的塑像改成牌位了呢？真实的情况是什么呢？是朝阳门的关帝庙里供奉的就是关老爷的塑像，而东直门旁边的关帝庙里面供奉的是关老爷的一座木制的牌位。

那为什么其他六座关帝庙都供塑像，唯独东直门的这座庙里供奉的是牌位呢？根据笔者的研究，在明朝的永乐年间，在北京的城门旁建第一座关帝庙的时候就是建的东直门旁边的关帝庙，只不过当时还不叫东直门，是叫崇仁门，按当时的设计，在供桌上摆放的是木制的关老爷的牌位。这是一件很正常的事儿。建完之后，才又陆续在其他城门旁边建造关帝庙。在建造其他几座关帝庙的时候，朝廷觉得那会儿的老百姓基本上是文盲，对牌位上的字不一定认识，没准儿磕了半天的头，还不知道拜的是谁呢，那就达不到应有的效果了。那时候罗贯中的小说《三国演义》已经问世了，关老爷卧蚕眉、丹凤眼，面如重枣的形象也深入人心了，要是供奉个关老爷的塑像，那肯定是既形象又直观，绝不会有人搞错了，所以后来的六座庙就都改成关老爷的塑像了。对这件事情还有一个佐证，就是笔者父亲在世时曾经说过，他年轻的时候在朝阳门的关帝庙看过关老爷的塑像，这就证实了朝阳门关帝庙里有塑像，东直门关帝庙里供奉的应该是牌位。

那永乐大帝为什么要建这么多庙宇来供奉关老爷呢？笔者认为这是朱棣为了治国安民所采取的一个措施。关老爷是谁呢？大家都知道是关羽关云长，是中国历史上真实存在过的三国时期的一位武将，是以忠义千秋、亘古一人而闻名于世的。后来道教把关羽神化了，封为关圣帝君，以神武善战、协天护国、扶正保民、驱邪除恶形象闻名于世。而在朱棣南征北战期间就传出了关老爷助他一臂之力的故事。相传当年朱棣当了皇帝之后，仍然坚持亲自领兵远征漠北，没想到有一次在得胜返回的路上被困于茫茫沙漠之中，辨别不出方向。这时候天空中显现一位天神，卧蚕眉、丹凤眼，五缕长髯，手擎一把青龙偃月刀，与关羽相貌无二，骑的是一匹白马，朱棣在这位天神的引领下，走出了沙漠，脱离了困境。当朱棣回到北京后，有大臣禀报，说在皇上远征期间，每天丽正门旁（后来的正阳门）的关帝庙前都会来一匹白马，不吃不喝，气喘吁吁，浑身是汗，天天如此，等到皇帝班师回朝之后，就再也见不到这匹马了。

朱棣闻听大喜，说这一定是救驾的神人之马，马上命令工匠在丽正门外的关帝庙里制作白马塑像，予以祭奠。本来在关帝庙前有一匹明代汉白玉石马，雕刻精细，应该是朱棣安排雕刻的那匹，被列为关帝庙三宝之一，可惜在清末到民国初年，石马不知何时丢失。

就是这样，朱棣当皇上之后有意引导老百姓，认为是关帝圣君保佑永乐大帝坐江山，所以朱棣当皇上是上天的旨意，是不容置疑的。在老百姓的心目中，朱棣当皇上就这样名正言顺了。

在北京的七座城门旁建关帝庙还有一个很重要的目的，就是要教化京城的老百姓。刚才说了在明朝的永乐年间，罗贯中的《三国演义》已经问世了，关老爷的事迹几乎家喻户晓。关羽是以忠义而被老百姓传颂的，关羽的忠体现在对于刘备的忠诚。关羽在曹操那里很多年，曹操给他封官、给他钱财、给他美女都没有留住关羽的心，当他知道了刘备的所在地之后，就给曹操来了个不辞而别，保护着二位皇嫂，过五关、斩六将，千里走单骑，终于找到了刘备。朱棣就希望全国的老百姓都对他忠诚，政权就稳固了。关羽的义体现在对朋友讲义气，不忘恩。尤其在赤壁之战结束后的华容道，关羽已然与诸葛亮签了生死状了，那真是冒着被杀头的危险，放了曹操一条活路。朱棣把关羽树立成老百姓生活中的榜样，就是希望老百姓都像关羽那样忠义，在生活中人际关系就改善了，生活秩序就稳定了，社会风气就好转了，朱棣也就踏实了。另外，朱棣之所以在京城建那么多座关帝庙，把关羽确定为老百姓学习的榜样，还有一个重要的原因：北京曾经做了100多年元朝的国都，也就是被蒙古人管理了100多年，现在是明朝了，会不会还有人留恋元朝啊？关羽有句名言：降汉不降曹。就是一心忠诚于汉朝。朱棣希望老百姓通过向关羽学习，都诚心诚意地忠诚于他，不再有二心，以期政权稳固，天下太平。这就是明成祖朱棣提倡、引导老百姓供奉关羽关老爷的政治用意。

在后来明朝的200来年以及清朝的200多年统治期间，还有多位皇帝借助关羽的声势来维护自己的统治。比如万历四十二年（1614）明神宗朱翊钧封关羽为三界伏魔大帝、神威远震天尊关圣帝君，并且派司礼监太监李恩齐捧九旒冠、玉带、龙袍、金牌、牌书，送往正阳门关帝庙，并颁告天下。可惜的是这一举动并没有延长明朝的统治，仅过了30年明朝政府就垮台了，他的行为只是给正阳门关帝庙做了个"广告"，使来这里烧香的人更多了。

到了清朝，统治者利用关羽来维护政权的手段比起明朝来说，是有过之无不及。首先说康熙，自称刘备刘先主转世，关羽曾经是他的二弟，并且说关老爷曾经多次显灵保护他，所以对关羽一再加封，要求文臣武将都要向关羽学习，对自己忠贞不贰，而且还亲笔御书给正阳门关帝庙写下匾额"忠义"二字，在康熙大帝执政期间由朝廷出资，在全国各地广建关帝庙，尤其是在山西的解州，在距离关羽老家非常近的地方，投入巨资，扩建了中国最大的关帝庙。康熙的用意就是希望老百姓像关羽忠于刘备一样忠于他。

此后的几位皇帝也学习康熙大帝，增加关羽的封号，修缮各处的关帝庙。特别是道光年间，在平定张格尔叛乱中，又附会说关老爷多次显灵，帮助清军打败了叛军，维护了国家统一和领土完整。道光皇帝非常高兴，将关羽的封号加长至26个字，曰"忠义神武灵佑仁勇威显护国保民京城绥靖翊赞宣德关圣大帝"。

要说在明清两朝亲自去到正阳门关帝庙参拜次数最多的皇帝那还得是光绪皇帝。根据文字记载，光绪皇帝在位期间曾经先后64次到正阳门关帝庙参拜烧香。他为什么去这么多次呀？光绪帝在位34年，始终是慈禧太后大权独揽，要说前15年光绪年龄还小，当个傀儡也就算了，18岁亲政之后，名义上归政于光绪帝了，实际上大权仍掌握在慈禧太后手中。光绪帝就未曾摆脱慈禧的压制与掌控。光绪本来是非常想成为一位有所作为的皇帝的，可是在慈禧强势的控制、打压之下，没有办法挣脱。他去正阳门关帝庙参拜关老爷，不是想借助关羽的声势来维护清朝的统治，而是希望关老爷能够保佑他这位一国之君，能够真正地掌有管理国家的权力，来施展他的才华和抱负。尤其是他听下人们说正阳门关帝庙的关老爷非常灵验、有求必应的时候，他就更把掌握政权、治国理政的希望寄托到这里了。确实，在慈禧的严密监视下，他也没有其他的途径可走了。光绪皇帝一次又一次地跪拜、恳求关老爷出手相助的满怀希望的满腔热血，随着参拜烧香次数的增加和局势一如既往的被动，逐渐地化作满眼的泪水和满腹的惆怅。这就是笔者对于光绪帝为什么64次参拜关老爷的看法。

经过笔者的考证，六座关帝庙里的塑像是不一样的，在正阳门旁边的关帝庙里不但关老爷的塑像和其他关帝庙的塑像不一样，而且其他方面也有很多不同之处。相传，正阳门瓮城关帝庙内的关帝像，本来和其他关帝庙里的塑像是一样的，但是在明朝嘉靖年间就发生变化了，是把皇上供奉的关老爷塑像请到了前门瓮城的关帝庙里来了。那大内的供奉之物怎么到了民间来了呢？据说在明嘉靖年间世宗皇帝时常让算命的大师给大臣们相面，看手相、批八字，他在旁边观看。有一天他对算命的大师说，你给大内供奉的关帝像批个八字吧。批八字是根据人的出生年、月、日、时八个天干地支来推断一生的祸福、善恶、吉凶等情况，对关公的神像怎么批呀？谁能说出关老爷的生辰八字啊？可是这位大师有办法，他仔细询问了这尊塑像雕刻完成的年、月、日、时，然后就煞有介事地掐指推算，不一会儿结果出来了。大师说该像主凶，必遭"雷邪"，大师还用算命常说的专用语言说了很多塑像摆在这里不利于朝廷的话。

嘉靖帝听了哈哈一笑，但是过了几天，嘉靖帝就安排人重新雕刻一尊关帝像，并且要求一定要在黄道吉日完工，原来的这座神像就命人抬起来，敲锣打鼓送到前门瓮城的关帝庙了。没想到的是，没过多少天，全城的老百姓就传开了，皇上赐给前门关帝庙一座关帝像，曾经是皇上的御用之物，那是有求必应，非常灵验，结果全城的老百姓们蜂拥而至，有给老人求福求寿的，有结婚多年没生育的年轻人求子嗣的，有给家人求平安的，有给自己求功名的……络绎不绝，香火极盛。所以说这几座关帝庙的塑像不是一样的。

修建真武庙

一、朱棣信奉道教吗？

北京城的九门十座庙，其中有两座是真武庙，是永乐大帝安排建在北边安定门、德胜门旁边的。那他为什么要建真武庙呢？据朱棣对大臣们讲，在他当皇上之前是真武大帝支持他、引领他打下的江山，所以他要供奉真武大帝。

那为什么把真武庙建在这两座城门旁边呢？中国古代天文学家把天空中可见的星星分成二十八个区域，叫作二十八宿，又把这二十八个星宿划分为四组，就是青龙、朱雀、白虎、玄武，分别从四个方向拱卫着紫微垣。这个紫微垣就是中国道教神话故事中的天庭，是玉皇大帝等天神居住的地方，青龙、朱雀、白虎、玄武就是分别从四个方向保卫着天庭的。因为北方七宿玄武组成的是龟的形状，其下有二十二颗星星组成的腾蛇星，所以玄武是龟蛇合体形象，真武大帝就是玄武的化身，本来叫玄武大帝，后来为避宋朝第三位皇帝宋真宗赵恒的名讳，说宋真宗曾名赵玄休、赵玄侃，其实宋真宗赵恒叫过赵元休、赵元侃，但是因此就把玄武大帝改成真武大帝了。真武大帝是中国道教传说中的北方之神，所以供奉在了北京城北边的两座城门旁。

有很多人根据这个情况就说明成祖朱棣是最信奉道教的，笔者不这么认为。如果说明成祖朱棣最信奉道教，那为什么他从 50 多岁开始抄写了 20 万字的佛教经文呢？为什么安排在永乐大钟上铸造了 20 多万字的佛经而没有铸上道教的教义呢？如果说朱棣最信奉的是道教，道教奉太上老君为教主，为什么朱棣不供奉太上老君而供奉真武大帝呢？在道教里三清是道教的最高神，就是玉清元始天尊、上清灵宝天尊、太清道德天尊，那为什么朱棣不供奉三清而供奉真武大帝呢？玉皇大帝在道教里是众神之帝，玉帝统领所有仙佛神圣，总管三界、四生、六道、十方，为什么朱棣不供奉玉皇大帝，而供奉真武大帝呢？如果说朱棣最信奉的是道教，他在北京城北部的城门旁供奉了道教奉为北方之神的真武大帝，可是他在其他三个方向的城门旁并没有供奉道教的东、南、西三个方位的神灵青龙、朱雀、白虎啊！他还把元朝留下来的道教的白虎庙改为佛教的翠峰庵了呢！所以说明成祖朱棣在北京城北部的城门旁供奉真武大帝并不是他信奉道教的标志！

二、供奉真武大帝是政治需要

那供奉真武大帝是朱棣的随意之举吗？作为一代帝君怎么可能是随意之举呢！笔者通过研究认为这是朱棣在政治上的需要！朱棣通过"靖难之役"，从他的侄子朱允炆的手里夺取了皇位。虽然他是打着"靖难"的旗号，也确实明太祖朱元璋活着的时候规定藩王有举兵清君侧的权利，就叫"靖难"，但是那是朱元璋担心大臣们篡权制定的规矩。后来的朱棣就以这个理由，说齐泰、黄子澄是奸臣，必须诛讨，所以在"靖难之役"中朱棣喊出的口号是"清君侧，靖国难"。其实朱棣自己心里清楚，这完全是给夺取皇位找的借口。因为明太祖的成法里面还有一条就是只有皇帝召唤藩王，藩王才能起兵，才能带兵杀到南京来，而且铲除奸臣后五天之内必须离开。结果是朱棣没有皇帝的召唤就来了，还与皇上的军队打了好几年的仗，最后把皇帝打跑了，自己当上皇帝了。这绝对是名不正、言不顺啊！所以他就要为自己的行为找个合理的理由，结果他就找到了真武大帝。

在道教里真武大帝是北方之神，而朱棣从北京出发去攻打南京，就是从北方来的，那就是真武大帝派来的，甚至说朱棣本身就是真武大帝的化身。还有呢，在道教里真武大帝是战神之首，涤荡宇内妖魔，就是能扫荡宇宙里的一切妖魔鬼怪，真武大帝相当于铲除邪恶的正义的象征。也就是说燕王朱棣的"靖难之役"是正义的战争。这个理由就比较冠冕堂皇了。传说在燕王朱棣的"靖难之役"中，真武大帝就曾经显灵相助。笔者认为这个传说也是朱棣派人放出的风，是借助真武大帝来显示他到南京当皇帝的合理性。朱棣在南京登基之后立即下诏，特封真武大帝为"北极镇天真武玄天上帝"，还说真武大帝是明朝的保护神。朱棣当上皇帝以后在南京御用的监、局、司、厂、库等衙门中，广泛地建造真武庙，供奉真武大帝像，在民间也修建了大量的真武庙。永乐十年（1412）朱棣又命隆平侯张信率军夫20多万人大规模地建设武当山宫观群，建成了八宫、二观、三十六庵堂、七十二岩庙、三十九桥、十二亭的庞大道教建筑群，并在天柱峰顶修建了供奉真武大帝神像的金殿，使武当山成为举世闻名的道教圣地，使武当山真武大帝的香火达到了鼎盛。朱棣的这一系列举动不是偶然的，他就是要拉大旗、作虎皮，要把他是奉真武大帝之命，从北方来，打了一场正义的战争，受上天的委派当了皇帝的这场大戏唱完全、唱圆满。所以迁都的时候，朱棣安排在北京北部的两座城门旁也设立了真武庙。朱棣为真武大帝设计的形象是非常高大威武的，甚至与朱棣皇上长得都有些神似。

三、为什么真武庙建在箭楼的后面

为什么北京城的七座关帝庙是建在城楼下面，而两座真武庙都建在箭楼的后面呢？笔者认为有以下几个原因。1. 明朝主要的敌人是来自北方，所以打仗是出德胜门的，顺路拜北方战神真武大帝，预祝旗开得胜、马到成功是一定要做的一件事。2. 两座真武庙都面南背北，以示正统，这应该也是朱棣建真武庙的用意之一。3. 实际上，建真武庙的时候，还没建安定门、德胜门的箭楼和瓮城呢，这两座城楼也是明朝初年徐达刚建成的。当时的城墙还是夯土的城墙，要是在城楼的两侧找个地方建真武庙，如果下大雨，把城墙上的土冲刷下来，是有可能把真武庙冲垮的，所以朱棣不会把真武庙建在城墙两侧。4. 在朱棣安排建真武庙的时候，两座城楼的外边都是一小片开阔地，过了护城河再往北是一条土道，道两旁有些商铺和住户，其余就是蔓荒野地了，那些地方肯定也是不适合建真武庙的。5. 朱棣肯定是想把真武庙建在进出城都能看到并经过的地方，而这里应该是距离城楼不远，正对城门，既不影响交通，又方便老百姓祭拜的地方，所以现在我们看到的真武庙应该是最佳位置了。后来在正统年间明英宗朱祁镇给安定门、德胜门增建了瓮城和箭楼，真武庙就成了箭楼后面的建筑了。至于在增建瓮城和箭楼的时候，真武庙的位置是没有移动，还是移动位置重建的，没有看到相关文字记载，就不好推测了。

铸造永乐大钟

一、铸钟列入迁都的三大工程之一

在明成祖朱棣准备迁都北京的时候，指定了三大工程：建紫禁城，盖天坛，铸永乐大钟。

紫禁城是皇帝生活起居、上朝办公、教导文武百官、管理国家大事的场所，所以是非常重要的，列为三大工程之首是必须的。

皇帝号称受命于天，自称为天子，通过每年对苍天的祭祀来使国运兴旺、五谷丰登，借助上苍的力量使朝代永续，这是每年朝廷重大活动中的重中之重。所以一定要把天坛建设好，把建设天坛的工程列入三大工程是有道理的，是情理之中的事情。

但是为什么把铸钟列入三大工程呢？把铸钟升到与建紫禁城、盖天坛并列的高度，是值得研究的。笔者尝试分析一下，来找找把铸钟列入三大工程的原因。

二、永乐帝为什么铸这口钟

根据有关记载和一些专家的分析，笔者归纳起来，总共有这么5个理由。1. 铸钟与明成祖朱棣信奉佛教有关，在钟上铸了20多万字的经文是为了弘扬佛法，使佛经广为传播。2. 明成祖朱棣晚年曾花费了大量的时间，花了大量的心血，亲自抄写了40卷的《诸佛世尊如来菩萨尊者神僧名经》和其他经文共20多万字，铸一个大钟，并把这些经文铸在上面是为了给自己的呕心沥血之作寻找一个永恒的载体，流传百世。3. 铸钟是永乐大帝为了教化民众，让全国的老百姓都心生善念，心怀慈悲。4. 永乐大帝要通过铸钟来宣扬迁都北京的正确以及歌颂迁都这一"伟大壮举"。5. 明成祖因在篡夺皇位的"靖难之役"中过于残暴，杀死了很多人，到晚年后悔了，要通过铸钟以达到忏悔的目的。

笔者认为第一条不能算错，但是从朱棣一生的所作所为来看，他是不信奉佛教的，这就和看到朱棣建真武庙就认为他信奉道教差不多，是以偏概全的。第二条的判断是基于朱棣信奉佛教而得出来的，其实朱棣根本就不是一位佛教徒，所以他不可能为佛经寻找一个永恒的载体。第三条说铸钟是永乐大帝为了教化民众，笔者也不认可。铸一口钟，放在一间屋里，怎么能够让全国的老百姓都心生善念了呢？这绝不是朱棣铸钟的起因。而第四条仍然是站不住脚的，如果永乐大帝要通过铸钟来宣扬迁都北京的正确以及歌颂迁都这一"壮举"，那一定要在钟上铸出相关的文字，不可能只字不提，只不过铸钟与迁都北京在时间上是同期的，所以专家们就把铸钟与迁都北京联系起来了。第五条说永乐大帝因在篡夺皇位的"靖难之役"中过于残暴，杀死了很多人，到晚年后悔了。这也是不可能的，没有"靖难之役"朱棣就当不上皇帝，他怎么可能对为了当皇帝所做的努力而后悔呢？这不是自己否定自己吗？所以永乐大帝不可能有这种想法，也不可能通过铸钟以达忏悔之目的。而且仅凭这些站不住脚的理由是不足以把铸钟列入三大工程的。那么笔者对这个问题是怎么看的呢？听笔者细细道来。

在说朱棣为什么要铸钟之前，笔者先聊一段小故事。永乐年间是明朝初期，当时吴承恩的《西游记》还没有问世，但是《西游记》中的有些故事已经流传了。唐僧为什么要去西天取经呢？《西游记》里是这么说的，因为唐朝贞观年间泾河老龙违反了天条，玉皇大帝安排唐朝的宰相魏徵斩杀泾河老龙，泾河老龙找唐太宗李世民求情，李世民答应了，并且在确定杀老龙的那天拉着魏徵下棋，满以为魏徵脱不开身就不能斩龙王了，可是没想到魏徵下棋的时候睡着了。李世民还心疼呢，心想我这位宰相为国操劳累了，就睡一会儿吧，没想到魏徵在梦中把泾河老龙给斩了。泾河老龙不干了，他的魂魄天天找李世民索命，说你答应我了，为什么还让魏徵斩了我？我死了，你要一命抵一命！经过很多天的折腾，李世民真的要死了。魏徵说我和阴曹地府的判官是好朋友，我给他写封信，你拿着，他会帮忙让你回来的。后来李世民到了阴间，把信给了判官。判官问，你当了多少年皇上了？李世民说我当了十三年了，判官一查，生死簿上写着李世民当一十三年皇上阳寿终，后来判官冲着魏徵的面子，把一十三年的一字的上下各添了一横，告诉阎王爷生死簿上写着，李世民当三十三年皇上阳寿终。阎王爷说你还有 20 年阳寿呢，你既然来到阴间，就逛一逛再回阳间吧。判官陪着李世民参观了十八层地狱，有无数的孤魂野鬼是在战争中死的，托生不了，对李世民不依不饶，讨要性命，李世民答应他们回到阳间一定想办法超脱他们的亡灵，使他们早日托生。后来李世民终于回到了人间，了解到只有佛教做大型的法会，诵读大乘经才能超脱那些孤魂野鬼的亡灵，但是中国当时只有小乘经，大乘经在西天的如来佛祖那里才有，所以请唐僧去西天取大乘经。这是《西游记》的由来，是笔者在十几岁的时候看的小说，到现在过去 50 多年了，记得不见得准确了，李世民好像也不是当了 33 年的皇上，是当了 23 年的皇上。其实咱们就是现在看《西游记》对于这一段也不会信以为真的，当然更不会和自己联系起来。可是在 600 年前的明成祖朱棣就不一样了。笔者认为他一定是知道这个故事的，而且一定是信以为真的。

确实，朱棣与李世民有很多相似之处，都是一代明君，都打了一辈子的仗，杀人无数，到了晚年都希望自己健康长寿。恐怕朱棣觉得二人不一样的就是李世民身边有魏徵能帮他延长寿命 20 年，而自己身边却没有能和阴间说上话的人，不能给他延长寿命，可是他又想多活几年，想多当几年皇上，而且朱棣在 50 多岁的时候，睡觉就经常做梦，而梦中经常出现战场上厮杀搏斗的场景。他认为这就是受到了孤魂野鬼的骚扰。为了能睡觉安稳，他求教于身边足智多谋的姚广孝。姚广孝就是佛教大师道衍和尚。朱棣与姚广孝的关系非常像元朝忽必烈与刘秉忠的关系，是姚广孝建议朱棣轻骑挺进，径取南京，使得朱棣顺利夺取南京，登基称帝的。对于朱棣失眠，姚广孝出主意，让他每天闲暇的时候，不要胡思乱想，要静下心来抄写佛经，同时可以铸造一口大钟，在大钟内外满铸经文，在铸钟完成之后，通过敲佛钟来超度死去将士的亡灵，这样就能使皇上睡觉安稳了。姚广孝之所以这么说，给皇上朱棣出这个主意，其实是佛教一贯的观点。在唐朝，广大佛教徒就认为铸有佛经的佛钟是有法力的，普通老百姓经常闻听佛钟之声是能够产生神奇功效的。在明朝的民谣里也有一首说："闻钟声，烦恼轻，智慧长，菩提生，离地狱，出火坑，愿成佛，度众生。"所以朱棣对姚广孝出的主意是深信不疑的，觉得这是解决亡灵骚扰，以及能够延长自己寿命的唯一办法。为了免受失眠的痛苦，朱棣支撑着身体用了几年的时间，抄写了 20 多万字的佛经，同时他认为铸钟是能够使他睡觉安稳并且能使他延年益寿的重要办法，所以他把铸钟列入了迁都的三大工程，并委派姚广孝作为这项工程的总负责人，只不过这个原因他没有对外人说过，历史上也就没有记载。

铸钟工程进展得还算顺利，可惜的是在 1418 年，没等大钟铸完，姚广孝就去世了，就是在北京城里西单东侧的大庆寿寺去世的，但是幸运的是道衍和尚的去世没有影响大钟的铸造。永乐大钟在 1420 年大功告成。这是笔者分析为什么把铸钟列入三大工程的原因所在。

三、铸什么样的钟

永乐帝希望铸一口什么样的钟，是否达到了预期目的？先说朱棣希望铸一口什么样的钟呢？

第一是希望这口钟高大、漂亮，钟的里外能够铸上 22 万多字的经文。实际上呢？经现在仔细测量与观察，永乐大钟高 6.75 米，重 46.5 吨，雄伟、壮观，其体积达到世界第三位。大钟内外铸满阳文佛教经咒，字体是汉字楷书，字体工整，古朴遒劲，匀称地分布在钟体各处，外面为《诸佛如来菩萨尊者神僧名经》《弥陀经》和《十二因缘咒》，里面为《妙法莲华经》，钟唇为《金刚般若经》，蒲牢（钟纽）处刻《楞严咒》等，计有经咒 17 种，22.7 万字的佛教经文安排得非常匀称整齐，从头至尾绝无空白，又一字不多一字不少，真是经过一番精心的运筹和计算。相传这是明初书法家沈度的手笔。可以称得上是明初馆阁体书法艺术的代表作，这在全世界也是绝无仅有的。

第二是朱棣希望铸一口既结实又声音洪亮、好听，余音悠扬的钟。而实际上呢？从现代科学的角度来讲，钟体合金比例不但对钟的质量有影响，而且对钟的音质是有影响的。青铜的机械性能曲线显示，当铜合金中锡的含量在 15%—17% 时，抗拉强度达最高值，强度、硬度都会比较好，其密度有利于振动发声，能够使声学性能达到最佳状态而且是比较易于熔化浇铸的。也就是说如果铜合金里面锡的含量占 16% 左右，再加有少量铅的铜钟，是最结实耐用的，声音是最洪亮的，而且这个比例的铜合金是最适宜加工铸造的。而经过专家在永乐大钟最上端和最下部不显眼的地方取下一点点铜末化验得出的结论：永乐大钟铜合金的各种金属含量比例为：铜 80.54%，锡 16.41%，铅 1.12%，锌 0.22%，还有 0.03% 左右的金和 0.04% 左右的银。也就是说永乐大钟中各种有色金属的含量即使按现代的标准来衡量，也是最合理的、最科学的。而且铜钟里还有30多斤的黄金和40多斤的白银，这使得大钟更漂亮、更结实、更珍贵了。这种成分配比，与《考工记》中的"六齐"项下的"钟鼎之齐"的记载是极其近似的。对于敲击永乐大钟所发出的声音，经中科院声学所有关专家测量，钟声中一些重要的分音是相当准确的，是与标准音高相符合的，频率相近的分音产生的拍频声是钟声的一个重要特点，永乐大钟产生的拍频声的效果是最好的，也就是说，永乐大钟的声音是非常洪亮、悦耳、好听的，而且据测量，敲击大钟所产生的声音最远可传播45公里，90里啊，余音长达2分钟以上，可以说是余音绕梁的。也就是说大钟的使用效果非常之好，永乐大帝肯定对此是非常满意的，甚至是超出了永乐大帝的预期的。这也显示了我国远在600多年前的冶炼、铸造技术是多么的高超、多么的了不起！这就是笔者说的，永乐大帝希望铸一口什么样的钟，是否达到预期目的。

四、永乐大钟放在哪里

永乐大钟铸成之后，永乐帝为什么把钟放在这里？这里是哪里啊？在中国封建社会，用敲钟来报时是普遍现象，可是永乐大钟铸成之后永乐大帝并没有安排把大钟挂到钟楼上。虽然是铸满经文的佛钟，也没有挂在佛教的寺院里，至于把永乐大钟运到万寿寺挂起来，那是明朝万历三十五年（1607）的事情，也就是距离铸造完成，已经过去180多年了。而运到觉生寺（大钟寺）挂起来那更是300多年后的清朝1733年至1743年的事情了。永乐大钟铸造好了，挂在哪里了呢？永乐大帝安排把大钟挂在紫禁城边上的汉经厂里了。汉经厂是明代内府印制经文的机构。专印汉字的佛经，至于印制藏文、蒙文、满文等少数民族佛经的厂子叫番经厂。这座汉经厂的位置是在皇城里，在景山的东边。这处汉经厂在明朝后期就没落了，到清朝乾隆年间在这个地方建起了法渊寺，按现在说，这个地点是在沙滩红楼的北边，东皇城根的西边，嵩祝寺的东边一点儿的地方。总体来说，离紫禁城很近，直线距离也就是 500 米左右。可是从永乐大钟铸造的地点——德胜门里的铸钟厂运到汉经厂，可就不近了，大约有 6 公里。要是现在，6 公里不算什么，走路也就是一个小时。可是那时候没有像样的运输工具，要运的可是 46 吨多的庞然大物，而且非常的娇贵。怎么运呢？在大钟铸好后，等到冬天，先每隔 1 里挖一口井，再沿路挖沟引水，泼水结冰，然后制作了一张特大的木床，把大钟固定到木床上，在冰上滑行，用了几十天，滑行了十几里路，才滑到汉经厂。再拖到冻土堆上，然后建钟楼，钟挂于楼顶，春天解冻后，把冻土挖开，永乐大钟就悬挂起来了。那么永乐大帝为什么要把大钟挂在那里呢？距离紫禁城这么近，难道不嫌吵得慌吗？别人肯定嫌吵，有人形容说，用木杵轻轻一撞，便发出震心惊魂的钟声。但是朱棣肯定不嫌吵，正因为这个位置距离他的居住地方近，所以他才决定把大钟挂在这里，因为只有这样朱棣才觉得踏实，在他能够听到钟声的地方，敲这口钟才会有好的效果。什么效果呢？就是抵抗孤魂野鬼干扰的效果，他正是需要用这口钟的声音来驱逐妖魔鬼怪，来延长自己的寿命。至于后来是什么原因把这口大钟移到了万寿寺，后来又移到了觉生寺，笔者后面会谈到。

五、永乐大钟如何使用

这口钟是怎么使用的？多长时间敲一次？一次敲多少下？为什么这么敲？说明了什么？藏传佛教的信徒使用转经筒，经筒里有成卷的佛经，每转一圈就等于对经筒里的佛经念了一遍，而这口佛钟内外布满了经文，每敲一下佛钟，也是意味着把这些经文念了一遍。根据文字记载，自从把大钟悬挂在了汉经厂以后，汉经厂传出的钟声就延绵不断。天天敲，每回敲多少下呢？很多人知道，108下。怎么敲呢？是紧18，慢18，不紧不慢又18，这是一组，一共敲两组，共为108下。这是有文字记载的。那么为什么要敲108下呢？可能有的朋友会说，这谁不知道啊，一年12个月加上每年24节气再加上每个节气有3候，一年72候，正好108下。一年有24节气没错，每个节气15天，一个节气有3候，5天一候，一年72候也没有问题，可是说一年有12个月就有问题了，这是用现在的思维来算600年前的老账！纯粹是凑数呢！咱们中国几千年来都是以农历纪年，农历的一年并不全是12个月，平年12个月，闰年13个月，几年闰一次呢？老北京人说，是三年闰两头，也就是大约有三分之一还多一些的年份是13个月的，只是从100年前辛亥革命之后的1912年开始，咱们国家才改为公历、农历共同纪年，到现在咱们的日历上也是公历、农历共同纪年，所以在600年前是不存在一年12个月这么一说的，把三个数相加等于108下钟声的说法是经不起推敲的，是凭想当然的，而且敲钟节奏、间隔是紧18，慢18，不紧不慢又18下，并不是敲12下，再敲24下，再敲72下，所以108下与年、月、季节、候是没有关系的。

那么笔者既然否定了这一年12个月加上每年24节气再加上每个节气的3候一年72候，三个数相加等于108下钟声的说法，就应该给出一个令人信服的新说法。是的。大家看到寺院的和尚戴的佛珠了吗？它也叫念珠、数珠，那是108颗。这108颗佛珠有什么含义呢？佛教认为人活在世间，有108种烦恼，皈依佛教就应该断除这108种烦恼。怎么断除呢？一个是剃度，头发是烦恼丝，把头发剃掉，从形式上去除烦恼。第二是学习佛法，消除私欲与杂念，从思想上升华，烦恼自然就消失了。第三就是每天专心地口中念佛经，手中数佛珠，这也就是为什么佛珠也叫念珠、数珠。每数一颗佛珠就断除一种烦恼，把108颗佛珠全数一遍，就距离108种烦恼又远了一些，从而使身心达到一种寂静的状态。笔者认为每天敲钟108下与数108颗佛珠，是异曲同工，也是要消除108种烦恼。那么又为什么按紧18，慢18，不紧不慢又18的节奏来敲108下呢？笔者认为这是为了便于记数字，避免多敲或者少敲，就像现在用笔写位数多的钱数，隔3位有个分号，写银行卡号，隔4位有个间隔是一个意思，把108下分为6段，每段18下，就不容易错、不容易乱了。

通过这四方面的论述证明了永乐大帝安排铸钟是为了自己能够健康长寿。所以必须把铸钟列入永乐年间迁都北京的三大工程。

那么大钟是铸出来了，铸得无与伦比。大钟也挂起来了，挂的是朱棣皇上指定的位置。大钟每天也敲了，是严格按照朱棣皇上要求的数量敲的。可是敲钟有没有达到永乐大帝预期的效果呢？可以肯定地说，没有达到！因为通过听钟声来缓解失眠、延长寿命那是异想天开的事情，是不可能实现的。果然，大钟铸成之后仅仅4年，永乐二十二年（1414），朱棣皇上就病死在北征回师途中的榆木川（今内蒙古自治区乌珠穆沁），时年64岁。铸钟与敲钟既没有消除朱棣皇上的烦恼，也没有给他带来长寿。他应该也意识到了铸钟与敲钟是徒劳的，根本不能起到长寿的作用。明仁宗朱高炽继位之后立即停止了敲钟的行为，把永乐大钟安静地悬挂在汉经厂了，饱受钟声困扰又敢怒不敢言的大臣们也都拍手称快了。后来汉经厂也就逐渐荒废了。虽然不再继续敲钟了，但是也没有毁坏这口钟，才给后世留传下了永乐大钟，使我们现在还能够目睹这一中华民族灿烂文化成果的风采。

　　从永乐大帝去世，时间又过去了150年，永乐大钟一直在汉经厂里闲置，无人过问。到了1573年，明神宗朱翊钧即位，改年号为万历。到了万历五年（1577），北京西郊新的皇家寺院万寿寺建成。万历皇帝想起了沉寂150多年的永乐大钟。佛钟就应该放到寺院嘛。他就下令，把永乐大钟迁移到万寿寺吧。工人们继续按照把永乐大钟从铸钟厂运到汉经厂的方法，先每隔1里挖一口井，再等到冬天，沿路挖沟引水，泼水结冰，然后制作了一张特大的木床，把大钟固定到木床上，在冰上滑行。可是这次运输的距离比上次远多了，没走多远，天气热了，冰化了，运不成了，就放在了那里，派人看管着，等到来年的冬季，继续运输。就这样年复一年地重复着，整整用了30年！一直到万历三十五年（1607）才移钟成功，才把大钟运到万寿寺。幸亏明神宗朱翊钧接班当皇上比较早，10岁就当皇上了，所以当把永乐大钟迁移到万寿寺的工程大功告成的时候，万历皇帝才45岁，万历皇帝不但等到了永乐大钟迁移成功的这一天，而且他还吩咐万寿寺安排六个和尚专司撞钟之职，每天都要敲钟。

　　可是永乐大钟在万寿寺刚刚悬挂、敲击了20多年，到明末，它就又无声无息了。怎么不敲了呢？内忧外患，皇上的命都保不住了，哪儿还顾得上敲钟的事儿啊！又过了100多年，时间到了清朝的雍正十一年（1733），那几年天气干旱，农民的收成锐减，朝廷收不上粮食来，雍正皇帝着急啊，他要亲自向上苍祈雨，安排在京城的北边建了一座觉生寺，因为按五方与五行的关系，北方属水，所以祈求上天下雨，向上苍求水要在北方，所以祈雨的觉生寺建在了京城的北边。当时有一位大臣想起了万寿寺里的永乐大钟，就建议把永乐大钟移至觉生寺，并且说出了理由：根据阴阳五行相生相克之说，金生水，永乐大钟是铜铸的，属金，北方属水，把大钟放在那里是有利于祈雨的。雍正皇帝听了，觉得说得有道理，而且雍正皇帝也知道永乐大钟的精美、壮观，在明朝就是皇家大钟，是应该让它再次发挥作用了，就决定，将此钟迁置到地处"京城之乾方"的风水宝地觉生寺。刚才说了把大钟从汉经厂运到万寿寺，用了 30 年，这回运输可能是在方法上进行了改进，再加上距离也近一些，仅用了 10 年就完成了永乐大钟的迁移工程。可是雍正皇帝就没有明朝的万历皇帝那么幸运了，雍正皇帝下令移钟刚过了两年就去世了，雍正皇帝在有生之年就没能听到觉生寺里的钟声。直到乾隆八年（1743），移钟工程才完成。移钟工程完成后，乾隆皇上题写了"华严觉海"的大匾高悬于钟楼之上。为了悬挂这口大钟，特地在寺后设计了一座两层钟楼，上层圆形，下层方形，楼内有梯盘旋而上。钟楼上各面都有窗，因之里面光线充足，能见度良好，人们可以清楚地看到钟纽和钟身顶部。为了降低钟楼和钟架的高度，在大钟的下方设计了一个深 70 厘米的八角形坑穴，人们可以在坑里观看大钟内壁的字迹。因为运来了永乐大钟，觉生寺也多了一个名称：大钟寺。

永乐大钟在这个新家一直待到了现在。北京市人民政府于 1957 年确定大钟寺为重点文物保护单位。从 20 世纪 80 年代开始，北京市政府把许多口古钟陆续放置到了这里，在 1986 年在此成立了古钟博物馆。

朝廷出资建廊房

一、盖廊房的原因

（一）盖廊房不是振兴商业的举措

明朝永乐年间，朝廷出资在新的丽正门外的西侧盖了一大片房子，形成了四趟街，因为盖的是很长的、像长廊一样连起来的房子，所以叫廊房，这四趟街就是现在还存在的廊房头条至大栅栏，老北京人习惯管第一条叫头条。而大栅栏在当时也不叫大栅栏，叫廊房四条。这块地东西长约300米，南北宽约240米，占地面积约72000平方米，建筑面积近60000平方米。盖这些房子是干什么用的呢？历史上记载不详，后来有很多人说永乐皇帝定都北京之初，曾在城门口和钟鼓楼等地建造店铺房屋，招商经营，统称为"廊房"。笔者不这么认为，因为当时朝廷要建设紫禁城、皇城、都城，太庙、社稷坛、天坛、山川坛（就是后来的先农坛）等众多的建筑，需要大量的资金，在这个节骨眼儿上，怎么可能抽出钱来盖商业用房呢？如果说在几个城门口和钟鼓楼旁盖廊房，那为什么只有这里保留得这么完整，别处却没有留下任何痕迹呢？根据笔者的研究，盖这些房子绝不是朱棣振兴北京商业的举措。再说自从朱棣决定迁都开始，就安排江南富商和山西商人等陆续迁到北京，十几年来，迁过来不少商户。当他正式迁都的时候又从南京往北京带来了很多能工巧匠和商人，朱棣并没有给他们专门盖房，只是在税收上给了优惠，免所有税赋5年。朱棣皇上都没给自己带来的商人盖房，怎么可能另外盖房招商呢？还有就是，商业用房应该建在城里，按照前朝后市的传统，应该建在鼓楼一带，从南京迁来的富商们就安排在鼓楼、什刹海一带了，所以要是盖商业用房也不应该建在城外。退一步来说，即使建在城外，也应该是临街房，比如说当时的丽正门外就是现在的前门外大街，要建在马路两侧，而不应该盖集中一片的房屋。这是笔者第一个结论，盖这些房子绝不是朱棣振兴北京商业的举措。

（二）盖廊房不是官方用房

其理由有三。一是官方用房一般都建在城里，而且刚把城墙往南扩完，新城墙的里面是有很多空闲地方的，不应该舍弃城里，在这里盖官房。二是自从有国都以来，无论哪朝哪代，都没有把朝廷的办公机构设在城外的，在城外办公是非常不方便的。三是如果是朝廷部门的办公用房，一般是左右对称的，才显得四平八稳，尤其是在北京城中轴线的旁边，虽然当时不叫中轴线，但是从北京城的设计上是有这根轴的，轴两侧的建筑一般都是对称的，可是这些廊房却全建在了丽正门外的马路西侧，东边一间也没有，根本不是对称的。这是第二个结论。

（三）盖廊房不是军事用房

其理由有二。一是保护朝廷的军队应该驻守在都城里，紧挨着城墙的地方，如果敌人来了，可以迅速登上城墙投入守城战斗，而不应该驻在城外。二是如果保护朝廷的军队驻守在都城外，就要驻扎在距离都城几十里以外的地方，而且也要建设小规模的城池，还要有训练的场所、粮草的仓库等，绝不是盖几排房的事。据笔者分析，它既不是商业用房，也不是朝廷用房，更不是军事用房，那到底是干什么用的呢？

（四）廊房是朝廷为拆迁的商铺盖的铺面房

不是用于普通民房拆迁的临时周转房，是因为原来做买卖的铺面房碍事，被朝廷拆了之后，朝廷补偿给他们继续做买卖的铺面房，这个结论是怎么得出来的？明朝永乐年间开始在北京建设紫禁城和皇城，这些地方基本上用的是元朝遗留下来的同样功能的土地，只不过是在老地方建新建筑，基本不存在拆迁问题，但是向南挪城墙就涉及拆迁问题，尤其是建大明门和千步廊及几大部的办公用房是肯定涉及拆迁问题的。拆迁的面积有多少呢？笔者粗略地算了一下，约有100万平方米，如果占用的是老百姓的普通住房，那么给点钱、拨块地就行了，拆迁户自己去盖四合院了。可是在要建南城墙的地方，以及原来的元朝丽正门外的马路两侧，是有不少商铺的，拆迁商铺可不是给俩钱就能解决问题的。商铺是被拆迁人全家的收入所在，商铺没了，经济来源就断了，所以朝廷要给这些被拆迁户提供新的经营场所。笔者研究认为，当时盖的廊房就是为被拆迁的商户预备的新商铺。据明沈榜撰《宛署杂记》记载，当时仅在京城西半部的宛平县属地内，共建廊房 800 余间，店房 10 余间，其中视面积分大房、中房、小房三等，因其建筑形式总称之为廊房。按地段不同，分别制定了税收等级，当时每处廊房要选派有能力的经营户充当"廊头"，负责按季对廊房使用者交纳房租或税款进行收集汇总，县署也每季轮委佐领官一人，总管租税款的交纳事务，送交皇家天财库（在西什库），供皇帝的宴会和赏赐开销。

二、对剩余的廊房高标准招商

对于建大明门和千步廊的被拆迁户，他们的老铺面房是在老丽正门的外头，这些新盖的廊房是在新的丽正门的外头，从相对位置上来说，是差不多的，可以说对商家的经营效果影响不大。对愿意继续经商的给铺面房（廊房），对于不想再经商的老商户，给一笔数目可观的钱。应该说这个拆迁方案还是比较人性化的，这也基于用铁腕治国的朱棣对北京城的老百姓是有几十年的深厚感情的。而这些被拆迁的商户对于朝廷给的这个拆迁政策也就没什么可说的了，可算是"皇恩浩荡"了。笔者估计新盖的廊房不可能是可丁可卯的，是留有富余量的，再加上有些人一看，要是要廊房，以后经营得无论好坏，每季都要交房租、税费，如果不要廊房，能得一大笔钱，其实也不错，和家里人一商量就不要廊房，拿钱走人了，结果新的廊房更富余了。按顺序，从廊房头条开始安置，把拆迁的商铺全安置完了之后，廊房四条还空着呢，不能闲置着啊，招商吧，还能为朝廷增加点收入。笔者估计对于剩余的空廊房进行招商的政策不是来者不拒的，而是对于要来的商家的商品质量和信誉、经营规模和经济实力等方面还有些附加条件，结果能入驻廊房四条的商家都是既有规模又有名气的大买卖，起点非常高，所以从开业开始，顾客们就慕名而来、蜂拥而至，这些商铺就进入了良性循环的轨道，所以后来就发展成了知名度非常之高的大栅栏。而廊房头、二、三条作为拆迁过来的商铺，享受了优惠政策，没压力，没紧迫感，动力不足，就少有做大做强的，其中有些商铺经营不下去了，就关门改住宅了。就这样过了几百年，这个地区就演变成了笔者小时候的模样：廊房头、二、三条有商铺，也有住户，而大栅栏是没有住户的，全是很有影响力的大买卖，其中很多还是经营了数百年的老字号。说起来，如今前门外的廊房头条等胡同名称就是明朝永乐年间对商铺拆迁遗留下来的痕迹。同时，大栅栏也是北京最早的招商区。这就是笔者研究明朝永乐年间的朝廷在丽正门外建设廊房的起因以及后来发展演变的简单过程。

大栅栏的商家是善于经营的，同时，他们在这几百年的发展中还遇到了两个机遇。一个是明朝嘉靖年间建外城，使大栅栏从城外变为城里了，外城的城里也是城里啊，地位提高了，受老百姓欢迎的程度也提高了，商户进驻大栅栏的积极性也起来了，大栅栏也就更热闹了。在这以后，周边地区也都繁华了起来，也就陆续出现了鲜鱼口、肉市、粮食店街、煤市街儿，注意：老北京人习惯管粮食店街叫粮食店街，而管煤市街叫煤市街儿，还有珠宝市、布巷子、猪（珠）市口等一大批特色街道都发展起来了。第二个机遇是清朝初年，朝廷要安排八旗人员住在内城，要求原来住在内城的老百姓要限期搬走，结果绝大多数内城的老百姓搬到了外城，致使这个地区的常住人口大幅提高，购买力大增，也就导致大栅栏更加繁华热

闹了，再加上朝廷不允许在内城建戏园子，结果绝大多数戏园子都
建在了大栅栏和周边地区，这些就使大栅栏的辉煌达到了顶峰。

三、廊房四条何时改叫大栅栏

至于廊房四条是什么时候改叫大栅栏的，肯定得是先有了栅
栏，然后才叫的大栅栏儿，所以先得说说建栅栏的事。在明朝永乐
年间建廊房这件事过去了近 70 年以后的明朝的弘治元年（1488），
当时新上任的皇帝明孝宗朱祐樘看到了北京的治安情况不好，经常
有偷盗案件的发生，尤其是夜间，小偷更加猖獗，他认为京城作为
国都应该是首善之区，必须要加强管理啊，就又在北京实行了"宵
禁"制度，就是普通老百姓在夜晚，没有特殊情况是禁止出门的，
派军队夜里在城里巡逻，遇到行人就严加盘查。同时为了防止夜晚
有盗贼在大街小巷之间流窜，他又决定，在北京城里各大街巷的道
口，建立木栅栏；白天开启，夜间关闭，并安排兵卒把守。虽然那
时候还没到嘉靖年间，北京还没有建外城，廊房这片地区还属于城
外，但是因为经过了 70 年的经营，这片廊房已经成了非常繁华的
商业区了，所以也纳入了"宵禁"范围，也建立了木栅栏。但是并
不是安了栅栏，廊房四条就改叫大栅栏儿了，在明末的文人张竹坡
编制的《京师五城坊巷胡同集》中还没有"大栅栏"这个地名，写
于清初顺治十七年（1660）的《春明梦余录》一书中提到了"大
栅栏"，但是笔者不能确定这个大栅栏就是指的廊房四条，可是在
《乾隆京城全图》中，这里的地名便已经标注为"大栅栏"了。那
么为什么廊房头、二、三条不叫头栅栏、二栅栏、三栅栏，唯独四
条叫大栅栏呢？因为建栅栏是为了维护各个地区住户和商户的安
全，防止偷盗分子流窜，预防盗窃，所以建栅栏的钱要在每个地区
的住户和商户身上摊派，廊房四条的商户又多又有钱，更怕偷，所

以纷纷解囊，钱出得多，栅栏建得好，确实大栅栏的栅栏与众不同，又粗壮又高大，建得非常漂亮。笔者在以前说过，老北京的地名有些是在普遍存在的事物中根据某些特殊性起的，比如老北京街上的牌楼多了，可是六柱五间的牌楼只是在前门外有一座，所以老百姓都管正阳桥牌楼叫"五牌楼"。正因为廊房四条的栅栏特殊的高大，所以老百姓都叫它大栅栏儿，不叫它廊房四条了。其实以栅栏的特殊性叫成地名的不单单是大栅栏儿。根据《钦定大清会典事例》记载，北京当时建有栅栏的街巷有 1000 多处，其中除了大栅栏儿还有多处街巷以"栅栏"为名，例如：横栅栏胡同、双栅栏胡同、三道栅栏胡同，等等。当时以栅栏为名的胡同从口语发音上，还都是叫栅（炸）栏，当时的大栅栏儿也是叫大栅（炸）栏。

怎么后来就把大栅（炸）栏叫成大栅（是）栏儿了呢？有些人解释说"大栅（是）栏儿"这三个字既有轻声，又有儿化音，充分体现了原汁原味的京腔京韵。对于这种解释笔者是既同意，又不满意。说大栅（是）栏儿这三个字既有轻声，又有儿化音，笔者是同意的，说大栅（是）栏这三个字充分体现了原汁原味的京腔京韵笔者也是同意的，不满意的是这个解释并没有讲清楚大栅（炸）栏变成大栅（是）栏儿的过程，因为栅栏的栅（炸）轻声也不可能读成大栅（是）栏儿的栅（是）了啊？对于这个变化笔者一直在思考，后来结合北京的老人们对大栅栏的叫法，思考出了一个道理，就是栅（炸）栏的栅（炸）字是个多音字，既念栅（炸），也念栅（山）。在明末清初绝大多数老百姓是不认识字的，把大栅（炸）栏讹传成大栅（山）栏是极有可能的，后来的老北京人逐渐按照说话的习惯，把大栅（山）栏的栅读成轻声，把栏带上儿化音，就成了大栅（是）栏儿了。我小时候听有些老人还是管大栅（是）栏儿叫大栅（山）栏儿呢。那么这个讹传是怎么产生的呢？是什么时候把大栅（炸）栏叫成了大栅（山）栏的呢？又是什么时候把大栅（山）栏叫成大栅（是）栏儿的呢？笔者认为在明朝的弘治元年（1488）给北京城各个街口安装栅栏的时候，大栅栏虽然安装了栅栏，但是当时还是叫廊房四条的。从弘治到嘉靖的五六十年里，在这附近居住的老百姓就根据这里又高又大的栅栏逐渐地管这条街叫大栅（炸）栏儿，而不叫廊房四条了，这个改变应该和横栅栏胡同、双栅栏胡同、三道栅栏胡同的叫法是同一时期的事儿，等又过了大约 50 年，在明朝末年的时候，朝廷就认可了老百姓的称呼，把大栅（炸）栏和横栅栏胡同、双栅栏胡同、三道栅栏胡同一起写进了政府登记的街巷名册。和那几个胡同不一样的是政府不但把廊房四条正式改成了大栅（炸）栏，而且根据周边老百姓的请求，在这条街的东西两侧的栅栏顶部挂上了大栅栏三个字的牌匾，大栅栏儿的东西口儿没有牌坊，所以这块牌匾是挂在栅栏顶上的。为什么老百姓向政府提出这个请求呢？显然这时候的大栅栏已经声名在外了，无数的人慕名而来，可是正阳门外那么多胡同，生人来了就得到处打听，不但找起来不方便，而且也给马路两侧的商户找了麻烦，几乎天天有人打听："先生，大栅（炸）栏儿怎么走啊？"那会儿的人比较热情，得仔仔细细地告诉对方，说往那边走，过几条胡同再怎么拐，还得说栅栏特别大的就是。商家天天被打扰，所以请求政府，您给挂块牌子吧，要不然我们成天应付打听大栅栏的人，都做不了生意啦。自从政府挂上这三个字的牌子就方便了，再有人问大栅（炸）栏儿怎么走啊，回答起来就省事了，说看见上面挂着牌子的就是了。但是当时还是叫大栅（炸）栏儿，没叫大栅（是）栏儿，笔者估计挂出牌子以后，打听大栅（炸）栏儿怎么走的人逐渐少了，可是又经常有人问牌子上写的是什么啊，因为那时候的人一般不认识字，被请教的人肯定是大栅栏旁边的商户，可能是天天有人问，烦了，也可能是恶作剧，还有可能是显示自己多知多懂，就说写的是大栅（山）栏，就这样说了几十年，传了几十年，到了清朝了，可能都到了康乾盛世了，这个讹传的大栅（山）栏就约定俗成地叫成大栅（山）栏儿了。再往后，按照北京人说话的习惯，大栅（山）栏儿的栅（山）被加上了儿化音，就成了我小时候听到的大栅（山）儿栏儿了。从20世纪60年代，就变成了大栅（是）栏了。

关于廊房和大栅栏儿的起源，就算聊完了，可能还有人琢磨大栅栏儿的那两座木栅栏我怎么没见过啊？是什么时候拆的呢？光绪二十六年（1900）六月十六义和团放火烧大栅栏里的老德记西药房的时候，不但把大栅栏里的众多商铺烧了，也把木头栅栏给烧毁了，就连前门箭楼都烧塌了，从此以后大栅栏儿就空有其名了。

改建都城
北京内城现雏形

张太皇太后决策改建都城

在明朝正统年间，朝廷对北京城进行了成功的改造，后来存留下来的北京内城基本上就是这次改造的成果，所以我们要感谢这次的改造。虽然改造北京城的时间是正统元年至正统四年（1436—1439），但是我们真正要感谢的并不是正统皇帝，因为正统皇帝朱祁镇在改造北京城的时候还不足8周岁，朱祁镇的父亲——明宣德皇帝朱瞻基，是位很有作为的皇帝，可惜命短，27岁当皇上，37岁就驾崩了，仅当了十年多一点的皇上。朱瞻基执政期间的政绩，知人善任，重用栋梁之材。文有"三杨"（杨士奇、杨荣、杨溥）和蹇义、夏原吉，武有英国公张辅、于谦、周忱。在执政的十年里，大力发展农业生产，积极赈灾济民，实行休养生息，惩治贪官污吏，缓和社会矛盾。励精图治，增加朝廷税收，使得社会经济空前发展，出现了我国继汉朝"文景之治"，唐朝"贞观之治""开元盛世"之后的著名的史称"仁宣之治"。所以朝廷才有了改建北京都城的经济实力。

宣德皇帝去世之后，他8岁的儿子朱祁镇接班当了皇帝，改年号为正统。当时实际在朝廷掌权的是朱瞻基的母亲张太后，在正统年间属于太皇太后。她虽然位高权重，但是并不重用自家人，甚至不允许外戚干预国事，而是重用那些忠心耿耿的老臣。她非常聪明智慧，对于儿子朱瞻基在世的时候重用的宦官王振一直保持着警惕，一看王振有些翘尾巴，可能要干坏事，就把王振叫去臭骂一顿，有效地打击了王振及其同伙，使得王振在她掌权的时候没干成一件坏事。在正统元年（1436）开始了改建北京都城的工程，这是张氏夫人太皇太后的英明决策，所以对于存在了几百年的北京都城，我们应该感谢她。

阮安：改建都城的负责人

修建北京都城的负责人，开始选的是蔡信。这位蔡信是江苏武进人，木匠出身，在工部下辖营缮司任职，曾经参与了明朝永乐年间建设北京紫禁城的设计建造工作。蔡信编制出了修建北京都城的建设方案和财务预算。这位蔡信是仿照曾经建紫禁城的路数编制的，需要采购大量的建筑材料，都城的九座城门同时动工，所以耗资巨大，所需工力众多，结果这个方案就被张太皇太后给否决了，重新任命了工程总负责人，就是后来名垂青史的阮安（1381—1453）。为什么说阮安名垂青史呢？因为阮安确实是一位非常了不起的人物，是一位值得尊敬，尤其是值得北京人敬仰和怀念的一心为公、两袖清风的大好人。这位阮安，不是中国人，小名阿留，洪武十四年（1381）出生于大越国陈朝的河东（今属越南河内市），按有关文字记载，是永乐六年（1408）由张辅从越南带回来阉割之后入宫成为宦官的。不过按阮安1381年出生推算，那时他已经27岁了。27岁已经不适合做手术了，所以笔者认为他入宫的时间没问题，出生日期要比历史记载的晚15年左右。历史记载：永乐初年英国公张辅以交趾童美秀者，带回京城。交趾，中国古代地名，初期包括今广东省和越南北部。秦以后，交趾郡为今越南北部。永乐六年（1408）甄选入宫成为宦官，虽然成了太监，但是幸运的是这位初来乍到的小太监，得到了明成祖朱棣的宠爱，安排读书，学习经史以及各种文化。阮安天生聪明伶俐，又肯下苦功，所以他逐渐成为精通数学、建筑学的专家级人物，长大一些他当上了宫史太监。在明成祖决定营建北京紫禁城的时候，他不过20岁左右，就参与了设计与建造。这次起用阮安代替蔡信负责都城的改造，是选对了人了。阮安真是一位出色的建筑师。他不用查阅资料，只凭实地观测和思考，就能绘制出所需的各种图纸，制订出全部的建设方案，而且完全满足各方面的要求和作用，那些主管建筑的工部官员只需按照他的指派干活就可以了。所以这项重大的都城改造工程从正统元年（1436）准备，正统二年（1437）初动工，到正统四年（1439）四月份顺利完成，才用了不足两年半的时间，干得可以说是又快又好，朝廷非常满意。

改建都城的具体情况

一、利用军人当工人

其实在宣德皇帝朱瞻基执政的十年里，国家积累了不少的财富，修建北京城花些钱不成问题，而且是名正言顺的。但是阮安不是因为国家有钱就大手大脚，而是凡是能省钱的地方就尽量为国家省钱。下面笔者就详细说说他主持改建北京都城的具体情况。为了节约工钱，他基本不雇用社会上的施工人员，干活的人主要是驻扎在京师的部队军卒。在他的建议下，把守卫北京城的军队中的1万多人停止了日常的操练，当作了建筑工人，不额外给工钱，只是每人每月增加口粮一斗、盐一斤；只这一项就为朝廷节省了一大笔费用。

二、九座城门不同时开工

阮安还决定九座城门不同时开工，两个两个地来干，又省了不少劳力。施工的顺序先是都城西侧的西直门和平则门，正统二年（1437）正月，西直门和平则门开始营建。西直门在元朝的时候叫和义门，但是在明朝永乐年间就改名为西直门了，平则门就是后来的阜成门，但是当时还是叫平则门。西直门和平则门干完了之后是建造都城西北角的角楼和都城北侧偏西的德胜门。德胜门是明朝初年才建成的，德胜门的城台是大明永乐乙酉年，也就是明朝永乐三年（1405）建造的，刚建成的时候，是叫健德门的，在正统四年（1439）大修时改为德胜门，之后是都城北侧偏东的安定门和都城东北角的角楼。安定门的名称也是从来没有改变过的。再往后建的是都城东面的东直门和齐化门。东直门在元朝的时候叫崇仁门，不过在明朝永乐年间就改名为东直门了。齐化门就是后来的朝阳门，但是当时还是叫齐化门的。然后建造的是北京城东南角的角楼和南城墙偏东边的文明门。文明门就是后来的崇文门，但是当时还是叫文明门的。最后建造的是中间的丽正门和西边的顺承门以及都城的西南角楼。丽正门就是现在的正阳门，但是当时是叫丽正门的，顺承门就是后来的宣武门，但是当时是叫顺承门的。对于施工所需的建筑材料呢，他要求尽量使用官府积存的物资，原则上不再另外采购。确实在永乐年间营建北京城的十几年里，剩余了大量建筑材料，此次均被派上用场。

三、施工内容

重建城楼、箭楼。拆了都城原来低矮的九座城门楼子，重建为高大威武的城楼和箭楼。有些原有的瓮城小门楼没有拆，就砌在新的箭楼里面了，西直门就是这样。九座箭楼有八座是不设门洞的，人们进出城门要走城楼下面的门洞和瓮城下面的一个门洞。但是九座箭楼中有一座新建的箭楼是有门洞的，就是丽正门的箭楼，内设千斤闸。为什么丽正门与众不同呢？因为明清两朝，皇帝每年要两次出这座城门，一次是冬至那一天到天坛祭天，另一次是仲春亥日，皇上为了给天下百姓做示范，要到先农坛去耕他的一亩三分地，丽正门箭楼开的门是专供走皇上的龙车的，平时是绝对不开的。

增建五座瓮城。在德胜门、安定门、文明门、丽正门、顺承门这五座城门处增建了瓮城，因为这五座城门不是元朝的老城门，原来没有瓮城。

建闸楼和闸门。在全部九座瓮城城楼与箭楼相连接的城墙上边建闸楼和闸门。在元朝至明朝正统之前，瓮城的两侧是没有闸楼和闸门的，那时候是瓮城前后两个门楼下面都有门洞供人通行。改建后，丽正门的东西两侧都建了闸楼和闸门，其他八座城门的瓮城，都是在其中的一侧建闸楼，设置千斤闸，在闸楼下面的城墙上开设门洞，供人通行。每个门洞里都安有非常厚重的开关的木头门和升降的闸门，每天晚7点关那两扇木头城门，早上5点开城门，没有特殊情况闸门是不落下来的。城楼与箭楼相连接的城墙叫月墙，因为这段城墙是分为左、右两个部分的，有些像半月形，所以叫月墙，月墙外的街道叫月墙街。

重建四座角楼。在都城的四个犄角建起了四座高大威武的角楼。说角楼高大威武是毫不过分的，因为每座角楼的长、宽、高都丝毫不亚于一座城门的箭楼子，现在还有东南角楼存在，朋友们可以去仔细看看，但是要注意，是内城的东南角楼，可不是前几年复建的外城的东南角楼。

对护城河进行整治。对都城外护城河（当时叫护城壕）的整治，包括河道清淤、加宽、加深，河岸的修整、砌筑。

木桥改石桥。九座城门外原来都是可以提升起来的木桥，此次全部改为石桥，同时设置了九道水闸。虽然可以提升的吊桥改成了固定的石桥，可是北京城的老百姓对于很多地名一旦叫习惯了就很难更改，500 多年过去了，到了笔者小时候，城门外还有护城河，在护城河上还有桥，老百姓还管它叫吊桥儿。

八座城门外的护城河上都是建了一座石桥，只有在丽正门外的护城河上建的是三座石桥，整个桥面比其他八座城门的护城河桥面宽大得多。在桥下面看桥洞，是一座桥，看桥面上的桥栏杆，除了桥两侧的栏杆之外，在桥面上还有两道栏杆，所以明明是一座桥，但是要表现出三座桥的意思，就是为了在皇帝出行的时候，龙车和朝廷大员走中间的那座桥，其他人走两边的桥，显示出皇上的威严、与众不同。后来丽正门改叫正阳门了，这座桥就叫正阳桥了，可是老百姓管它叫三头桥。

增建牌楼。在每座城门石桥的外面建了一座牌楼，其中八座牌楼是四柱三间的，只有在丽正门南侧三头桥的外头建的是一座六柱五间的牌楼，老百姓都叫它五牌楼。可惜的是在明朝后期，由于风吹雨淋，这些牌楼就陆续毁坏了，只有前门外的五牌楼，经过多次修缮，坚持到 20 世纪 50 年代才被拆除。在 21 世纪初，北京市政府在原地又复建了一座。

四、"三桥四门五牌楼"

改造之后的八座城门有一个共同的特点，就是在开设门洞的这一侧的月墙街是比较繁华、热闹的，有住户，有商铺和来来往往的行人；而没有门洞的那一侧的月墙外边，根本称不上街，非常冷清，很少有人光顾。当然也有与众不同的，就是丽正门，刚才说的一侧建闸楼是不包括丽正门的，因为丽正门的瓮城的东西两侧都建了闸楼，都设置了千斤闸，闸楼的下面都开设了门洞供人通过，还有就是丽正门瓮城两侧的街道也不叫月墙街，叫荷包巷，因为半月形的街道也像装钱的荷包，所以东侧叫东荷包巷，西侧叫西荷包巷，正因为丽正门瓮城的两侧都有门洞，再加上它特殊的位置，所以多年来，丽正门瓮城的两侧街道都非常繁华。

正因为其他八座城门都是一座桥，都是两个城门洞，城楼下面一个，月墙下面一个，城门外都是一座三间的牌楼，而丽正门为了皇帝的出行建了一些与其他城门不一样的建筑，搞了一些特殊化，所以就有了老百姓常说的一句俗话，说前门是"三桥四门五牌楼"。这句俗话一直流传到 20 世纪 60 年代初，后来前门外的护城河取消了，正阳桥也没了，这句俗话也就没人说了。

五、五座城门改名

正统四年（1439）的四月份，改造都城的工程全部竣工了。北京城的面貌发生了重大改变。朝廷觉得都城的各个城门都重新建设了，对于元朝起的名称也应该改一改了，就召集所有的翰林学士，说东直门、安定门、德胜门、西直门四座城门的名称是明朝永乐年间定的，就不用改了，要把其他五座城门的名称更改一下，看看抓紧给拿出个方案。这些人接了这个任务那是非常高兴，因为战争年代带兵打仗用不着这些人，和平时期生产建设还用不着这些人，他们觉得是浑身的本事，苦于英雄无用武之地啊，这回终于给他们提供了一个露脸的机会。这些人仔细地琢磨、认真地研究终于拿出了方案，各个是好名词，全都有出处，至于什么出处笔者就不细说了，大家都能查到。笔者就直接说城门的五个新名称：都城南侧东边的文明门改为崇文门，西边的顺承门改为宣武门，不但崇文、宣武是好名词，而且还有左文右武、文治武安、江山永固的意思。都城南侧正中的丽正门改为正阳门，都城西侧南边的平则门改为阜成门，对于都城东侧南边的齐化门没有另起新名，而是借用了明朝洪武年间南京城东门的名称叫朝阳门，因为这座城门是在北京城的东南的位置，是太阳升起的方向，所以叫朝阳门，而且借用朝阳门也有沿袭旧制和传承有序的含义。这个方案报到朝廷之后，太皇太后及文武百官一致称赞，认为名字起得好，有水平，就这么通过了，在把写有这些名称的牌匾挂到各个城楼上之后，由当时朝廷的少师杨荣和太子少保、武英殿大学士杨溥带领着所有的翰林学士，一起登上了正阳门的城楼。正阳门的城楼通高 43.65 米，是老北京所有城门楼中最高的，有些人以为正阳门的城楼在封建社会不但是最高的城楼，也是北京城最高的建筑，其实不是。在封建社会北京城最高的建筑是钟楼，通高 47.9 米，但是杨荣和杨溥带领这些翰林学士登正阳门的城楼的时候，钟楼还没有那么高，它是在清朝改建加高的，那在当时是不是正阳门城楼是北京城最高的建筑呢？也不是。在明朝永乐年间建造的鼓楼通高 46.7 米，比正阳门城楼高了 3 米左右，所以只能说正阳门城楼在当时是北京城里南半部最高的建筑。那鼓楼是不是当时北京城内外最高的建筑了呢？还不是。当时北京城内外最高的建筑要数天宁寺的密檐塔。天宁寺的塔通高 57.8 米，比鼓楼高了 11.1 米！所以老北京有句歇后语，前半句是"天宁寺的塔"，后半句是"没了云儿的高"。天宁寺的塔是辽代的天庆九年（1119）建的，当时已经有 320 岁了。不过当时的天宁寺还不叫天宁寺，叫天王寺，在明宣德十年（1435）才更名为天宁寺。

当时这些翰林学士在正阳门的城楼上，近距离地观看了新建的这座高大的建筑，又欣赏了前后左右、远近高低的风景。可以想见，在 500 多年前的明朝，北京高大的都城，在周围低矮的平房的映衬下，那是多么雄伟壮观啊！真有一览众山小的感觉！这时候大家就想起了城楼的设计者，工程的总负责人阮安，不约而同地称赞阮安的聪明才智，善于谋划、设计的能力和奉公尽责的精神。回来之后这些人写了一篇登正阳门的观后感，“高山长川之环固，平原广甸之衍迤，泰坛清庙之崇严，宫阙楼观之壮丽，官府居民之鳞次，廛市衢道之棋布，朝觐会同之麇至，车骑往来之坌集。粲然明云霞，滃然含烟雾”。这一段文言文是把所能看到的壮丽景色和繁华程度，描写到了尽善尽美、无以复加的程度。

阮安的其他功绩

一、重建皇宫三大殿

关于明朝正统年间都城改造工程，笔者基本就讲完了。由于阮安在都城改造工程中出色的工作得到了满朝文武大臣的首肯，所以在正统五年（1440）三月初六日，朝廷又让阮安会同都督沈清、工部尚书吴中等一起主持了重建皇宫三大殿（奉天、华盖、谨身）的工程。这三个大殿在永乐十九年（1421）初夏刚刚迁都几个月的时候遭雷击，尽皆焚毁，因为当时没有重建的材料，后来又发生了很多意想不到的事儿，所以一直没复建，一拖就是 19 年。这次在阮安等人的指挥下，重建皇宫三大殿的工程干得又是非常顺利，只用了一年半的时间，在正统六年（1441）九月就竣工了。干得又是既省钱，还漂亮，因此阮安再次得到了朝廷的奖赏。

二、通济河疏浚工程

这位阮安不但是指挥大型都城建筑工程、宫殿建造工程的大师，而且他还称得上是著名的水利工程师，是水利工程的专家。因为在重建皇宫三大殿之后过了一年，也就是正统七年（1442），阮安又奉朝廷之命主持通济河的疏浚工程。这个活儿还是做得又快又好又省钱。竣工后明英宗朱祁镇命礼部侍郎杨士奇撰写《通济河碑记》，立碑纪念他的功绩。为什么阮安负责改造北京城、重建皇宫三大殿之后朝廷没有给他立碑，在他负责了一次水利工程之后竟然能够获得朝廷给树碑立传的巨大荣誉呢？原来这条通济河经常闹水患，就在正统三年（1438）还决了大堤，冲毁了村庄与农田，死了不少的人，朝廷赶紧派工部尚书去治理，花了不少的钱，加固、加高了多处堤坝。没想到仅过了四年，又决口了，朝廷只好请阮安出马。阮安和别人不一样。他带着几个人到通济河的上游去察看水情，又到与通济河相关的白河、汤河、洛河察看它们流入通济河的水量、流速。他翻山越岭、跋山涉水，饿了吃口随身携带的干粮，渴了就喝河里的生水，天黑了就找个背风的地方席地而卧凑合一宿。他又走访河两岸的住户，询问以往的水情，他还跑到通济河的下游，直到出海口去查找原因，终于发现了问题所在。在每年的洪水季节，上游三条河的大部分河水汇入了通济河，而这个季节的海水又倒灌进入了通济河，所以进一步造成了河水上涨，决堤泛滥，以往修筑堤坝是错误的，解决问题的办法应该是加宽加深河道，增加河道的容量和水的通过能力。阮安带领几万军民，没日没夜地奋战了两年，终于彻底地解决了通济河的水患问题，同时也解除了朝廷的一件心头之患，所以，朝廷怎么能不给他树碑立传呢？

三、北京城的城墙改造

在这之后，朝廷又安排他负责固安河河堤加固工程、杨村河治理工程，他均立有大功。仅过了六年，就是从正统十年（1445）的六月份开始朝廷又对北京城的城墙进行了改造，负责人当然还是阮安。为什么改造工程刚完成了六年又要改造啊？因为朝廷一看，四年的都城改造工程非常成功，可是一到雨季，这都城城墙的里侧，还是从城墙上往下流泥汤子，甚至还有城墙坍塌的现象。因为上次的改造工程没有涉及城墙的整治，那这次改造工程的内容是什么呢？就是对全部城墙的内侧进行砌砖。元朝的城墙是夯土而成的，明朝永乐年间对都城进行改造，其中有一项内容，是把城墙的外面砌上城砖了，既坚固又美观了，可是当时对城墙的里侧并没有动，在城外边看着好看了，防守更坚固了，可是城里边总坍塌也不是回事啊。那为什么在给城墙外边砌砖的时候，没有把里边一块砌了啊？笔者估计一个是资金的问题，另一个是城砖的制造和运输当时可能也跟不上，所以只镶了外侧，这次是镶的里侧。但是这回施工与上回是有区别的，上回施工是在土墙外侧加砌了两层砖；内层用小砖，外层用大砖。这回在土墙的内侧镶砖，只砌了一层大砖，没砌小砖。为什么少了一层砖呢，是偷工减料了吗？只砌一层砖不是偷偷摸摸干的，是光明正大干的，是有文字记载的。笔者认为这又是对朝廷忠心耿耿的阮安的精明之处，他肯定是判断出砌一层砖与两层砖作用是差不多的，都能够起到美观和避免坍塌的作用，尤其是能够避免下雨、下雪的时候往下流泥汤子的问题，砌一层就行了，多砌一层就要多花一层砖的钱，而且还要多用工时，延长工期，是没有必要的。所以就改变了施工方法，结果这又给朝廷节省了一大笔资金，工期也缩短了，只用了两年的时间，在正统十二年（1447）就完成了。后来经过这几百年的使用，经过几百年的风风雨雨，实践证明阮安的判断是正确的，直到1969年拆最后一部分城墙的时候，城墙的里外两侧，绝大部分还是非常坚固的。当时还没有什么机械设备，就是使用铁锹、钢镐，结果让拆城墙的人费了不少的力气。当时拆城墙的人都知道，城墙的外边是两层砖，靠外侧是人们看到的大城砖，靠内侧是一层小砖，尺寸相当于大砖的四分之一，而城墙里侧就只有一层大砖，没有小砖，这与历史上的文字记载是一致的。

四、张秋河的治理

又过了 7 年，景泰三年（1452），年事已高的阮安又与工部尚书石璞共同负责了筑造沙湾堤工程。阮安接受的最后一项工程是景泰四年（1453）的时候奉朝廷的指派，负责张秋河的治理工程（今山东省阳谷县张秋镇，是黄河的一个分支）。但是他还没有到任，在前往张秋的途中就因病去世了。据《明史》记载，阮安平时生活节俭、朴素，甚至可以说是清贫，虽然朝廷按时发放他数额可观的俸禄，而且还因为他几十年来突出的表现，给了他大量的赏赐，但他并不贪财，他把积攒的赏赐和所余资财都上交国库了。所以他去世的时候"囊无十金"（行李中的银子不足十两）。中国历朝历代，工程管理者众多，这是个肥缺，大多数的人员都是中饱私囊，而对于主持过许许多多重大工程的太监阮安来说，如此的清正廉洁，实为少见！所以笔者认为阮安是一位名垂青史、非常了不起的人物，是一位值得尊敬，尤其是值得北京人尊敬和怀念的好人，喜欢老北京历史的人都应该知道他、记住他。

事不寻常：改建都城之后的反常现象

正统年间改造北京都城之后，在北京都城陆续出现了四个反常现象，或者叫不解之谜。这四个反常现象在北京城存在了 500 多年，这四个现象在以前是没有任何人以任何形式提出来过的，更没有人对这些现象给出过合理解释的，今天笔者要在这里首次说出来并给出合理的解释。笔者在研究正统年间出现的四个反常现象的过程中，没有找到可供借鉴的历史记载，也没有在对上年纪的老北京人的请教中得到明确的答复，所以没有可供研究的资料，只能是依靠自己对历史的了解，进行思考、琢磨，最后形成一家之言。下面笔者把四个反常现象和研究结论说说。

一、安定门闸楼的方向

第一个，都城改造工程完成之后安定门的反常现象。都城改造工程完成之后，有六座城门遵从了一个规律，即瓮城的闸楼是两两相对的：都城东面的东直门的闸楼建在瓮城的南侧，朝阳门的闸楼建在瓮城的北侧，这两座闸楼是脸对脸的。都城南面的崇文门的闸楼建在瓮城的西侧，宣武门的闸楼建在瓮城的东侧，尽管这两座城门中间是隔着正阳门的，但是它们的闸楼依然是对着的。都城西面阜成门的闸楼是建在瓮城的北侧的，西直门的闸楼是建在瓮城的南侧的，这两座闸楼还是脸对脸的。可是奇怪的是都城北面的德胜门的闸楼是建在瓮城的东侧的，没有问题，但是安定门的闸楼并没有建在瓮城西侧，而是建在了瓮城的东侧，并没有与德胜门的闸楼相对应。

在我国几千年来的传统建筑里一个重要的讲究就是对称，尤其是皇家建筑，即使没有条件，就是创造条件，也要尽量建成对称的格局。再有，都城本来就是一处军事上的防御设施，两座相邻的城楼的闸楼建成相对的格局，在军事防御方面是非常重要的，当有敌人进犯的时候，就可以形成掎角之势，相互呼应。如果有敌人来犯，两座闸门的士兵同时出击，就能使敌人首尾难顾。再看这座安定门的闸楼，是完全可以建在瓮城的西侧的，并没有什么障碍，可是它却偏偏建在了瓮城的东侧，而且 500 多年来从没有更改，这一违背常理、违背美学、违背军事原则的建筑方法，笔者在历史记载中没有找到解释，所以这是明朝正统年间改造都城工程的第一件反常的、奇怪的事情。下面笔者就说说对这个现象的理解和解释。

为什么安定门的瓮城门建在了瓮城的东侧，而不是与德胜门对应着建在瓮城西侧？乍一看，这么施工确实违背常理、违背美学、违背军事原则。可是这个问题在四个问题里还是比较容易解释的。从表面上来说，是风水使然。我国历朝历代，建各种建筑都是非常讲究风水的，大到一座城市，小到一间房屋，都是如此。为什么呢？笔者认为是在几千年前我们的先人通过在不同的地方，建设了各种建筑之后，随着时间的推移，逐渐看到了给人们带来的吉凶祸福，就逐渐找到了很多规律性的东西。为了能够更好地实现建各种建筑的目的和作用，为了趋利避害，在几千年前，我们智慧的祖先就发明了风水学。风水学是很复杂的，它包含了物理学、水文学、地质学、气象学、环境学、建筑学，甚至还有生态学、信息学等方方面面，风水学尤其重视对《易经》的应用，对《易经》中应用最多的是八卦。总体来说，风水学属于自然科学的范畴，是一门无形的科学，正因为无形，所以有很多人都不认可它，认为是迷信，但是只能说，现在的科学还在发展的过程中，还不是特别发达，对于很多古人研究的东西和一些现象还不能用已知的科学知识来解释，但是不应该全都扣上封建迷信的帽子，应该以开放的态度来研究它。幸亏我们国家在改革开放以来，对很多原来认为是迷信的东西，观点开始转变了，不是批判了，也不是回避了，而是大胆研究了。笔者不想在这里探讨这门学问，只是说当初确定安定门的瓮城门的位置，一定是与风水有关系的。其实笔者对风水学也是一知半解，只能勉强解释一下，还不一定正确。安定门是在北京城的东北方，按后天八卦配九宫和与方位的对应上，东北属于（六）艮位，巽离艮兑的艮属土，如果把安定门的瓮城门开在安定门的西北位置，按先天八卦推算，仍然属于（八）艮位，属山，是不适宜建城门通行的，如果建在东北的位置，属于震位，乾坎坤震的震，就没有问题了。所以把安定门瓮城的门建在了安定门的东北位置。这是按风水学说的考虑，笔者认为这也是当年阮安对朝廷的解释。其实中国古代风水学说的目的之一，也是最重要的目的是宜居，包括最理想的住宅是前有照、后有靠，就是房子前面有弯弯曲曲的小河，房子后面有不太高大的土山。其实就是为了适合古代人的生活，有小河就有了水源，就有了鱼虾，小河不是浊浪滔天的大江大河，不会河水泛滥。有了土山，就有了树木，有了可以燃烧的木柴，就有了菌类、菇类，就有了可捕获的小动物，土山不太高大就不会出现山体滑坡、泥石流，所以是非常适合居住的地方。所以说风水学说是有科学道理的。

那么安定门瓮城门建在东北角与宜居有什么关系呢？大家知道，我国北方是季风型气候。北京的冬天，西北风带来了西伯利亚寒流，很多建筑在冬季都要把西北方的门封闭上或建一个避风阁。而阮安在建设安定门瓮城门的时候，为了提高把守城门的士兵和进出城门的人们的舒适感，他就大胆地把瓮城的闸楼、闸门建设在了安定门瓮城的东侧。阮安通过瓮城门位置的改变，巧妙地解决了把守城门的士兵和进出城门的人们不再喝西北风的问题。他既没有一味追求建筑对称的美观，也没有拘泥于军事上的掎角之势，而是做了非常人性化的处理，这是值得我们称赞的。

二、东直门、西直门瓮城的与众不同

第二个反常、奇怪现象是什么呢？北京都城的九座瓮城有七座在外边看，拐弯处是漫圆的，可是东直门、西直门的瓮城却建得一反常态，在里外看都是见棱见角的长方形。这又是为什么呢？是为了达到某种目的而特意建方形，还是不经意建成这个样儿的呢？而且现在来看，这又违反了对称原则。这是笔者说的第二件反常的不可思议的现象。

下面笔者来解释这个反常现象。刚才笔者说过，中国几千年来的传统建筑里一个重要的讲究就是对称，尤其是皇家建筑，即使没有条件，就是创造条件，也要尽量建成对称的格局。作为北京都城东北角的东直门和西北角的西直门的与众不同的设计，怎么也看不出有什么对称关系啊？所以大家就感觉不可思议了。但是大家要知道，这两座瓮城并不是在明朝建的，在明朝永乐年间，只不过是在这几座瓮城的土城墙的外面砌了砖，形状上仍然保持了原来的风貌。

那么这些瓮城是在什么时候建的呢？是在元朝至正十九年（1359）的冬季，当时为了准备抵御敌人的攻城，在不适合土木施工的季节，匆匆忙忙地修筑了十一座城门的瓮城。注意，当时的都城可是十一座瓮城，那时候的东直门还是叫崇仁门，而且是都城东侧三座城门里正中的一座。那时候的西直门也还是叫和义门，是都城西侧三座城门里正中的一座。说到这里大家有些明白了吧，虽然在元朝至正十九年（1359）的冬季，为了抵御敌人攻城，匆匆忙忙地修筑了十一座城门的瓮城，但是瓮城建得非常规范，都城东、南、西三面正中的瓮城，也就是崇仁门、丽正门、和义门的瓮城建得方方正正、四平八稳，拐角之处都是方形的，其余八座瓮城的拐弯都是圆的。只不过在明朝的洪武四年（1371）把曾经元大都都城北部的四座城门废弃了，在明朝永乐十七年（1419），把北京的南城墙往南移了2里，把原来都城南侧的三座瓮城也都给拆了，老的瓮城只保留了崇仁门、齐化门、和义门、平则门这四座，而且崇仁门成了都城东北角的城门，和义门成了都城西北角的城门，所以就看不出对称的格局了。后来的北京人，看着这两个四四方方的瓮城，奇怪了几百年。

三、四座城门的称呼不一致

第三个反常的事情，是给城门改名之后的名称之谜。为什么老北京人不管东直门叫崇仁门，却管朝阳门叫齐化门？为什么不管西直门叫和义门，却管阜成门叫平则门？对于外地人和 50 岁以下的北京人，可能连题目都听不明白。只有地道的老北京人才知道管朝阳门叫齐化门，管阜成门叫平则门，但是对于为什么这么叫，以及为什么不管东直门叫崇仁门，不管西直门叫和义门，就没人答上来了。

下面笔者来解释。

在元朝建都城的时候，是管东直门叫崇仁门，管朝阳门叫齐化门，管西直门叫和义门，管阜成门叫平则门的。到了明朝永乐十八年（1420），朝廷把崇仁门改成了东直门，把和义门改成了西直门。明朝的正统四年（1439），朝廷又把齐化门改成了朝阳门，把平则门改成了阜成门。如果按照常理，老百姓或者是按照明朝更改之后的称呼来叫这四座城门，就是和现在的人一样叫东直门、朝阳门、西直门、阜成门。或者仍然按元朝的旧制，对这四座城门叫崇仁门、齐化门、和义门、平则门。这样是顺理成章的。

可是事实不是这样的，在明朝改城门名称这件事情过去了 500 多年之后，在笔者小的时候，也就是 20 世纪五六十年代，老北京人一直是按照明朝的规定，叫东直门、西直门，没有人叫崇仁门、和义门的，而对于旁边的那两座城门，北京的老人们却还是按元朝的称呼叫齐化门、平则门。准确地说，在老北京人的嘴里，齐化门不是叫齐化门，化在这里是轻声的，听着是叫齐门。如果听到有人管这座门叫齐化门或者朝阳门，那这个人一定不是老北京人。那老北京人的口语对于平则门是不是也不叫平则门呢？是的，则也是轻声，听着是叫平子门，谁要是管这座门叫平则门或阜成门，那也肯定不是老北京人。

笔者不是要通过不同的叫法分辨是不是老北京人，而是琢磨为什么 500 多年里，北京人既不按明朝的安排叫朝阳门、阜成门，又不按元朝的规定叫崇仁门、和义门？其实这两次名称的更改仅仅间隔了 19 年，而且东直门和齐化门的距离、西直门和平则门的距离就 1 公里多，那为什么反差这么大呢？而且东直门和齐化门在都城的东侧，西直门和平则门在都城的西侧，中间隔着整个北京城，为什么这东、西两边的老百姓这么一致啊？朋友们是不是也觉得非常的奇怪啊？设想一下，如果想当年北京城的老百姓是因为留恋元朝的统治，用叫老城门的名称的方式来怀念元朝，那叫齐化门、平则门是对的，但应该把东直门和西直门也叫作崇仁门、和义门的，可是事实不是这样的，笔者小时候的老北京人几乎都不知道这两座城门曾经叫过崇仁门、和义门。再假如那时候的老百姓是真心拥护明朝的统治，愿意听从朝廷的安排，叫新起的名称，那叫东直门、西直门是对的，可是就不应该管朝阳门、阜成门叫齐化门、平则门啦。所以按这个思路，对这个问题是解释不通的。大家说是不是很奇怪啊？所以笔者把这个现象列为第三个反常现象，而且笔者自己对于这个问题也是百思不得其解，经过长时间的思索，终于琢磨明白了。

在明朝永乐十八年（1420）朝廷把崇仁门、和义门改名为东直门、西直门的时候，正是永乐大帝决定迁都的时间点。在第二年迁都的过程中，朱棣不但把国家的首都从南京迁到了北京，而且把朝廷的大多数官员和家眷也从南京带到了北京。在朱棣的要求与号召下，南京的数十万富户也迁到了北京。在朱棣制定的优惠政策的吸引下，上万的商人、手艺人也从南京迁到了北京。一下子，这些人就成了在北京城里居住的主流人群了。他们来到北京的时候，崇仁门、和义门已经改为东直门、西直门了，虽然刚改了没多长时间，可是他们并不知道这两座城门曾经叫过崇仁门、和义门，所以他们就一定是管这两座门叫东直门、西直门的。再说原来就住在北京城里的那些老百姓，对于他们来讲，朝廷给这两座城门新起的名称，东直门在城东，西直门在城西，这两座城门的名称是有指示作用的，一说东直门，人们马上就想到了是城东的那座门，一说西直门，马上就想到是城西的那座门，说的人、听的人都不会产生误解，所以这两个新名称得到了北京城原住民的认可，愿意使用这个新地名。再加上刚才说的新搬到北京城的大多数人都不叫原来的名称，所以原住民也就抛弃了崇仁门、和义门这两个老地名，依附于这大多数人了。再后来，新搬过来的人和原住民，他们都把这个叫法传给了下一代人，就这样流传了几百年，这就是笔者分析的为什么直到笔者小时候老百姓管这两座城门叫东直门、西直门而不叫崇仁门、和义门的道理。

再说对齐化门、平则门的叫法。因为在明朝从南京来到北京的人们，他们来到北京的时候，齐化门、平则门还没有改名，所以他们是没有选择的，是和原住民一起管这两座城门叫齐化门、平则门的，等到明朝正统年间把这两座城门改为朝阳门、阜成门的时候，他们叫齐化门、平则门已经接近 20 年了，都叫习惯了。再说，朝阳门、阜成门这两个新名称也没有什么指向性，一座城门，两个名称，让人听起来容易犯糊涂，一时不知道说的是哪儿，所以就别添乱了，继续叫齐化门、平则门吧。而对于原住民来讲就更甭说了，对于齐化门、平则门这两个老地名都叫了 100 多年了，都叫了好几辈儿人了，已经很难改了。笔者原来说过，老北京人对于一些地名，一旦叫习惯了是很难更改的，所以无论是从南京迁过来的人还是原住民都没有改，继续叫着齐化门、平则门，而且把这个习惯了的叫法传承给了后代，并同样流传了几百年。这就是笔者对第三个问题的解释。对于现在已经上了年纪的老北京人，在小的时候是不是就这么叫这几座城门的，或者是总听家里老人这么叫这几座城门的，只不过不明白为什么这么叫，现在是不是有些恍然大悟的感觉了呢？大家对笔者的这个解释是否认可呢？

其实老北京人对于其他一些地名，也有类似第三个问题的情况。例如老北京人管明朝正统年间确定的宣武门仍按元朝的习惯叫顺承门，而口语是把承字轻声化了，就叫顺治门了。一直叫到20世纪五六十年代，即使到了民国时期和新中国成立初期，仍然很少有人叫宣武门，也是这个道理。

据说在清朝，因此还闹出了误会，使一位刚刚升官来到京城的大臣丢了乌纱帽。笔者现在就跟朋友们聊聊这个故事。

据说是在清朝的乾隆年间，外地有一位官员，想升官，他在朝廷有老乡，他就安排手下人上京城走动走动，花些银两。收了钱的人，知道这个人能力一般，成天吃喝玩乐，只想着升官发财。可是拿了人家钱了，得给对方一个交代啊，就对送礼的人说，告诉你家老爷，一定要好好地表现，我才能为他说话。这个官儿真按老乡说的，埋头苦干了一段日子，又派人给老乡送了厚礼。还别说，有钱能使鬼推磨，朝廷的这位官员就在乾隆皇上面前给他美言，说这个人有本事，又与朝廷一心，值得重用。乾隆爷听了觉得是好事啊，就让吏部调查一下吧。过了些天，吏部说调查完了，大家都反映这个人工作很卖力气，表现很好。乾隆爷一想，对于有本事又肯干的人应该重用啊，给这个人上调到北京来吧。乾隆爷的话就是圣旨，这个人就上调到京城来了。他来北京没过几天，找了一个傍晚，趁着天黑，人不知鬼不觉地带着礼物到给他帮忙的官员家里致谢，完事儿之后，他坐在轿子里回住处，路过宣武门，就是这座顺承门，他一看这个黑乎乎的大城楼，就问，这是哪里啊？轿夫说这是顺治门。他一听，有些奇怪，还不放心，又叮问道，是什么门？几位轿夫不约而同地说是顺治门。他一听，不可能几个人一起骗我呀，叫顺治门是一定的了，看来我真是走了升官发财的运了，来北京是升官来的，这刚到北京又遇上一件能让我再升官的事情。他高高兴兴地回了住处。第二天早上，他早早地起床写了个东西，揣在怀里就上朝了。当值的太监问谁有本启奏的时候，他连忙说，我有本启奏，然后出列跪下，手举奏折高声说道，启奏我主万岁，顺治是我大清朝先皇的名讳，诸人诸物均应避讳，可是北京内城西南侧的城门名称与此相同，实为不妥，恳请圣上降旨改之。乾隆皇上一听，心里说我打小儿就生长在北京，从没听说西南侧有个顺治门啊？噢，内城的西南侧有座宣武门，在元朝曾经叫顺承门，老百姓口语就叫它顺治门，让这个糊涂的官儿给听错了。再一看，这个人很面生，就问，你来北京时间不长吧？他连忙回答，臣五天前从南方老家来到的京城。乾隆爷又问，你是什么时候看到顺治门的啊？他如实说，是昨天晚上。乾隆爷说你看清楚城楼上的匾了吗？他一听，这汗可就下来了，心里说是啊，我怎么没看城门上的匾啊！乾隆爷严肃地说，退朝之后，你再去那座城门，好好看看上面的匾，然后就回原籍吧，还当进京之前的那个官，但是你的品级要降两级，还要罚一年的俸禄。这位当时就傻眼了，还得磕头口称谢主隆恩。这可真应了顺承门外石碑上的那三个大字"后悔迟"了。这是关于顺承门名称的一个小传说。

四、哈达门是哪座门

第四个反常现象说的是都城东南部位的城门，在元朝称文明门，到了明朝的永乐年间，把这座城门往南挪了800米，还是叫文明门，到明朝正统四年（1439）朝廷把这座城门改为崇文门。可是几百年来，北京城里的老百姓既不管它叫文明门，也不管它叫崇文门。那叫什么哪？叫哈达门。在口语的时候，达字是轻声的，就成了哈的门，文字写出来又不是哈达门了，是哈德门，在清朝的文字记载中有的地方又写的不是哈德门啦，是海岱门。对这几个与政府不一致的名称，不但没有人站出来纠正，反而烟厂还生产了哈德门牌的烟卷，在城门附近还有哈德门饭店，这是不是更反常，更不可思议呀！

那这是为什么呢？请听笔者详细地说说。1215 年，铁木真率领蒙古军队打到了燕京，打跑了金朝的金宣宗。可是铁木真并没有让大部队进驻金中都，而是驻扎在了后来的北京城一带。数十万蒙古大军，在这里搭起了上万个蒙古包。那时候管蒙古包叫穹庐或毡包。为了生活，还在毡包旁边挖掘了许多水井。后来毡包拆了，改为正式房屋，形成了许许多多的胡同。再后来，房屋和胡同也发生了很多次的变化，可是当初打的很多眼水井保存了下来，许多都使用了 700 年，保留到了民国阶段。有很多以水井起的地名更是流传到了新中国成立后，甚至一直到现在。不过今天笔者要说的不是蒙古毡包，也不是水井，而是通过很多的水井以及水井命名的地名，证明了蒙古军队确实曾经在这里驻过。不但数十万的军人驻扎在这里，而且很多的蒙古的高官、王爷为了自身的安全，更为了联系和指挥的方便，把将军的大帐篷、王爷的大帐篷也建在了这一带。当然随着时间的推移，他们是首先从毡包搬到砖木结构的正式房屋的那批人。其中有位蒙古王爷后来就建了一座很大很豪华气派的王府，具体地点就是在东单路口的东北角一带。因为这位王爷叫哈达大王，所以老百姓都管这座王府叫哈达大王府。本来这一带没有什么醒目的建筑或标志，所以自从有了这座王府之后，人们要提起那片地方，就说是哈达大王府那边儿。就这样，时间大约过去了50年，在至元四年（1267）建元大都了，可巧在这座王府的南边修筑了都城的南城墙，在王府的西南角建了文明门。因为文明门没什么指向性，老百姓又说惯了哈达大王府那边儿了，就不管文明门叫文明门，还是说哈达大王府那边儿，或者说是哈达王府旁边的城门那边儿。逐渐地就省略成了哈达王府门，再后来就省略成了哈达门了。

当哈达门的叫法延续了接近100年的时候，就到了元朝的至正二十八年（1368）了，徐达率领着明朝大军就攻打过来了。元顺帝在七月二十七日的夜里率领妻儿及妃嫔、侍从，偷偷逃往上都了，可是这座王府的哈达王爷并没有跟着跑，他带着家人还继续在哈达王府居住，而且住了很多代。他在世的时候，还在京北置办了很大的坟地，雇了看坟的人。后来他年迈体衰，因病去世后就埋葬在了这个坟地，他的很多后人去世之后也埋葬在了这里，这片坟地就叫哈达王爷坟。后来叫俗了，叫成了哈巴坟，看坟的人家逐渐形成了村落，叫哈巴屯，现在依然存在。

哈达门的叫法被北京人叫时间长了，叫习惯了，习惯成自然了，就继续叫下来了。时间又过了70年，到了明朝的永乐十七年（1419），朝廷把文明门往南移建了2里地，老百姓还是管它叫哈达门；到了正统四年（1439），朝廷把文明门改为崇文门了，老百姓不为所动，仍然叫它哈达门；后来到了清朝，老百姓还是叫它哈达门，一直叫到了民国，叫到了新中国成立后。因此很多历史书籍也把文明门写为哈达门了。

从清朝开始，在书籍上也有把此门写作哈德门的。老北京人对三个字的地名，口语往往是把中间的字用轻声一带而过，对哈达门的口语就是哈的门，等落实到文字上的时候，写字的人很可能是不明就里，把哈达门误写成哈德门了。也有人说是因为哈达门不太文雅，改成哈德门的，笔者没感觉哈德门比哈达门文雅多少，更倾向于哈德门这个名字是从口语转变为文字的时候的失误所致。那为什么还有海岱门这么一说呢？有人说，这座门是在北京城的东南角，北京的东南方向是大海的方向，也是泰山的方向，泰山也叫岱宗，所以有文化的人就给起了海岱门这个名称。但是笔者不认可这个说法，因为这座城门有名称啊，叫崇文门啊，没必要再起新的名称了。如果说是到了清朝了，是因为改朝换代，所以要重新给城门起名，那就应该由朝廷出面，给九座城门都重新起名，哪里有只给这一座城门起个新名称的道理，而且海岱门和老百姓叫的哈德门读音上是很类似的啊。笔者分析仍然是把口语落实到文字的时候造成的误解，或者是外国人向中国人询问这个城门叫什么名字，然后他们把听到的话按他们的理解写成了汉字，才出现了"海岱门"这三个字。现在看很多外国人拍摄的崇文门的老照片上写着海岱门就是一个佐证。所以笔者认为海岱门只不过是外国人对哈达门的音译，而且是失误的音译。哈德门是中国人的失误造成的，海岱门是外国人的失误造成的，全都出自哈达门。

通过笔者介绍哈达门的来历可以看到，从一开始，这个哈达王府门就有极强的指向性，特指哈达王府旁边的那座城门，老百姓是非常认可具有指向性的名称的，所以几百年来，老百姓忘却了元朝起的名称文明门，忽略了明朝起的名称崇文门，一直叫着老百姓认可的名称哈达门。与这个类似的现象也出现在都城南侧中间的城门上。

在元朝建造都城的时候，都城南面正中的这座城门就叫丽正门，明朝的永乐年间，把这座城门往南挪了800米，名称还是叫丽正门，正统年间改造之后叫正阳门，但是北京城的老百姓既不叫它丽正门，也不叫它正阳门，而是叫它前门。那么老百姓为什么管这座城门叫前门呢，又是从什么时候开始叫前门的呢？

元朝建造元大都的时候，建造的丽正门是都城的正南门。当时都城里居住着大量的蒙古族人，元朝的统治者也是蒙古族人，他们习惯说蒙古语，蒙古语说南、南边的时候，发的音是前，说南门差不多说的是前门。中国历朝历代建都城，讲究的是前朝后市，以南为前，所以老百姓把都城南边中间的丽正门称为前门是有道理的，再有"前门"比"丽正门"少一个字，说起来更省事，所以老百姓就管丽正门叫前门了。是什么时候开始叫的呢？应该是从元朝，从建造的时候就这么叫了。尽管明朝的永乐十七年（1419），朝廷把丽正门往南移建了 2 里地，老百姓还是管它叫前门。正统四年（1439），朝廷把丽正门改为正阳门，老百姓还是管它叫前门，几百年不改，后来政府也就认可了老百姓的这个叫法，所以正阳门外的街道就叫前门大街了，卷烟厂也出了大前门牌香烟。

有了前门，就应该有后门啊。可是前门是都城南侧三座城门正中间的门，而都城北侧在元朝的时候只有两座门，一座是安贞门，一座是健德门。到了明朝初年，把都城北城墙往南移了 5 里地，可是仍然只建造了两座城门，一座是安定门，一座是德胜门，一左一右，中间没门，按这种情况，都城南边的前门在都城的北边就没有对应的门了。不过北京的老百姓有办法，都城的里边有皇城，皇城的北边中间有座城门叫北安门，在元朝叫厚载红门，取《易经》"坤"卦"坤厚载物"之意，明朝永乐十八年（1420）重建了，就更名为北安门了，明朝弘治十六年（1503）二月重修，明朝隆庆五年（1571）七月再次大修，在清顺治八年（1651）七月重建，并易名为地安门。结果老百姓在明朝就管北安门叫后门了（也可能在元朝就开始了）。因为后门这个名称里包含了方位，具有指向性，后门又比厚载红门、北安门、地安门都少一个字，老百姓叫着更省事。按理说，都城的前门应该和都城的后门对应，皇城前面应该和皇城的后面相对应，而且在明朝建外城之前，前门绝对是都城的最南门，而北安门可是在北京的市中心，这两个城门绝没有对应关系！可是北京的老百姓不管那一套，就是把都城南边的城门和皇城北边的城门对应了起来，一个前门，一个后门，叫得挺顺，一叫就是几百年。在这几百年里，也没人纠正这个不对称的叫法。笔者估计在元明两朝，都会有人对这个叫法感到别扭，尤其是从外地刚来到北京的朋友，一看，怎么前门在城的南城墙，可是后门不在北城墙，而在城中心啊？一定感觉别扭，提出了疑问，但是谁也没能力改变北京人的这个习惯。等到明朝嘉靖年间，建了外城了，前门也成了北京的中心地带了，别扭的感觉就好一些了，所以就一直叫到了今天。这就是笔者对北京前门与后门不对称现象的解释。

保卫都城

瓦剌的崛起与明朝边防的削弱

土木堡之变

一、蒙古瓦剌部落的强大

在明朝的正统五年至正统十一年（1440—1446），忠心辅佐小皇上的杨荣、张太皇太后、杨士奇、杨溥先后去世了。忠臣良将少了，宦官专权问题就开始显现了。宦官王振在朱祁镇小时候还不是皇上时，就哄着、宠着这位太子，被朱祁镇亲切地称为王伴伴。等正统十年（1445）的时候，王振当上司礼监掌印太监了，英宗朱祁镇对他的称呼也由王伴伴改为先生了，对他是言听计从。可是这时候蒙古的瓦剌部落逐步强大起来了，部落首领绰罗斯·脱欢统一了蒙古东部地区，他的儿子绰罗斯·也先在明正统四年（1439）就接了他的班儿，成为瓦剌部族的首领太师。在这位也先太师的统治期间，瓦剌的势力达到极盛。他向东发展，征服了女真，并且时不时就南下侵扰明朝疆域。他还经常以朝贡为名，来获取明朝的大量赏赐，就是每年送给明朝的朝廷一些礼品作为贡品，其目的是领取朝廷赏赐给他们的大量的物品。而且也先胃口越来越大，终于露出了狰狞的面目，就在正统十四年（1449），也先率领大军挥师南下，大举进攻，直逼大同并威胁北京。瓦剌军是经过了充分的准备，来势凶猛，迅速向南推进。明朝守卫西北的将士，几次交战失利，急忙向京师请兵救援。

　　二、正统皇帝朱祁镇被擒

　　这时候这位根本一点儿都不懂军事的太监王振出面了。他鼓动皇帝御驾亲征。他知道当初的明成祖朱棣皇上曾经几次御驾亲征，蒙古人望风而逃，他就以为让英宗带队出征，也能把瓦剌兵吓跑。当时的正统皇帝朱祁镇二十来岁，血气方刚，本来他平时已经养成了对王振言听计从的习惯，所以就满口答应，对其他大臣的劝阻根本不听。可是当时，朝廷的军队主力是分散在全国各地的，仓促之间难以集结。他只准备了两天，从京师和周边地区，临时拼凑了20万人马，就亲自出征了。这位正统皇帝也是想借此机会，证明一下大明王朝军事实力强大，展现一下大明王朝国威显赫，同时也是要效仿他父亲——曾经的宣德皇帝，来个御驾亲征，做一件名垂青史的丰功伟绩。

　　再说瓦剌的首领太师也先，他得到了正统皇帝御驾亲征的消息后，就打算把明军全部歼灭了。他欲擒故纵，装出害怕的样子，率领军队主动离开了大同府。明朝军队进入大同府，王振听到军士们说瓦剌军队往北方走了，就以为对方被皇上御驾亲征给吓跑了，坚持继续北进。兵部尚书邝野对王振说，对方这是主动退却，恐怕有诡计。王振根本不听，继续前行。第二天，王振的同党、镇守大同的宦官郭敬偷偷告诉王振，继续北进，"正中瓦剌之计"。王振听了这话，才害怕起来，急忙传令停止前进，返回大同，计划第二天开始班师回朝。王振是蔚州人，蔚州就在大同东南方向，他想来一个衣锦还乡。第二天早上他就通知先头部队，不走来时的路了，改朝蔚州方向走了，这20万大军就朝蔚州走了大约40里地之后，王振忽然又传令改道往东北方向的宣化府行进，计划还是走居庸关回北京。这时瓦剌的也先太师已经率领大军追来了，形势十分紧急。明军因为绕了路，耽误了时间，所以八月十日才退到宣化府。这时，瓦剌大军已经追上明军了。英宗急忙派恭顺伯吴克忠、都督吴克勤率兵断后。这哥俩拼尽全力抵抗，结果都战死疆场。皇上又连忙派成国公朱勇率3万人马断后，结果又全军覆没了。时间到了八月十三，明朝的军队退到土木堡（今河北省怀来县城东南的一个古城堡）时天就黑了，王振安排就在这里驻下。十几万大军就驻在土木堡里了，结果第二天天没亮，瓦剌的军队就赶到了，把明朝军队围了个水泄不通。土木堡地势高，没有水源，南面15里处有条河流，被瓦剌军队占领着。明朝十来万人在这里被围困了两天，喝不上水，这军心就进一步涣散了。王振就下令移到水源附近安营扎寨。饥渴难忍的军士得令后，一哄而起，纷纷奔向河边。正在明军争相乱跑之时，瓦剌埋伏的兵将杀了出来，英国公张辅和兵部尚书邝野为了保护英宗战死了。这时候，英宗朱祁镇的身边仅剩了宦官王振、御前护卫樊忠等几个人，樊忠喝道："王振老贼，是你这奸佞误国，葬送我大明数十万将士，吾要为天下诛杀你！"说罢手起锤落，打得王振当场毙命，然后樊忠尽全力掩护英宗撤退，终因寡不敌众，被乱箭射死。结果就剩了英宗孤家寡人，只能束手就擒。这就是明朝正统年间著名的"土木堡之变"。败回京城的士兵把英宗被擒的消息报给了朝廷，朝廷上下一片震惊。皇帝朱祁镇在临行前安排了其同父异母的弟弟郕王朱祁钰为监国，就是代理皇帝之职。现在就别代理了，扶正吧，结果在文武百官的请求下，经皇太后同意，于正统十四年八月二十九（一说是九月初六），郕王朱祁钰登基称帝，就是历史上的景泰皇帝，史称明代宗或景帝。

三、瓦剌大军进犯北京

瓦剌大军的太师也先没想到明朝的军队这么不堪一击。他计划着要在大同和明军打个十天半个月的，结果没想到在土木堡不到一天的工夫，就把明朝的十几万大军消灭了，还俘虏了正统皇帝朱祁镇。他大喜过望，又一琢磨，要是再纠集一些军队，多准备一些粮草，趁势一鼓作气就能拿下北京城，推翻大明朝了，再加上他手里还有明朝皇帝朱祁镇这个重要筹码，这天时、地利、人和，差不多都占了。于是他就积极筹划这个行动方案。

于谦：临危受命担重任

这时候明朝政府的官员们，也非常担心瓦剌大军攻打北京城。现在的北京城就剩了几万人马，这形势可以说是相当的严峻啊！应该如何应对呢？大臣们形成了两派：一派建议刚刚登基的景泰皇帝朱祁钰迁都南京，说白了，就是要逃往南京，是彻头彻尾的逃跑派。当时景泰皇帝真要是采纳了这个建议，可能历史就要改写，北京作为 800 年国都的时间也就变了。另一派是以兵部侍郎于谦为首的主战派。于谦挺身而出，愤怒地斥责那帮逃跑派，说："对于主张南迁的人，就应当杀头。京城是天下的根本，怎么可以随便放弃呢？如果撤离京师，国家必亡。北宋南渡的历史教训，切不可忘记！"于谦又向皇上陈词，不能逃跑，一定要力保北京。于谦的主张得到了吏部尚书王直、内阁学士陈循等官员的支持，也得到广大军民的拥护和支持。景泰皇帝朱祁钰觉得于谦说的是对的，他是为国家着想的，所以采纳了这个建议。于谦被景泰皇帝和皇太后任命为兵部尚书。主战派终于战胜了逃跑派，这才使北京作为国都的历史得以继续。于谦大义凛然的慷慨陈词说服了皇帝、击败了逃跑派，可是光说是不行的啊，真要把保卫北京城从一句口号落到实处，变成行动，可是太难了，几乎是不可能的！为什么这么说呢？一是靠什么人来保卫北京，二是靠什么手段来保卫北京。本来保卫北京的精锐部队和善于打仗的武将们都已经跟随正统皇上去大同了，结果是有去无回啊，20万大军就剩了点残兵败将逃了回来，加上没去大同的守城部队，现在满打满算只有几万人马，而且是既缺少兵器，又缺少铠甲。面对瓦剌的虎狼之师，那就好像一位风烛残年的老人，要与一位拳击冠军在擂台上对抗，比赛还没开始呢，胜负的结果就已经见分晓了，可谓凶多吉少啊！可是就是这位于谦，在这种形势下，愣是不服这口气，愣要打赢这场都城保卫战。咱们先说说于谦是何许人也。于谦出生在明朝洪武三十一年（1398），在进行北京保卫战的时候51岁，汉族，在一般的资料上显示，他是杭州府钱塘县太平里（今浙江省杭州市上城区）人，可是实际上他祖居考城（今河南省民权县程庄镇于庄村）。他的太祖于伯汉举家迁居到了山西，后来从山西又迁至了江苏的苏州，高祖于燮仕在元朝为官。于谦的曾祖父于九思在明朝初年担任杭州路大总管，所以迁居到了杭州钱塘县太平里，于谦的曾祖父也是位名臣。于谦少年时期即刻苦读书，志向高远。他非常仰慕宋朝文天祥的气节，几十年来，一直在家中悬挂文天祥的画像，在他12岁的那一年，有一天他来到一座生产石灰的石灰窑前，观看老师傅们煅烧石灰。只见一堆堆青黑色的山石，经过熊熊的烈火焚烧之后，都变成了白色的石灰。他是深有感触，略加思索之后便吟诵出了那首脍炙人口的千古绝唱《石灰吟》：千锤万凿出深山，烈火焚烧若等闲。粉身碎骨浑不怕，要留清白在人间。12岁的于谦竟然写出了这么有志向、有骨气、有气魄的诗句！这首诗不只是对于石灰形象的写照，更是说出了他的人生观，说出了他对于自己人生的追求。这首诗被人们传唱了600年，虽然有几处字句流传得不太一致了，但是并不影响它的生命力，它教育了一代又一代中华大地上的英雄儿女。

永乐十九年（1421），23岁的于谦中进士。宣德元年（1426），于谦以御史的身份跟随宣德皇上朱瞻基平定汉王朱高煦之乱，因义正词严地斥责朱高煦而受宣宗赏识，被升为巡按御史，巡按江西。宣德五年（1430），他以兵部右侍郎身份巡抚河南、山西等地。正统十三年（1448），于谦被召回京，任兵部左侍郎。在"土木堡之变"的战役中，兵部尚书邝野战死了，职位空缺了，就在瓦剌大军压境，北京城危在旦夕的时刻，景泰皇帝朱祁钰提升他为兵部尚书，他这也是临危受命。那么如何退敌，如何保卫北京城是于谦必须面对的问题，是当务之急。这正是沧海横流方显英雄本色，于谦的聪明智慧、军事才能，以及一贯的以国为重、顾全大局的思想，在这个关键时刻显示得淋漓尽致。首先他从人力、物力、财力等各方面，为打大仗做了充分准备。

一、安排军力

在军力方面，他着重整顿、充实京军。刚才说了，原来京军的主力在"土木堡之变"中基本上被敌军消灭了，只有一些逃回来的兵丁以及在京城没去大同的守城部队，总共也就是几万人马。为了迎接新的战斗，于谦重组京军。第一，他急调两京、河南的备操军来北京。备操军是明朝政府那时候安排的替补军人，相当于预备役二线部队。第二，急调山东及其他沿海的备倭军来北京。备倭军就是明朝政府安排驻守在沿海一线随时准备抵御日本倭寇的擅长海战的军队，叫备倭军。第三，通知调动京杭大运河沿岸的运粮军来北京。运粮军是在大运河沿线各州各府为朝廷押运粮草的部队，都是熟悉船只运输，可不太会打仗的军队。在短时间内通过把这些人调到北京，就使京城兵力由几万人迅速增加到22万多人，形成了兵力数量上对于瓦剌军队的优势。于谦还改革了军制，把传统的"三大营"改为十团营，使之更加适应防御作战的需要。"三大营"本来是从明朝初年开始执行的对于京城军队管理的一种体制，"三大营"指的是五军营、三千营和神机营。这"三大营"由各自的一把手——总兵负责管理、指挥，相对比较独立，各有各的管理体系，不太利于统一的指挥。于谦废除了"三大营"，在22万多人中挑选了相对精锐的15万人，分为十个团营，这个十团营的结构更紧密，责任更明确，也更便于统一的管理指挥。于谦所创立的十团营管理制度，不但在北京保卫战中起到了很好的效果，而且对于明朝后来的兵制管理方式起到了很好的示范作用。在军队体制改革过程中，于谦又提拔了一批有才能、勇于担当的将领。在这些人的率领下，经过一个多月的教育、训练、整军备战，明军是士气大振，严阵以待。同时，于谦还派监察御史白圭等15名重要官员，前往河南、河北、山东、山西等地招募新兵，抓紧训练，以备补充。这是于谦为了保卫北京城，在人力方面采取的措施。

二、整顿武器装备

在武器装备方面，于谦也想了很多办法。当时，京城军中仅有大约1/10的将士有盔甲，兵器也严重不足。为了尽快改变这个局面，他一方面命令工部加紧赶制兵器和盔甲，要求夜以继日地赶造武器，生产一批，发放一批，随时装备军队。另一方面，他请皇上传旨南京，要求把南京库存兵器的2/3，共约126万件各式兵刃紧急调入北京，补充给了北京的守城部队。于谦还派出人员到土木堡一带收集明军八月份溃败时丢弃的物资，结果还真找回来不少。根据历史记载，当时找回了头盔9000余顶、铠甲5000余件、神枪（火枪）1.1万余杆、神铳（火铳）20000多支、神箭（火箭）44万枚、火炮800余门。这使明军的武器装备在短时间内得到了明显的补充和改善。

大家可能觉得于谦这么准备挺充分了，其实不然，这只是于谦在人力、武器方面的准备。于谦考虑到，面对瓦剌大军的进攻，一定要加固北京的城防设施。他组织力量，进一步挖深了城墙外面的护城河（当时叫护城壕），清理了接近 50 里地。又加固了北京城周边 45 里长的城墙，整修了京城九座城门的箭楼，特别是城北的德胜门、安定门，城西的西直门和阜成门的箭楼，加强了城防。同时，命令工部组织人员在都城城墙垛口处设置门扉，就是在城墙的每个垛口处弄个木栅栏门，兵士们隔着栅栏门能往城下射箭，而栅栏门又能挡住大部分敌人射上来的箭支，还能防止敌人攀爬到城墙上跳过来。这个栅栏门是活的，如果打开栅栏门，还能往城下扔石块、抛石灰等物。在短时间里就在北京的都城上共设置栅栏门 11000 余个，在城墙上还绑上沙栏木，总长度达到了 5100 余丈。沙栏木就是在城墙外侧横着悬挂着一根根圆木，城上的守军能通过拽绳子来控制这些圆木在空中的高度，从而来阻止瓦剌大军攀爬城墙。这就又进一步增强了北京城的防御性能。

三、储备粮食

俗话说，手中有粮，心中不慌。要想打胜仗，必须储备足够的粮食。于谦了解到，当时北京有粮食储备数百万石，这些粮食可供京师军民食用一年，按理说没有问题，但是储存的地点有问题，这些粮食基本上都存在北京东郊的通州。可能有人问了，既然是为北京城里的老百姓和朝廷官员预备的粮食，怎么储存在通州了呢？原来这些粮食都是在南方通过大运河用船运来的。本来在元朝，运粮船可以一直行驶到北京城里的什刹海，可是到了明朝前期，因为河道淤塞、水量减少，运粮船就只能到通州了，运粮船到通州停泊，把粮食卸下船，存到朝廷在通州建设的仓库里，这里的仓库叫"通仓"。然后根据北京城里的需要，再用马车倒运到北京城里的粮食仓库"京仓"里。后来在明朝的嘉靖年间，疏通了通惠河，运粮船又可以行驶到北京东便门外面的大通桥下了，不过这是后话了，在正统年间运粮船是到不了北京城的，所以当时的数百万石粮食都存在了通州。如果瓦剌大军把北京城包围了，城里的人还是没有粮食吃，通州的粮食就等于是给瓦剌大军预备的口粮了。由于短期内很难把这么多的粮食运到城里，在通州放着又担心被敌人利用，就有人主张，干脆把这些粮食放火烧了，既然咱们吃不着，就别给敌人留着。于谦不同意。他说这些粮食是宝贵的财富，是京城保卫战的重要物资基础。如果没有粮食，军队就会不战自溃。所以一定要想办法，采用各种措施把粮食运进北京城。他安排官府征用了 500 辆大马车昼夜不停地运粮，还动员百姓及官兵的家属、亲友自备车辆前往通州，往北京城里运粮，运到"京仓"，卸粮食时就付给优惠的运费，对于累计运到北京城里的粮食达到 20 石的人，除运费外，另发白银一两，以资鼓励。真是重赏之下必有勇夫。在于谦的优惠政策鼓励下，运粮队伍川流不息，昼夜往返。不几天工夫，就把通州的几百万石粮食都运进了城里的"京仓"，妥善储备起来了。这一下，不但官兵们的心里踏实了，就连全城老百姓的民心都稳定了。

按理说，准备到这种程度，就算够充分的了，但是于谦还不算完，他又继续发动群众，他将全城的青壮年都动员起来，备战备荒。城内的木土工匠、瓦匠、石匠等统一编成工程队，进行训练。筹集了大量砖石、木材、石灰、工具等，以备战时急用。为了发动其他地区的群众，于谦还让朝廷发文传达到京城周围和山西、河北等地的府县，让他们组织起民众，拿起武器，视情况，配合官军打击瓦剌军队，切断其后路。

四、调动官兵作战积极性

于谦为了打胜这场战斗，在人员配备、武器装备、城防工事、粮食储备、发动群众等多方面都做了充分的准备。于谦为了进一步调动官兵作战的积极性，还做了一件大事。是什么事情呢？于谦下令对全体官兵预支半年俸禄粮饷。大家一听，全都欢呼雀跃。为什么这么高兴呢？因为多少年来，朝廷发放俸禄，不拖欠、不克扣就相当不错了，从来没有预支过俸禄，如今要提前预支俸禄粮饷，这可是史无前例的事情，而且是预支半年的俸禄粮饷，这可是真正解决了家里人半年的吃饭问题，包括生活费用，都不用担心了，彻底解决了官兵们的后顾之忧。从而军心大振，大家就一门心思迎敌了，抗敌的信心大增。就这样，于谦就为打大仗、打胜仗做了非常充分的准备。

按理说准备到这种程度已经相当周到、全面了。可是还有一个问题制约着于谦，这就是按照明朝的体制，兵部尚书是不能直接指挥军队的。如果于谦不能直接指挥军队，这仗可怎么打呀？这个问题于谦也没权力解决，只能是皇上亲自出面了。为此，景泰皇帝朱祁钰专门下了一道圣谕，授予于谦"提督各营军马"之职，也就是说凡在京的各营将领、官兵、军事物资都必须听从于谦的指派、调遣，而且明确，凡有违抗军令者，于谦有先斩后奏的权力。于是，于谦就名正言顺地担负起了全权指挥北京保卫战的重任。

征战与博弈

一、蒙古三路大军杀向都城

咱们说了这么多，北京城里的于谦在积极地调兵遣将，认真备战，咱们再说说蒙古的瓦剌部落的太师也先，人家也没闲着，他也是在人员、武器、粮草等方面做了充分的准备，在正统十四年（1449）十月初一正式发兵，蒙古的瓦剌大军呢，来了！这位也先太师把手下的部队分成了两路：一路为中路，由也先手下担任知院的阿剌统领 3 万人马，计划经过大同往东，经过宣化府进攻居庸关，从京师的北面进攻北京城。另一路是西路，由也先亲自率领骁勇善战的嫡系部队，也是瓦剌大军的精锐主力骑兵 3 万人、步兵 10 万人挟持着被俘的明英宗朱祁镇，经大同往东南，计划进攻紫荆关，然后从北京城的西侧来进攻北京城。也先还和当时的蒙古大汗孛儿只斤·脱脱不花约定好一起进攻北京城。脱脱不花是鞑靼部落的君主，也是当时的蒙古大汗，也先的太师称号就是脱脱不花蒙古大汗封的。也先太师希望脱脱不花的军队为东路，主攻密云的长城关隘古北口。

其实蒙古的很多部落都面和心不和，但是蒙古大汗脱脱不花还是答应了也先的要求。就这样，等于是蒙古的三路大军，浩浩荡荡地从东、中、西三个方向朝北京城杀来。三路大军约好，打进北京之后，在当时已经拆毁了的健德门土城外聚齐，共同攻打德胜门。

二、重点防守德胜门

面对咄咄逼人的攻势，明军应该怎么御敌？于谦要求 22 万大军全都出城，要主动迎敌作战。就在这个千钧一发的紧急时刻，朝廷里出现了不同的声音，有人不同意于谦的作战方案。是谁敢和于谦对着干啊？是石亨！这位石亨是陕西渭南人。他长相奇异，四方脸面，身躯高大，胡须及膝，比关云长的胡须还长，他善于骑马射箭，尤其擅用一口大刀，这一点也像关羽，他是明朝有名的武将，他早年就继承了他父亲的官职，任宽河卫指挥佥事。在正统年间，十几年来，他是多次率领军队与瓦剌作战，而且是多次击败了瓦剌的军队，官也是越做越大，在正统十四年（1449）他已经是都督同知了，属于从一品的大官。在七八月份也先大举进攻大同府的时候，石亨和西宁侯宋瑛、武进伯朱冕等将领，率领明军与瓦剌大战于长城的阳和口，宋瑛、朱冕二人阵亡，石亨单骑一人跑回了京城。石亨的这一行为，在当时是违反了军法，应被削职，但是于谦对皇上说，现在正是用人之际，石亨又有多年的作战经验，希望能够让他戴罪立功。皇上同意了，于谦提议任命石亨为右都督，充总兵。皇上也恩准了，等于是于谦救了石亨一命，还安排他担任仅次于自己的副总指挥。就是这位石亨，面对自己的救命恩人，直接的上司，提出了反对意见。石亨说咱们现在不能出城迎敌，也先率领瓦剌大军，活捉了正统皇上，乘胜杀了过来，士气正盛，咱们应该避其锋芒，关闭城门，收兵固守，以逸待劳，等待敌军劳累疲惫了，士气衰竭了，粮草也消耗得差不多了之后，咱们再出城迎敌，一鼓作气，战而胜之。石亨的这个方案，现在咱们听着似乎有些道理，当时朝廷里很多的大臣也表示赞同，但是于谦说这是万万不可的。于谦说瓦剌大军是长途奔袭，远道而来，趁敌方立足未稳、疲惫未消的时候与之开战是我们的最佳时机，而且如果我们闭门不出，敌人就认为我们胆怯了，害怕了，就等于向敌人示弱，必定使敌人的气焰更加嚣张，更加蔑视我们，我军的士气就会逐渐低落，斗志就会慢慢丧失。再有，如果让敌军在城外驻扎一段时间，他们对周边的地形地物更加熟悉，这对我们是不利的。还有一点，敌军在城外驻扎，必定要对周边的老百姓烧杀抢掠，使生灵涂炭，这是我不愿看到的，也是不能容忍的。听到于谦的这一段述说，皇上和大臣们不由得连连点头。结果于谦为大家讲清了道理，统一了思想，满朝文武大臣都同意了于谦的安排。于谦为了预防万一，先安排手下人，通知城外附近居住的居民，携带着粮食和值钱的东西，临时搬到城内居住。然后分别调遣诸位战将带领这 22 万兵士，在都城的九座城门外摆开了阵势，并要求把各城门全部关闭，于谦在城外亲自督战。下令：凡是临阵将领不顾部队，先行退却的，斩将领；凡是军士不听指挥，先退却的，后队斩前队。将士们听到这一命令，就明白了这是一场没有退路的战斗，要想活命，只能是往前冲，只能与敌人决一死战，拼个你死我活，这才是唯一的活路。将士们就是抱着与敌人血战到底、向死求生的心态，等待着敌人的到来，等待着于谦下达杀向敌军的命令。对于这 22 万人马，于谦不是均匀安排在九座城门之外的，于谦估计瓦剌军队很有可能重点攻击德胜门，于谦就在德胜门外安排了重兵，而且携带着当时比较先进的几种武器，诸如火炮、火枪、火箭等；有作战经验的老兵，安排其中的大部分人埋伏在北土城到德胜门之间的民房里。根据历史记载，当时元大都的北半部的土城墙还在，只不过在明朝初年把四座城门给扒了，于谦的安排实际上是在德胜门外给敌人布置了一个口袋阵，在整个北京城外形成了一个依城为营，以战为守，分调援军，内外夹击的作战部署，就准备着要与瓦剌军队于北京城下决一死战了。

三、斗智斗勇连胜两阵

咱们再说也先率领着的西路瓦剌大军。一路上，他们根本没有遇到什么像样的抵抗，十月初九，在投降瓦剌的明太监喜宁的帮助下，他们就顺利地攻占了紫荆关。他们挟持着正统皇帝经过易州、良乡、卢沟桥，势如破竹，于十月十一进抵北京城郊。也先把部队驻扎在西直门以西的地方。这十几天来，瓦剌大军虽然没有遇上强敌，也没打什么大仗，可是那也走得人困马乏了，即使有 3 万人是骑兵，那也颠簸得够呛了。终于走到地方了，第二天就要与明军开战了，好好地休息一夜吧！可是他们没想到当天夜里，正在熟睡之际，突然灯光火把闪亮，喊杀之声四起，原来于谦派人偷营劫寨来了。这十几万大军别睡了，赶紧起身迎敌吧，等这些又困又累的敌军穿上衣服、披上铠甲、钻出帐篷、爬上马背准备作战的时候，又找不到人了，原来明军是雷声大、雨点小，喊杀声音震天，才打了几下就迅速撤退了。其实于谦并不想黑灯瞎火地与也先打仗，而是动用了几百人，虚张声势地骚扰他们，结果把瓦剌大军折腾得够呛。

十月十二，天亮了，也先将主力列阵西直门外，然后挟持英宗皇帝到德胜门外的土城，要求朝廷派于谦、石亨等高级将领到瓦剌军中迎接正统皇帝回朝，并索求巨额真金白银。其实这是也先太师在使用出征之前就考虑好了的一个计策，他认为把英宗皇帝朱祁镇带到北京，提出交还给明朝朝廷，明朝政府一定是求之不得的，而且一定要安排品级相当高的官员来出城迎接。他就可以趁明军接驾的机会，把明军的主将擒获，迫使明朝乖乖地献城投降。可是他没想到于谦识破了他的阴谋，派来的是级别非常低的官员来到瓦剌军中朝见英宗，也先不知道来的是无足轻重的人，还安排与来的官员谈判呢，说你们要想接回英宗皇帝，必须交出多少多少黄金、白银，否则甭想把皇上接走，而且连你们也要扣留。去谈判的小官说，实话告诉你们吧，我们已经有了新的皇帝了，至于英宗皇帝，我们已经尊称他为太上皇了，你们要放，我们就把太上皇接回去，你们如果不放，就算了，你们就给好好地养着，放与不放，随你们的便。现在我们满朝文武大臣的观点都是"社稷为重，君为轻"，保卫大明的江山社稷是至关重要的，至于我们几位，来了就没想活着回去。不过俗话说，两国交兵，不斩来使，我们想大名鼎鼎的瓦剌太师，不会和我们这般小民过不去吧。其实这些话都是于谦事先教他们说的。瓦剌的官员听他们这么说，诶？怎么是小民呢，那得问问了，你们来人之中谁的身份最高啊？两位穿官服的人说，就我们俩身份高。什么级别啊？原来的级别是七品，今天早上刚刚给我们提拔的五品。瓦剌的官员，连忙向也先太师汇报。也先一听，嘿！差点儿背过气去，闹了半天，这是糊弄我呢！也先怎么也没想到出现这种情况，本来他认为与明朝政府较量的这盘棋，是稳操胜券的，因为他认为正统皇帝就像一颗能够在围棋的棋盘上决定胜负的重要的棋筋，全盘棋，无它则输，有它则赢，可是万万没想到，这着棋被对方识破了，化解了，一瞬间正统皇帝由棋筋变成一颗毫无价值、无足轻重，甚至是可有可无的废子了。再说来迎接英宗皇帝的这几位，原本以为最起码也是高官啊，弄好了没准儿是于谦来呢，没想到于谦没来，派来的是和小兵卒子差不了多少的芝麻官！得了，别谈了，如果现在把正统皇帝放回去，就太便宜他们了，还在我这里待着吧，至于刚来的这几位，我不可能杀你们，你们不值得我杀，杀了反倒坏了我的名声，再说也没必要杀你们，你们赶紧给我滚回去吧！这几个人一听，连忙作揖谢恩，心里偷着乐着就回城里了。乐什么呀？原来整个过程完全是在于谦的预料之中，他们来的时候，于谦告诉他可能是这么一个结果，可是他们还有些半信半疑，还有些提心吊胆，担心小命儿没了，结果是与于谦的预料基本一样，而且他们也算是圆满地完成了于谦交给的任务，回去一定能领赏的呀。能不乐吗?! 就这样，也先的诱骗阴谋完全落空了，时间还耽误了大半天，都这个时辰了，已经不适合开战了，得，有什么事，明天再说吧，就收兵回营了，就又回到了西直门外的临时大营。

让也先没想到的是，当天夜里，也就是十月十二的夜里，于谦又安排人员去敌营劫寨了，结果给瓦剌军造成了错觉，他们以为还是昨天晚上那些人，以为是小打小闹，想着轰跑了之后，接着睡觉呢，没想到这次于谦派的是明军的一大批主力精锐部队，而且是兵分两路，前后夹击，结果是斩杀瓦剌军近千人，大胜而归，使明朝的军威大震。正式的战斗还没有开始呢，也先在与于谦的斗智斗勇方面，已经接连输了两阵了。

四、痛击也先

十月十三，天气突变，风雨交加，也先等待的中路、东路大军还是没有消息。也先想不能再等了，这些人马也基本够用了，就亲自动手吧。在哪里动手呢？果然，太师也先把手下的主力部队集中到了北土城一带，准备全力进攻德胜门。咱们刚才说了，于谦已经在从德胜门外，一直到北土城道路两旁的民房内埋伏好军队，于谦身先士卒，在他的表率作用和严格要求下，右都督石亨、副总兵范广发也都身临作战一线，与官兵们一起埋伏着。这时候于谦看到瓦剌大军来了，就按照计划，派遣了少数的骑兵到北土城与瓦剌军作战，这些人按照于谦事先的安排，打了一阵儿就佯装战败往德胜门逃跑。其实是要引诱敌人进入埋伏圈。瓦剌军队果然中计，由也先的亲弟弟孛罗率领骑兵 1 万余人穷追不舍。等瓦剌的主力军进入埋伏圈后，于谦一声令下，明军开始了反击。只见埋伏在民房里的明军一下就全冲了出来，这些军士不但是明军的精锐部队，而且都是专门使用火攻武器，在神机营训练多年的老兵。他们临阵不慌，既善于攻击敌人，又善于保护自己，一时间各种火器齐发，炮声震天，火箭、弩箭多如飞蝗一般，从各个方向射向了敌军。瓦剌的部队都是骑兵，本来目标就大，就显眼，又都处在明处，是没处躲、没处藏，一个个成了活靶子，在明军前后左右的夹击之下，死的死、伤的伤，大败而归。也先的弟弟孛罗也被火炮击中身亡。被火炮击中身亡的还有瓦剌的大将平章卯那孩。在于谦的亲自指挥下，明军获得了这场战斗的胜利，而瓦剌的军队，无论在实力上，还是在信心上，都受到了极大的打击。在瓦剌军战败之后，也先才发觉明军的主力是事先就埋伏在德胜门到北土城一线了，这不是往枪口上撞吗？换个进攻对象吧，便又集中了剩余的力量转攻西直门。西直门的守城部队是由都督孙镗率领的，在德胜门战斗已经获胜的鼓舞下，孙镗奋勇当先，主动迎敌，打败了也先的先头部队。可是也先的后续部队十几万人，杀退一波又一波，源源不断，也先把剩余的所有兵力都聚集到西直门来了，孙镗逐渐军力不支，不得已退到了城门下。此时在西直门把守城头的是兵部的给事中程信，他认真执行了于谦的命令，不开城门。同时，命城上守军朝敌军发神炮、发火箭轰击瓦剌的军队，这时候，又按照于谦的安排，把守德胜门的石亨分了一部分兵力增援到了西直门，大家齐心合力，终于打退了瓦剌军的进攻。

双方鏖战了一整天，这天晚上也先安排了大量的人巡夜，让军人们睡觉要警醒着点儿，生怕于谦又派人来偷营劫寨。结果没想到，根本没人来，瓦剌大军提心吊胆地凑合睡了一宿。

五、也先转攻彰义门

十月十四，也先看到在北京都城的几座城门都吃了败仗，知道如果再攻打其他的城门恐怕也是凶多吉少，就带领着剩余的部队往北京城的西南走了。是逃跑了吗？不是。瓦剌军又改为进攻彰义门了。彰义门与当时北京都城的九座城门没关系，是金朝建金中都的十二座城门之一，是金中都西面三座城门中靠北边儿的那座城门。那么也先为什么要攻打彰义门呢？也先认为，一则彰义门不像都城九座城门那么高大坚固，容易攻克。二则彰义门的守军兵力不一定像德胜门、西直门守军那么多，那么勇猛。再有，那时候北京还没有建外城，一旦攻破彰义门，瓦剌大军一直往东就可以兵临正阳门下了。还有就是彰义门是也先从西直门向紫荆关撤退的必经之路，实际上也先这时候已经意识到进攻北京都城很难成功，自己约好的另两路人马也迟迟未到，明朝政府为保卫北京城，从全国各地调拨的人马正陆续到京，所以他要为逃跑做准备了，只不过要在临走之前再努力一下，万一能攻下来呢。

咱们再说于谦。安排守卫彰义门的将领是副总兵武兴和都督王敬，以及王竑、毛福寿、高礼等武将，他们按照于谦的要求，命军士们把城外的一些街巷堵塞，在重要的地带埋伏好弓弩手、火箭手，大部队也是在城门外安下了营寨，列开了阵势。也先在明军大营的对面也安下了大营，派出了先锋。面对瓦剌军的进攻，明军的前队用火器轰击敌军，后队用弓弩压阵跟进，拼了命地厮杀，终于打败了也先的前锋。

十月十五，于谦知道也先领兵改打彰义门了，就安排石亨率领数万明军增援彰义门，并且自己也赶到了彰义门。石亨的增援部队那是飞速前进，特别是他的侄子石彪率领精锐的骑兵千人快马加鞭就冲到了瓦剌军队大营的外头。也先一看，这支明军人不多啊，也就一千来人，竟敢和我对垒，未免也太小瞧我了！他马上指挥大军把石彪的队伍团团围住了。但是他刚围住石彪，还没来得及打呢，石亨就率领1万多人的主力部队赶到了，铺天盖地地就把也先的部队围起来了，也先不认识石彪，可他又一看来的人马举着的大旗，才知道这是石亨的队伍。他在德胜门、西直门两战中等于都败在石亨的手下了。也先心说，真是冤家路窄啊，你这是要里应外合、内外夹击呀！这仗不能打了，赶紧鸣金收兵吧。他放弃了对石彪的包围，撤回了大营。也先看到明军来了这么多人，担心明军把正统皇帝抢回去，就安排人悄悄地带着正统皇帝朱祁镇去往紫荆关了。当天晚上，于谦得到了细作的消息，知道也先已经把明英宗送走了，在不会误伤太上皇的情况下，于谦马上调集火炮多门，炮轰瓦剌的临时营寨，顿时大营里一片火海，连炸再烧，死伤过万。也先一看这仗是真没法儿打了，如果等到明天明朝再来援军，再把通往紫荆关的道路切断，就更麻烦了，还是赶紧跑吧，便于十月十五日的夜里带领剩余的人马，趁着天黑，向紫荆关方向逃去。

历史的结局：明军大获全胜

十月十六清晨，于谦得知瓦剌军队逃跑了，急命石亨为帅，率领孙镗、卫颖、范广、张义、雷通、杨洪等战将追击敌军。瓦剌军在逃跑的路上，还不忘骚扰沿途的老百姓，烧杀抢掠，掠夺了许多物资、牲畜和老百姓。为了逃避明军的追击，在逃跑的路上，瓦剌军在有些岔路口就分开逃跑，但是冤家路窄，太师也先最怵石亨，偏偏就是石亨率领人马在清风店（今河北省易县西）追上了也先。也先不敢上阵，叫瓦剌的大将阿归迎敌，结果只打了几个回合，石亨就生擒了阿归，也先借着阿归与石亨对垒之机，一路狂逃，在十月十七跑出紫荆关，退往关外了。

这一仗是明军获得大胜，俘虏了瓦剌军很多人，夺回了被瓦剌军抢走的1万多头牲畜，后来都物归原主了。范广率领部队是在固安（现在的河北省固安县）追上了一支瓦剌逃军，也是杀得对方丢盔卸甲，抱头鼠窜。太师也先率领的西路大军就这样土崩瓦解了。

可能读者看到这里有些奇怪，不是也先在进攻北京之前，还安排了中路军、东路军，还要在都城的北边会合一起攻打德胜门吗？怎么没了消息了呢？也先本来是安排他的部下阿剌知院，率领3万大军为中路大军攻打居庸关。阿剌接到密探的禀报，居庸关的守关人马并不多，所以他想着顶多用个两三天就把居庸关拿下了，再往前没有什么关隘了，一气就杀到北京城下了。实际上阿剌的情报的确是准确的，居庸关的守军确实不多，守将是都督罗通，守军不足1万人。罗通知道要以自己的这点儿微薄的兵力抵挡住阿剌3万大军的攻击，难度是相当大的。但是罗通接到了于谦必须坚守居庸关的命令，他召集所有官兵说，我们要充分利用地理优势，守住居庸关，绝不能让瓦剌的军队通过居庸关来攻打北京城，咱们是人在关在，誓与居庸关共存亡。他安排军士们准备了大量的弓弩箭支、滚木礌石。可巧的是，那年的天气比往年冷得早，而且是突然就大幅度降温了，十月份的居庸关就天寒地冻了。罗通一看心里说，这真是天助我也！他命令军士们从傍晚开始，人人一根扁担两个木桶，从长城下面的水井里打水，排着队挑到城上，再顺着城墙浇到关隘的外面，连续浇了一宿，一夜之间，居庸关一带的长城的外立面就凝结成了厚厚的一层冰，城墙变得又坚固又光滑，就像穿上了亮晶晶、光闪闪的铠甲，非常之漂亮！可对于蒙古军队就不是漂亮这么简单了。第二天阿剌知院还指挥攻城呢，士兵们举着盾牌，冒着箭雨，好不容易来到了城墙的近前，一看，冲锋在前的先头部队怎么都趴下了？噢，脚底全是冰，都滑倒了，站都站不住，根本无法攀爬，城墙上的人还不停地往下射箭、扔石头、撒石灰，大军只好败退。士兵们打了败仗，阿剌知院也没有怪罪他们，因为阿剌对于攻城的积极性本来就不大，而且阿剌和也先太师也不是一条心，原因是他对也先与明朝对抗的方针是不太赞同的，在"土木堡之变"发生之后这位阿剌知院还曾经悄悄地派人向明廷表达过善意，再加上这回城墙上冻满了冰，无法攀爬，就有了放弃进攻的理由。因此阿剌率领部下，在居庸关外与罗通对峙七日，说对峙，其实就是驻扎在那里，象征性地攻了几次，意思尽到了，就撤回漠北了。这是瓦剌大军中路部队攻打居庸关的结果。

　　咱们再说东路的脱脱不花大汗的部队，虽然号称 3 万人马，其中仅有 1 万蒙古人，还有 1 万多人是他们到辽东俘虏回来的女真人，这些被裹挟的女真人是不愿意打仗的，1 万蒙古人的作战意志也不那么坚定，从他们的首领脱脱不花就不愿意为也先卖命，更舍不得把自己朝夕相处的 1 万弟兄的性命交代在明军的手里，所以脱脱不花大汗的人马在古北口驻扎了几天，没怎么正经攻城，就被明军轻易阻挡在了密云长城的古北口之外。当脱脱不花大汗打探到瓦剌的中路、西路已经败退了，立即率队伍撤退了，并于十月二十单独派遣使者，携带礼品来北京进贡议和。

　　中路、东路的战况，极大地减轻了北京保卫战主战场的压力，使北京的战斗完全按照于谦设计的方案顺利进行。在于谦周密的部署、指挥下，明军取得了北京保卫战的全面胜利，粉碎了也先太师要攻占北京城，推翻大明朝，恢复元朝统治的企图。于谦作为北京保卫战的头等功臣，受到了皇上最为隆重的嘉奖。可是他谢绝了皇上给予的一切奖赏，而极力向皇上推荐其他的功臣，尤其是石亨。于谦说石亨在北京保卫战中身先士卒，横刀立马，多次战胜瓦剌的大将，为保卫北京城，为保卫皇上立下了头等功，于是皇上封石亨为武清伯。其实平心而论，北京保卫战的头等功臣是于谦。在大敌当前的关键时刻，于谦为了拯救国家，不为名、不图利，挺身而出，舍生忘死，完成了几乎是不可能完成的北京保卫战。通过北京保卫战的胜利，为北京，为中国的北方，换来了几十年的和平环境，他的所作所为在中国历史上留下了浓墨重彩的一笔，他的英雄事迹为后人们所传颂、弘扬，他的一身正气、两袖清风、公而忘私的光辉形象为后人们所敬佩、景仰！

历史的尘烟：时过八年，于谦被斩首

　　而让人们万万没想到的是，此事过了八年之后，在景泰八年（1457），在石亨等人发动的夺门之变中，于谦竟然被斩首了，这又是怎么回事呢？在北京保卫战之后的第二年，也就是景泰元年（1450），瓦剌的也先太师没能力和明朝打仗了，觉得留着正统皇上朱祁镇也没用了，就通知明朝来人把他领回去。景泰帝朱祁钰本不希望他哥哥太上皇朱祁镇回来，同时他也不太相信也先能不带任何附加条件就释放朱祁镇，所以就派了杨善等人前往查探情况，谁知杨善去了漠北瓦剌部落，人家是热情款待，表示立刻放人，杨善不得已，只得接驾回朝，将太上皇接回来。于是，在景泰元年（1450）的八月初二，太上皇朱祁镇在羁留塞北一年之后从也先的驻地出发，踏上了回乡之路。据说朱祁镇这一年来，与瓦剌的官员们相处得非常好，还有了感情了，走的时候，也先亲自送出了半天的路程，又安排手下的七十人，一直把朱祁镇护送到了居庸关。八月十五，杨善陪同太上皇朱祁镇，悄然进入安定门，来到了紫禁城。可是这位太上皇没想到，景泰帝朱祁钰不能容忍他的存在，可是又不能杀他，怎么办呢？就把朱祁镇软禁在了紫禁城里的南宫，就是紫禁城里东部的一个小院儿，院里除了孤零零的一座宫殿，还有十几棵大树。景泰皇帝朱祁钰为了避免太上皇与别人联系，安排人把南宫大殿的门上了锁。还不放心，又在锁眼儿里灌上了铅，只在门上留了个小洞，每天的三顿饭由下人从小洞递进去。就这样，朱祁钰还不放心，又加派锦衣卫严密看管，为了防止院里的树木遮挡锦衣卫的视线，防止有人躲藏在树后找机会联络被软禁的太上皇，景泰帝把南宫附近的树木砍伐殆尽。

　　太上皇朱祁镇在南宫里，是惊恐不安、生不如死、度日如年，在这种状态下被软禁了整整七年。到了景泰八年（1457）初，景泰皇帝朱祁钰突然病重，卧床不起。这时候，武清侯石亨、都督张辄、太常卿许彬、左副都御史徐有贞以及原王振门下太监曹吉祥等人开始密谋要拥立太上皇朱祁镇复出。到了正月十七凌晨，石亨、徐有贞率兵千人，控制了长安门、东华门。一行人将南宫大门撞开，跪倒在太上皇朱祁镇面前，同声高呼："请陛下登位。"朱祁镇一看，我这不是做梦吧，还是梦想成真了啊，晕乎乎地就被搀扶着登上了龙舆，一行人立即赶往奉天殿。等到了奉天殿，他也清醒过来了。奉天殿前的守卫大声喝道，什么人胆敢到此！他高喊："朕乃太上皇帝也。"守卫只得唯唯而退。等到了十七日早朝时分，按照惯例，百官于五更前在午门外朝房等待。忽然宫中钟鼓齐鸣，宫门大开，徐有贞走出来，目瞪口呆的公卿百官此时无从选择，在催促下整队入宫拜贺。就这样，时隔八年之后，朱祁镇终于再次端坐在奉天殿宝座上，重新成为大明皇帝，当年就改年号为天顺。这段明朝历史后来被称为"夺门之变"，又叫南宫复辟。复位当日，朱祁镇传旨逮捕兵部尚书于谦和吏部尚书王文。逮捕之后，都御史萧惟祯建议以谋逆罪处死二人。皇帝犹豫，说当年抵御瓦剌，于谦是有功劳的。徐有贞说，不杀了于谦，您复位无名啊。朱祁镇皇帝最终同意，在正月二十二以谋逆罪在崇文门外，在于谦曾经用生命来保卫的北京都城的旁边处死了于谦。于谦死的那天，阴云密布，世人都认为他是冤枉的——天下冤之！后人们每每看到这段历史的时候，都禁不住扼腕叹息。

修建外城

兵临城下与迫在眉睫

为什么要在嘉靖年间修建外城?

要说清楚这个问题,就要简单地回顾一下北京都城的历史。元朝忽必烈建元大都的时候,蒙古人几乎打遍天下无敌手,别人几乎没有来北京攻城的可能,所以刘秉忠设计的元大都没有外城。在过了 100 年之后,各种军事力量的对比发生了变化。当徐达率领军队占领元大都的时候,又轮到明朝的军队所向披靡了,而且当时明朝的国都在南京,所以还是没有在北京建外城的必要。再到了明朝永乐年间,虽然朱棣把国都迁到了北京,但那正是明朝强盛的年代,在敌弱我强的形势下,还是没有建外城的必要。但是后来的 100 多年里,明朝政府的内部发生了问题,专心治理国家的忠臣良将少了,贪图享乐的官员多了,国家的军事实力逐渐降低了,就有了被动挨打的可能。再加上皇上宠信宦官,宦官专权问题日益严重,这些问题直接导致了"土木堡之变",朱祁镇皇上被擒,这也标志着明朝的统治在正统十年(1445)之后,开始走下坡路。在后来明朝统治的年代里,即使有的皇帝有一股安邦定国的雄心壮志,也没能够扭转国家衰败的颓势。比如弘治皇帝朱祐樘,在历史上得到的评价是相当高的,说他:铲除奸佞,重用贤良,待臣宽厚,严管宦官,废除苛法,轻徭薄赋,兴修水利,力求节俭,不近声色,勤于政事,重视司法等。在他的领导、管理下,弘治朝还真出现了吏治清明、经济繁荣、人民安居乐业的社会现象,被史家称为"弘治中兴"。但是由于弘治皇帝朱祐樘也是英年早逝,35 岁就驾崩了,所以短暂的"弘治中兴"就此中断，明朝日益衰败、没落，必然要被动挨打。尤其是到了"庚戌之变"，蒙古军队兵临城下的时候，嘉靖皇帝意识到了建外城已经是迫在眉睫的事情了。

为什么把外城建在都城的南侧？

正在嘉靖皇帝准备建外城的时候，也就是嘉靖二十九年（1550）十二月，在北京城有位富商朱良辅联合其他几位有钱人，向朝廷建言，如果朝廷建外城，我们自愿出财力支持。嘉靖皇帝一看，正合适，有了钱了，就开工吧。《明世宗实录》载：筑正阳、崇文、宣武三关厢外城，命侍郎张时彻、梁尚德同都御史商大节、都督陆炳督工。三关厢建城开始了。在正阳、崇文、宣武三座城门外南边建外城，就是建永定门、左安门、右安门一线的外城。既然当时主要是防御北京北边的来犯之敌，为什么在都城的南侧先施工呢？请朋友们听笔者仔细道来。

最初的修筑计划是准备在内城的外围东、西、南、北四个方向各向外推出 5 里，建一圈外城城垣，把原来的都城包在里面，使北京城垣形成"回"字形的格局，这样就能把原来的老城和皇城保护起来了。为什么要东、西、南、北四个方向各向外推出 5 里呢？第一是内城与外城之间间隔 5 里，这外城的面积就足够大了，有大约 120 平方公里，相当于一个半老城的面积；第二是原来元朝建都城的时候，北城墙是现在的北土城一线，后来在明朝初年，徐达把北面的城墙向南挪了 5 里。但是北面的老城墙并没有拆，如果把外城确定为向外延伸 5 里地，北侧还可以利用原来的老城墙，原来的老城墙是夯土的，里外一镶砖就成了，又省工又省事。如果按这个设计建设外城，不但使国都又多了一道屏障，能更好地抵挡敌人的外来侵犯，而且使北京真正形成了宫城、皇城、内城、外城这四重城的国都规范布局。按嘉靖皇帝当时的说法，是"四面兴之，乃为全算""不四面，未为王制"。

按这个计划，外城的一圈有多长呢，足足有120里。这么大的工程，不可能同时全面动工，得有先有后，得分个轻重缓急，结果当时就没有建东、西、北三面的外城，最先建的是南边的外城。一般人觉得，蒙古的部落都在北京城的北边，如果按轻重缓急，应该先建北侧的外城，为什么不先建北边呢？按有关书籍资料说的理由是：当时正阳门外已非常繁荣，西边宣武门外是金中都东门内外的热闹区域，东边崇文门外这时因为是大运河航运终点，所以工商业也发展起来。为了保护这些地区的工商业以及保护在这里居住的老百姓，所以先建设南部的外城。笔者认为这些理由都是事实，无可非议，但是这可不是唯一的原因，笔者认为至少还有三个原因。第一，虽然北边元朝建的老城墙在明朝初年就已经废弃了，可是并没有拆除，高大的城墙还在。根据历史记载，在明朝嘉靖年间，在北京北部的老城墙旁边还安排有驻军，在夜间，城墙上还有流动的岗哨巡视。这些老城墙还是能够在军事防守上发挥一定作用的，已经起到了外城的防御作用了，所以不急于建北面的外城。第二，京城的南边，不但在三座城门外边有工商业繁华地带，更重要的是有天坛、先农坛。天坛是皇帝"祭天""祈谷"的场所，先农坛是皇上祭祀先农诸神的场所。这两处场所不但地位显赫，而且都是皇上每年必去的地方。假如不先建南部的外城，一旦敌人打过来，即使敌人没有攻破皇城，只要是占领了这两个地方，那皇上的脸往哪里搁呀，而且也对不起列祖列宗啊！所以笔者认为这是要先建设南部外城的一个主要因素。第三，北京的皇城在都城的南部，而紫禁城又在皇城的南部，敌人如果从都城南部进攻，一旦攻破正阳门，距离皇城的大明门就是几十步路了，距离紫禁城也不足 3 里路。可是敌人如果从都城北部进攻，即使攻破德胜门，距离皇城还有 6 里地，而距离紫禁城还有十几里路呢，从这个角度来说，为了保证皇上的安全，还是应该先建设都城南部的外城。

修建外城的计划大幅缩水

在明朝的嘉靖二十九年（1550）发生"庚戌之变"之后的当年十二月份，建设北京外城的工程开工了，可是开工时间不长，刚干了几个月就停工了，为什么不建了呢？根据记载是因"财出于民，分数有限，工役重大，一时未易卒举"而诏令停工，就是这几位富户出钱有限，朝廷现在经济上是真不富裕，能够拿出来的钱与这个工程所需要的资金差距太大，所以只好暂时把工程下马了。确实，如果按原来的设计，要在都城的四周建造外城，光城墙就要建 120 多里地，在设计上还有城门十一座、角楼四座，敌台一百七十六座，在西直门外和通惠河入水处，还要设置水闸两处，其他低洼地带还要设置水关八处。那得多少钱呢！所以就下诏令停工了。这一晃儿啊，两年过去了，在嘉靖三十二年（1553），兵科给事中朱伯宸再次提出修筑外城"以利于巩固城防"，申请恢复建造外城的工程，而且还按照原来的设计规模建设。嘉靖皇帝的宠臣严嵩也表示"今外城之筑，乃众心所同，果成亦一劳永逸。其掘墓启舍等事，势所不免，成此大事亦不能恤耳"。意思就是：建造外城啊，是满朝文武大臣都认为应该做的事情，如果真能够完成，那可是一劳永逸了，建造外城呢，肯定要涉及占地、拆迁，要影响老百姓的一些利益，但是这是在所难免的，既然这件事这么重要，就顾不上那么多了。嘉靖皇帝觉得说得有道理。可是两年前下马这项工程的原因是资金不足，攒了这两年的钱，也没攒多少啊，现在依然是资金不足，这可如何是好啊？嘉靖皇帝就要求严嵩拿出个万全之策。严嵩想，缺钱这个事没有什么好招儿，要是有来钱的道儿，我早就往自个儿的兜里捞了。可是既然皇上派下来了，我也得想辙呀。于是他就带领着下人，到城外转了一大圈，一边转，一边测量，一边思考，回来之后又仔细地琢磨了几天，还别说，还真想出了主意。严嵩进朝对嘉靖皇上说：办法有了，一个是外城的规模没必要120里长，我看南、北各18里长，东、西各17里长，周长70里就不小了，这一下省下三分之一的钱；再有呢，饭得一口一口地吃，外城得一段一段地建，既然着急需要的是南部的外城，咱们就先把南部的这段外城建起来，这算是一期工程。至于另外三面的外城，因为资金短缺，就暂时先放一放，等资金充裕了，咱们再接着建二期、三期工程。要是先建南部外城，总长度也就是30里左右，这就又少花三分之一的钱，还有就是为了节省资金，城墙的高度、厚度，城楼、箭楼的规模，瓮城的大小，角楼的大小，咱们就都不要比照老城了，尺寸缩小，只要能起到防御的作用就行了。我算了一下，这么干，所需资金也就是原来工程总造价的五分之一，这些资金朝廷还是能够拿得出来的。恳请圣上裁夺。嘉靖皇上朱厚熜听他这么一说，就点了头了，并要求严嵩拿出这个一期工程的具体的施工方案。说起来，这个方案只是嘉靖皇帝头脑中的北京外城总工程的一部分，可是在资金紧张的情况下，这也算是万全之策了，所以嘉靖帝就恩准了。笔者看到很多的历史书籍上说嘉靖皇帝是放弃了最初所坚持的"四面兴之，乃为全算""不四面，未为王制"等不切实际的设想，笔者认为这个说法是不准确的。嘉靖皇帝可不是放弃了这个想法，而是还在坚持这个想法，只不过是想暂时先抓紧把南部的外城建起来，等有钱了再建其他三面的外城。但是他没想到在他有生之年，再也没等到有钱的那一天，而且在他死后的几百年里，也再没有哪位皇上提起继续建设外城的事宜，所以明朝嘉靖年间建造的北京外城的这个格局一直保持到 20 世纪 50 年代拆除的时候，除了维修、翻建，再也没有改变。

修建外城的负责人是位武官

在嘉靖三十二年（1553）再次启动修建北京外城的工程的时候，朝廷可再也找不到像元朝初期的刘秉忠、明朝正统年间的阮安那样的能人了。当时朝廷确定的工程负责人是陈圭。这位陈圭本来是个宿卫，就是一个守卫皇城的军人，但是他表现出类拔萃，后来就得到了提拔重用，掌管了京营金书中军府，再后来被推荐到两广监督征讨平、封、川等地农民起义，他这一去啊，对于镇压农民起义是卓有成效，结果又被加封太子太保，后来又召回北京，掌管后军府，进总督京营戎政。这次担任建设外城的工程总指挥，总负责人，是严嵩亲自提名，皇上委以重任，来提督京师外城工程。通过刚才介绍他的简历，可以看出陈圭本是武将出身，那么为什么让一位武将管理这项土木工程呢？笔者认为朝廷首先看重的是他对朝廷的赤胆忠心，而且看他对工作是富有责任心的，以及基于他一贯认真、仔细的工作作风。确实，在陈圭的努力下，用了不到两年的时间，到嘉靖三十三年（1554）北京外城的一期工程总算顺利完工了，嘉靖皇帝，包括朝廷的文武大臣还是比较满意的，皇上加封陈圭为太子太傅。其实完工的这个一期工程应该算是半拉子工程，因为当时外城的七座城门只建了城楼，既没有建箭楼，也没有建瓮城。这些都是有历史记载的，七座城门的瓮城是十年之后建的，而箭楼是到了清朝后才建的。

外城从嘉靖三十二年（1553）恢复开工建设，到嘉靖三十三年（1554），也就是不足两年的时间，把一期工程完成了。这两年可是真把工程总指挥陈圭累坏了，因为他责任心太强了，看到皇上把这么重要的工作交给自己，他生怕辜负了皇上的期望，太想把工作做好了，真是四处奔波、废寝忘食、日夜操劳，虽然外城城墙的高矮、薄厚不一致，可是施工的程序是正确的，城墙最下部的基础有两三层垫基条石，有的地段因为有流沙层，土质松软，在基石下就又埋了多层的大原木，横竖交叉排列，横木和纵木之间都用大扒钉钉住，连成一个牢固的整体，在 20 世纪 50 年代拆除外城城墙的时候，经过丈量，城墙地基的高度有 3 米多。这种筑城技术是在古代城墙施工中纤木加永定木的基础上发展而来的。地面以上的墙体内外两面都砌了砖，内填黄土。和内城一样，城墙外侧也是两层砖，靠土的一层用小砖，小砖之外是大城砖，厚约 70 厘米。城墙的里侧用的是一层大城砖，这都是在 50 年代拆除外城城墙的时候经过验证的。当时，这位陈圭事必躬亲，感觉身体要顶不住了，也硬扛着，一直坚持到嘉靖三十三年（1554）把皇上交给的任务完成了，又对外城进行了行政区域的划分，就是在北京的外城设了 8 个坊，其中属于后来的宣武区的有 5 个坊，属于崇文区的有 3 个坊。工程完成了，陈圭也倒下了，大病不起，就在嘉靖三十三年（1554）腊月二十三，也就是外城完工的当年年底，陈圭死于宫中，年仅 46 岁，嘉靖帝追赠陈圭为太傅，谥号武襄。

外城建设得并不理想

说起来，虽然陈圭兢兢业业、尽心尽力，但是终究土木工程于他是外行，再加上资金紧张，城墙建的规模与都城的城墙相去甚远——都城城墙三丈五尺五寸高，而外城的城墙是一丈八尺高，仅有原来城墙的一半多一点儿，而且外城的七座城门四座角楼也与原来的城楼、角楼差距甚大，城墙的高矮、宽窄不一致，而且外城的东西城墙的长度都不一样，就像人站在那里，一条腿长，一条腿短，那么长的城墙，不仔细丈量发现不了，后来实际测量东面的长度是 3580 米，西面长度是 3313 米，东西相差了 260 多米。这说的还只是城墙尺寸的误差，在外城的里面对于大街、小巷、胡同、房屋也没有统一的规划与布局，全都顺其自然了，结果就是杂乱无章了，外城有很多街道弯曲、倾斜，很不规则。只有两条干道相对宽阔笔直。一条是从猪市口（今珠市口）到广宁门（今广安门），另一条是从正阳门直抵永定门。当然有一些道路是沿着河边走出来的，河道是斜的，道路也就斜了，其实一般的道路斜点儿、歪点儿问题不大，只是美观方面差一点，问题严重的是在外城的总体设计里竟然没有考虑建设排水系统，这可是对于外城设计上的一个重大失误，所以在后来的几百年里，只要下大雨，在外城的很多个地区就形成水患，雨水进屋、房倒屋塌的事情时有发生。这就是外行建外城留下来的后患。而且木已成舟之后是很难更改的，后来到了清朝的乾隆时期，朝廷想解决这个问题，可是又没有好办法，不得不在天坛和先农坛之间的空旷地带，挖了 6 个特别大的大水坑，用于周边的居民区雨季的泄洪、排水。

外城七座城门的名称

当初元朝对都城的十一座城门的命名，使用的都是与《周易》卦象相关有根有据的好字眼儿，明朝正统四年（1439）重建都城城门之后，给城门改的名是朝廷请翰林院的翰林学士们给起的，而这次外城七座城门的名称可是嘉靖皇帝亲自起的。嘉靖皇帝决定建外城，是为了阻止蒙古军队的进攻，为了国都北京的安全，所以他给起的这七个名字基本上都突出了安定、安宁的意思，南边正中朝南的城门往北是正对着正阳门的，所以开始建设的时候大家都叫它正阳外门，后来统一起名的时候嘉靖皇帝就给改成了永定门。永定门东侧朝南的那座城门在建设的时候大家叫崇文外门，嘉靖帝给起名叫左安门。永定门西侧朝南的门在建设的时候大家叫宣武外门，嘉靖帝给起名叫右安门。外城西侧朝西的城门嘉靖帝给起名叫广宁门，后来到了清朝道光年间，为避清宣宗旻宁之讳改为广安门了。

朋友们可以看到，永定、左安、右安、广宁，无不体现了嘉靖皇上盼望永远安定、安宁的愿望。朋友们可能说，外城东侧朝东的城门嘉靖帝给起名广渠门，看字面没有安定的意思啊！但是笔者这里解释一下："渠"有几种字义，大家都知道，渠是水道，人工开凿的河道、沟渠。但是一般人不知道的是，渠还有一个意思，是盾的意思，就是坚固的盾牌，所以笔者认为嘉靖皇帝给这座城门起名叫广渠门，恐怕不是希望城门外有宽广的河渠，而是希望这座城门像盾牌一样坚固，不会被敌人攻破，以确保安全。外城北面有两座城门，嘉靖皇帝给起的名，东侧叫东便门，西侧叫西便门。大家都理解的是方便、便利、顺便的意思，这笔者不反对，但是便字还有一个意思，就是安，安全、平安的意思。按照嘉靖皇帝给城门起名的思路，笔者判断他所希望的一定是安全、平安，至于方便、便利，哪一座城门不是为了朝廷官员、军队和老百姓进出城的方便、便利呢？当然这也是笔者个人的观点。同时笔者认为嘉靖皇帝还是希望将来要继续建造大外城的，朝北的这两座城门是两座临时建筑，建造大外城的时候是要拆的，所以东、西便门建得更为简陋了一些，东、西便门的名称也应该算是临时性的名称。不管怎么说，外城的一期工程建成了，从此之后，从朝廷官员到普通老百姓，管老北京的都城改叫内城了。

对新建的外城呢，朝廷叫它外城，也叫外罗城。可是老百姓几乎没有人管它叫外罗城，有些老百姓管它叫外城，还有不少的老百姓管它叫帽子城，因为从北往南看，这个外城就像原来的都城脑袋顶上扣了一顶帽子。当然这是老百姓的理解，朝廷无法强求老百姓怎么去想。前面笔者说都城九门的时候就说了老百姓与朝廷对城门叫法不一样的情况。外城建完了，也出现了这种情况，什么情况呢？笔者后面再详细说。

十一年建了个半拉子工程

北京的外城，在嘉靖三十三年（1554）基本建完了。为什么说是基本建完了？因为当时外城的七座城门都只建了城楼，瓮城和箭楼都暂时没建。为什么没建呢？估计是资金紧张。另外笔者认为嘉靖皇帝很有可能希望等有钱了建个大的、完整的外城，所以没建。一拖就是十年，这十年里发生了几件让嘉靖皇帝没想到的事情。陈圭的英年早逝算一件，致使嘉靖皇帝的施工计划只能往后顺延了。而在陈圭去世两年多之后，也就是嘉靖三十六年（1557）的夏天，又出了一件让嘉靖皇帝意想不到的事情，致使他不得不暂时取消了继续建外城的想法。什么事情呢？嘉靖三十六年（1557）夏，紫禁城再次着起了大火，为什么说再次着火了呢？因为紫禁城在嘉靖皇帝执政期间已经不是第一次着火了，可是这次的火着得太大了，紫禁城的前三殿以及奉天门、文武楼、午门，全都损毁了。按有关文字记载是"三殿两楼十五门俱灾"。光清理火场就动用了3万名军人，还征用了民间的手推车5000辆作为运载工具每天"寅入酉出"，就是凌晨 3 点就进入紫禁城开始干活，每天都要干到下午 5 点。紫禁城的事儿可是头等大事，和建设外城相比，当然是修复紫禁城重要啦，所以必须要把复建紫禁城烧毁的建筑这个工程放在前面，建外城的工程只好往后推吧。朝廷是一边清理火灾现场，一边筹措资金，同时预备各种材料，就这么紧锣密鼓地干，用了整整四年的时间，直到嘉靖四十年（1561），这算是清理好现场了，资金筹集得差不多了，各种原材料也基本上准备齐了，就开始对紫禁城进行重建。由于资金紧张，再加上原材料尺寸、等级很难达到明朝永乐年间建造紫禁城的标准，所以这次重建就导致了紫禁城的三大殿的格局与明初建造的三大殿的样式相比，发生了非常大的变化。三殿（就是现在的太和殿、中和殿、保和殿）的面阔、进深、柱子的直径等都有一定程度的缩减，有些部位的柱子和房梁在制作的时候，用杉木代替了原先的楠木，还采用了拼接、包镶等做法，有很多形制硕大的柱、梁，都是用小块木料拼成的。原因就是当时找不到那么粗壮的整根木头啊！还有华盖殿（清称中和殿）的屋顶迫不得已由原来的庑殿顶改成了四角攒尖顶。嘉靖皇帝对于紫禁城频繁发生火灾是非常头疼的，重建后的三大殿被改名为皇极殿、中极殿、建极殿［一直到清朝顺治二年（1645）改为了太和殿、中和殿、保和殿］，嘉靖皇帝似乎想用改名的方法来减少紫禁城内的火灾。当然通过改名称是不可能避免火灾发生的，后来的人们总结，说嘉靖帝朱厚熜与火灾最"有缘"了，他的名字中带火，命格也属火，在他当政的四十五年间，紫禁城里外共发生火灾二十二次。平均两年左右就一次。实际上，现在大家都明白了，紫禁城里频繁发生火灾和皇上的名字没有关系，原因一是逢年过节燃放各种鞭炮烟花；二是嘉靖皇帝信奉道教，经常烧香、做法事；三是雷雨天气的雷电所致，紫禁城里有不少的高大建筑，容易被雷击中。其实咱们的祖先相当聪明，在汉朝就发现在高大的建筑物顶上放置金属物可以减少雷击的情况。美国的富兰克林是在 1752 年才发明了避雷针，中国先人比富兰克林早发现了 1500 年。在明朝的嘉靖年间，对于紫禁城的高大建筑的鸱吻、吞脊兽上都安了金属物，可是当时中国的建筑师对雷电的认识还是不全面的，当时的建筑物上的金属物并没有使用金属导线连接到地下。结果呢，如果下着大雨的时候打雷，雨水是导电的，就能把金属物接受的雷电导入地下，金属物就能起到避雷的作用，可是遇到干打雷不下雨的时候，建筑物的墙体是绝缘的，这个金属物就不是起避雷的作用，而是招雷了，反倒容易发生火灾了。笔者认为很可能在嘉靖年间北京城的上空，经常出现干打雷不下雨的情况，所以紫禁城里的火灾就多，赶巧，这些事都让嘉靖赶上了。这就叫屋漏偏逢连夜雨，船迟又遇打头风。该着嘉靖帝倒霉，当然这只是笔者的猜测。

还是说紫禁城火灾之后的复建工程，用了两年的时间，到了嘉靖四十一年（1562）总算完工了，嘉靖皇帝想起了北京外城的工程撂了八年了，七座城门外面还光秃秃的呢，这会儿他心里已经明白了，那个建大外城的想法肯定落空了，可是怎么也得把七座瓮城建完了呀，就又筹集了一些资金，用了一年多的时间，在明嘉靖四十三年（1564），总算把外城的七座城门的瓮城建设完成了。也就是说，北京的外城从嘉靖三十二年（1553）开始动工，到嘉靖四十三年（1564），时间过去了十一年，外城才算建完，还没有建箭楼，原因只有一个，又没钱了，在每座瓮城建箭楼的位置只是留了个缺口，安装了两扇木门，按照内城每天开关城门的时间，晚上关起门来落锁，早晨再打开木门，供人出入。虽然和内城相比，是非常的简陋，按现在说，是一起典型的半拉子工程。但是不管怎么说，北京城南部的外城总算是建完了，也可能嘉靖帝还打算等朝廷有了钱，再把外城的七座箭楼建起来。可是时间不等人啊，只又过了两年，嘉靖皇帝就驾崩了。

建外城并没有保住明朝江山

明朝嘉靖皇上在北京建外城，是要抵御外部侵略，保护首都的皇城、紫禁城不受侵犯，保大明江山稳固的。可是在外城建成 80 年之后，在崇祯十七年（1644）的农历三月十九凌晨，李自成的大顺军通过外城的广宁门进入北京城，逼得明朝的崇祯皇帝跑到万岁山（景山）上，找了棵歪脖树上吊自尽了。统治了中国 276 年的大明王朝就这样被推翻了。那么为什么建了外城仍然没能保护住皇上呢？有人说是因为太监叛变了，偷偷打开了城门；有人说是因为李自成的农民起义军太厉害了，攻城的炮火太猛烈；还有人说是因为外城的高度不够。笔者认为这些都不重要，重要的是防守的人。在明朝正统十四年（1449）北京保卫战的时候，北京并没有建外城，蒙古的瓦剌大军那比李自成的大顺军不知道厉害多少倍，可是在于谦的组织、率领下，北京的守城部队和全城的老百姓同仇敌忾，使得北京城固若金汤。而到了崇祯年间，朝廷的无能，官员的腐败，已经使大明王朝到了病入膏肓的程度，天灾人祸使老百姓胸中的怒火忍无可忍，官逼民反，民不得不反，全国各地造反、起义的浪潮一浪高过一浪。在这种形势下，人心都散了，崇祯皇帝朱由检就是有三头六臂也挽救不了明朝垮台的命运，所以北京城被李自成的起义军攻破也就是必然的事情了。

外城在清朝终于建完

在清乾隆十五年（1750）朝廷重点加固外城，对于外城的这七座城门、瓮城进行了维修并增建了箭楼，也就是说，在明朝嘉靖年间建完的北京外城，在 185 年之后，由清朝的乾隆皇帝拨款给这七座瓮城建造了箭楼。在乾隆三十一年（1766），朝廷决定重建永定门城楼，仿照内城城门的形制，加高城台和城楼层顶，采用重檐歇山三滴水的楼阁式建筑，使用灰筒瓦、绿剪边，装饰以琉璃瓦脊兽。城楼是面阔七间，进深三间，楼宽 19.8 米，通宽 24 米，楼深 6.1 米，通进深 10.2 米。城楼连城台通高 26 米，其中城台高 8米（厚约 15 米），楼高 18 米。尺寸与内城城楼比较接近，但是还是有些区别的，明显的区别在于进深很小，但却很宽，还有就是在永定门城楼的外侧，在重檐间挂有城门木匾，城台上正中又镶有城门的石匾额。而内城正阳门城楼只挂有重檐间的城门木匾，城台上无石匾额，正阳门的石匾额是镶在箭楼的外侧城台正中。其他内外城门只有城楼城台正中也就是在城楼门洞的上方镶石匾额，无城门木匾，箭楼也无门额。建完之后，永定门就成了现在这个样子，当然现在这个是前些年复建的，但是外观和原来的老城楼还是比较相近的，当时这个新建的永定门城楼就成为外城之最高大的城楼了。在改建完永定门之后，朝廷又考虑到广宁门为南方各省人员进京的主要通路，明清两代的南方官员想要进京，基本都是沿太行山一路北上，过卢沟桥，进广宁门，京城的高级官员到南方巡视灾情、督察工作、考察人员，如果走旱路，也是出入广宁门的，低矮的城楼是有碍观瞻的，所以对广宁门也进行了重建，提高城门规格，仿永定城楼加以改建，城楼形制一如内城，重檐歇山三滴水楼阁式建

筑，灰筒瓦绿琉璃瓦剪边顶，面阔三间通宽 13.8 米，进深一间通
进深 6 米，高 17.6 米，楼连城台通高 26 米。广宁门的城楼的高度
与永定门比较接近，但是窄了点儿、薄了点儿，高矮基本差不多。
在同一年朝廷还拨款重修东便门，在乾隆五十一年（1786）修葺了
右安门箭楼和城台。

为什么永定门外的街道不是直的

　　永定门外大街不是正对着永定门的，这在北京的内城、外城都
是比较少见的，甚至是唯一的，其他每座城门外面都有一条比较宽
阔的大街，或长，或短，或者笔直，或者有一点儿斜，在大街上往
往还有一个十字街，就形成了东关、西关、南关、北关，由这四个
关组成了城门外的关厢地区。可是永定门是例外的。永定门外的
街道出了城门，过了护城河马上就来个 90 度的大转弯，往东拐了
几十米，然后才又往南拐过去了，也没有十字街，更甭提东、西、
南、北关了，那这又是为什么呢？

　　在明朝嘉靖年间建永定门的时候，完全可以在城门外建一条往
南又直又宽的大道，建一个像样的十字街啊，为什么没有建呢？笔
者研究分析，永定门外没有按照一般城门外的布局建设，有可能是
出于三点原因。第一个原因，有可能是与明朝嘉靖年间建设都城的
理念以及风水有关。现在咱们看地图是上北下南，左西右东，但是
在我国封建社会看地图是上南下北，左东右西的，历朝历代往往是
把都城想象成一个人形的，比如元朝把元大都说成一座三头六臂哪
吒城，而明朝嘉靖年间则是把老北京都城说成一个人的脑袋，在建
完外城之后，很多人都说像是在原来都城这个脑袋上戴了一顶大帽
子，所以在很长时间里，很多人都把北京的外城称为帽儿城。那么

在脑袋上、在帽子上直直地开一条路，再弄个十字街恐怕是不妥的，在风水上是不利的。第二个原因，也可能是更重要的原因，建外城的目的是抵御外部敌人的入侵，不在永定门外建一条大道，更大的可能是为了更好地防御，如果在距离紫禁城最近的永定门外铺一条又直又宽的大道，就等于是为侵略者提供了交通方便，使敌人长驱直入，那可是不利于军事上的防御的。再说，中国在宋朝就已经出现火炮了，接着又有了火枪，到了明朝，火炮、火枪这两样武器都已经普遍使用了，炮弹、子弹是走直道的，瞄准也是要直线瞄准，所以如果在城门外的道路上设计拐两个弯，不但形成了一个曲折的缓冲地带，而且使火炮、火枪很难发挥最大作用，也就大大地增加了敌人进攻的难度，非常有利于防守，所以在永定门外道路上拐两个弯，很可能是明朝嘉靖年间的国家领导人从军事防御上的考虑，是故意的设计。在明朝嘉靖年间建设外城的时候，永定门的城楼不是高大的，而且当时没有盖箭楼，而永定门外的一些商铺也搭建了二层楼，和城楼的高度差不多，这就进一步增加了敌人使用火炮、火枪进攻的难度。只不过到了清朝，朝廷并不担心永定门外有敌人进犯了，在乾隆年间为了增加永定门作为正阳门外门的形象，把永定门城楼复建得高大了许多。可是当时朝廷并没有把这条道路改直，笔者认为乾隆皇帝绝不是为了继续防范敌人的进攻，而是认为永定门外有一条道路就可以了，直不直无关紧要，不想劳民伤财了而已。第三个原因，在嘉靖皇上决定建北京外城之前，从正阳门往南就有一条道路，就是每年皇上去天坛、先农坛走的道路。但是这条道路可能不是特别的正南正北的，尤其是从天坛西门再往南的道路，可能是略微偏向东南的。到了嘉靖皇上决定建北京外城的时候，从正阳门到永定门的这段道路，一定是要正南正北的，一定是经过仔细测量的，就把略微偏向东南的道路纠正了过来，也就是永定门城楼是在原来道路的西边几十米的地方了。所以在永定门外，与原来的老路对接的时候，就形成了两个拐弯。可是当时的朝廷对于永定门外的道路是不是南北笔直的这件事是无所谓的，所以对于这两个拐弯没有纠正，就保留下来了。这是笔者个人对永定门外的道路为什么拐两个弯的见解。

老北京人对外城城门的称呼

一、永定门不能叫永定门儿

北京人说大的器物、建筑的时候，一般不带儿化音，说相对小的器物、建筑的时候大多带儿化音。这是个规律，例如说北京内城的城门的时候，全都不带儿化音。而说外城的城门是有的带、有的不带的，为什么有的带、有的不带呢？就是因为外城的城门有大有小，像永定门的城楼这么高大，所以叫永定门，不叫永定门儿。

二、广安门不能叫广安门儿，也不叫广宁门，叫彰义门

广安门在清朝乾隆年间重建了城楼，也非常高大，所以北京人说广安门的时候也不带儿化音。老北京人都管广安门叫彰义门，其实这两座城门是两码事，根本不在一个地点，金朝建的彰义门在西，嘉靖年间建的广宁门在东，两座城门距离差不多有 4 里地，完全是两码事，那为什么老百姓要张冠李戴呢？很多书籍里都写到了这个问题，可是都含糊其词，没有一个令人信服的解释，笔者今天就详细说说。从广安门出京的道路是一条使用率极高的道路，是去往西南各府各县的主要通道，尤其是走旱路，这是必经之路。外地来京人员从这条道路往北京走，快到北京的路上有几个标志性建筑，那时候无论是从外地进京赶考的举子，还是离开北京多年，归

心似箭的游子，往北京城走，只要陆续地看到了这几个标志性建筑，就证明没走错，就知道快到京城了。哪几个标志性建筑呢？笔者逐一和朋友们说说。首先，进京人员，走到长辛店，脚下的道路就从土路变成了石板路，这是在清朝雍正年间，朝廷决定在河北修建皇陵，便下令修筑了一条从广宁门到长辛店的石板路。有些历史资料里说这条石板路的终点是宛平城。笔者个人更倾向于终点是长辛店，对于当时朝廷耗费巨资铺设的这条石板路，老北京人用"一尺道路五两三"来形容。确实当时仅从广宁门到小井村，总共1500 丈长的路段就花费了白银八万两，当进京的人们走上了石板路，就知道没走错路，这是奔北京城的路，因为别处是没有这么长的石板路的。而且知道距离北京城已经不远了，因为从这里开始，一直到京城，脚下都是石板路，所以感觉到了京城的与众不同。顺着这条路继续往前走，就到了横跨永定河的卢沟桥，为什么这座桥叫卢沟桥呢？因为这段永定河曾经叫卢沟。卢沟桥是在金世宗统治的大定二十八年（1188）五月决定修建的，不过当时没动工，金世宗在第二年年初病逝了。卢沟桥始建于 1189 年六月，到明昌三年（1192）三月完工。卢沟桥这一带的风景是相当漂亮的，同时卢沟桥也是进京路上的一个重要的地标，过了卢沟桥，在卢沟桥的东边是宛平城，宛平城是崇祯十一年（1638）开建，历时三年而成，城东西长 640 米，南北宽 320 米，总面积 20.8 万平方米。原为军营，后逐渐迁入了商铺和民居。宛平城在明朝时称拱北城，到了清朝改名为拱极城。直到 1928 年 12 月，宛平县公署由北平市内东官房迁至拱极城，从此才改名宛平城。这又是一个地标。再往北京城走看到的地标就是大井村的牌楼，原来在这里有一座木牌楼，后来在乾隆年间，老将阿桂在第二次征讨大小金川叛乱的战争中取得了重大胜利。当乾隆皇帝在乾隆四十年（1775）得知战争取得重大胜利的消息之后，决定在次年大军班师回京之前，在这条必经之路的大井村建造一座纪念牌楼以迎接大军凯旋，于是就派人把木牌楼拆了，建了一座砖石牌楼，并亲笔为牌楼上的匾额题词，在迎接凯旋队伍的迎面题词为"荡平归极"，另一侧题词为："经环同轨"。这场战争的胜利被乾隆皇帝列入了"十全武功"。到了乾隆四十一年（1776）初，牌楼建成了。四月份，阿桂率领军队班师回朝，乾隆皇帝亲自到良乡城南迎接，诏封阿桂一等诚谋英勇公，进协办大学士、吏部尚书、军机处行走。这座砖石牌楼十分高大、威武，当然这也成为这条路上的一个标志性的建筑。再往东走，就是金朝建的彰义门了。彰义门是这条道路上最重要的地标性建筑，也是这条道路的终点站。其实在元朝初期，朝廷就把彰义门拆了，但是老城墙还在，城里的繁华热闹还如以前，到了这里，就是到了北京城了。北京人从外地回来，到了这里就有到家的感觉。外地人进京到了这里也就如释重负了，不用考虑携带的干粮和水够不够了，更不用担心剪径的贼人了。其实大家不在乎那座城门是否存在，有城门叫彰义门，没有城门照旧叫彰义门，而且这附近又没有其他地标性的建筑，也没有叫得更响亮的地名，所以大家仍然管这里叫彰义门，彰义门就成了这个地区的代名词了，就这样空有其名地叫了 300 年。时间到了明朝嘉靖年间，北京建起了外城，建起了广宁门，虽然广宁门距离当初的彰义门 4 里多地，但是广宁门与当初的彰义门是在一条街上，就是多走几步路的事儿，而且广宁门的箭楼上也没有写着城楼名称的大匾额，再说，从外地进京，千山万水长途跋涉，区区的 4 里多路，简直可以忽略不计。刚才说的其他那几个标志物都没有变化，走到这里，大家看到的依然是熟悉的城墙和繁华的街市，所以老百姓们就把 300 多年来空有其名的彰义门落实到了这座城门的头上了，叫起来很习惯，比叫广宁门顺嘴，而且老北京人一旦叫习惯了的地名是很难更改的，对于叫了几百年的彰义门，大家伙儿听起来很自然，都知道是说哪座城门呢，绝不会理解错，这就成了一件顺理成章的事情。

后来到了清朝道光年间，朝廷为了避让皇上旻宁的名讳，把广宁门改为广安门，可是老百姓在明朝嘉靖年间对于新建的广宁门都不买朝廷的账，还是叫彰义门，所以对于朝廷把广宁门改为广安门，就更没人理会了，继续叫彰义门这就成了一件必然的事情了，这个习惯一直延续到 20 世纪 60 年代。

按笔者理解，当时的人们，对于把广宁门叫彰义门这件事情，意味着从外地到了北京的终点站，这是一个标志性名称。至于这个名称与这个地点是否准确，是否对应，是没人在意的。就像我们从外地回北京，到达的是北京南站还是北京西站是不重要的，反正是回到了北京了。几百年来，在那些从外地来北京的人的心目中，到了彰义门就是到了北京城了，至于正宗的彰义门已经拆了几百年了，现在的彰义门并不是彰义门，这些都不重要，都没有必要去刨根问底。这就是笔者对老北京人管广安门叫彰义门的分析。

三、广渠门叫广渠门儿、大通桥门儿、沙窝门儿

说完广安门，再说与之对应的广渠门儿。广渠门是北京外城唯一朝东建造的城门，广渠门儿的箭楼并不高大，城楼仅一层，廊面阔五间，单檐歇山顶，四周有回廊，箭楼为单檐山顶，正面及两侧各辟箭窗二层，正面每层 7 孔，两侧每层各 3 孔，共 26 孔。箭楼下开拱形门洞。永定门、广安门的箭楼就够小的了，广渠门儿的箭楼的外形与永定门、广安门的箭楼相近，只是又小了一些。广渠门儿的瓮城呈弧形，和永定门、广安门的瓮城相比，是小得可怜了。当然历届的朝廷都是叫广渠门，绝不会叫广渠门儿的，老百姓就不

管这些了，就是管广渠门叫广渠门儿。广渠门儿还有两个别称，都是老百姓叫的，一个是大通桥门儿，叫大通桥门儿是因为早先，在广渠门儿外往东1里多地就是通惠河，在河上有座桥，叫大通桥，所以老百姓们就管广渠门儿叫大通桥门儿，后来朝廷把通惠河改道了，往北挪了，把大通桥也改建到了东便门儿的外边了，所以就没人管广渠门儿叫大通桥门儿了，就叫沙窝门儿了。沙窝门儿是什么意思呢？那时候广渠门儿外买卖、字号极少，住家户也不多，有几座孤零零的寺庙，寺庙周围是一些菜地，还有很多的坟地和闲置着的荒地，北京城的很多座城门外都有坟地，但是数广渠门儿外头的坟地多。说到老北京的坟地，一般分两种，一种是有主儿的坟地，有墓碑，有人定时打扫，甚至还有看坟的；另一种是没有人管理的坟地，就是一个个坟头，连墓碑都没有，等于是没主的野坟，老北京人管这种坟地叫"乱葬岗子"。在广渠门儿外就有不少的乱葬岗子，在旁边的荒地上，有附近杠房（在旧社会负责出租殡葬用具和提供人力、鼓乐等的铺子）安排人挖的一些"半大坑"（就是不够长，也不够深的墓穴），如果谁家死人了，找到杠房了，杠房再派人把坑加大、加深，挖至符合埋葬灵柩棺材的尺寸。挖了这些半大坑，等待埋死人，在过去的殡葬行业内叫"等坑"。这类"等坑"当时起两个作用：一个是已经挖得差不多了，再挖就省事儿了；第二个是挖了"等坑"，这块地方就等于被这座杠房占上了，谁家死了人，就得找杠房交钱，就不能私自在这里埋棺材了。"等坑"俗称"沙窝子"。由于广渠门外这种沙窝子很多，因此老百姓们就管广渠门儿叫"沙窝子门"，简称"沙窝门儿"。由此可见，当年的广渠门儿外是多么的贫穷、荒凉。北京外城七座城门，最繁华的是广安门，最荒凉的是广渠门儿，一西一东，两座城门形成了强烈的反差。

四、左安门叫将擦门儿或者礓礤门儿

下面再说左安门，左安门是北京外城朝南建造的三座城门中靠东头的那座城门。左安门的城楼为单层单檐歇山式，面阔三间，通宽 16 米，进深一间，通进深 9 米，高 6.5 米，城楼连城台通高 15 米；左安门的城楼与广渠门儿的城楼一样矮小。左安门箭楼为单歇山小式，灰筒瓦顶；面阔三间宽 13 米，进深一间宽 6 米，高 7.1 米，楼连城台通高 16.6 米；其南侧面辟两层箭窗，每层 7 孔；东西侧面亦辟两层箭窗，每层 3 孔，侧面正中辟过木方门。可能有人问，你不是说外城的七座城门在口语中只有永定门、广安门不带儿化音吗？听你说这个左安门不是也没有儿化音嘛。是的，左安门是不带儿化音的，但是这是朝廷的叫法，其实老百姓对左安门根本就不叫左安门，叫什么呢？叫将擦门儿或者礓礤门儿。对于为什么管左安门叫礓礤门儿，民间有三个说法：一个是说左安门的城门洞非常窄，宽一点的马车将擦着门洞过去，所以叫将擦门儿。第二种说法是，曾经的左安门瓮城外是个下坡儿，为了方便通行，朝廷就在左安门瓮城外的下坡处用条石砌了一段的礓礤，什么叫礓礤呢？就是在坡度较大的地段上，本应设台阶，可是台阶不方便马车通行，就把斜面做成锯齿形坡道，就像现在好多地下车库门口的斜坡，水泥划成一棱一棱的，对于这种斜坡的建筑形式，在我国古代就叫"礓礤"，所以大家就管左安门叫礓礤门儿了。第三种说法是说左安门一带原来是坑坑洼洼的蔓荒野地，建了左安门之后就用碎石铺了一条路，这路面铺得还是坑洼不平，走起来深一脚浅一脚的，路面就像是一段一段的"礓礤"。老百姓对这样的路面不满意，所以就讽刺地称左安门为"礓礤门儿"。一共是三种说法，究竟哪一种正确已经无法考证了。不过笔者还是倾向于第二种说法，就是在明末清初，左安门外确实有一段坡道，朝廷安排用长条石头砌成了礓礤，所以老百姓都管左安门叫将擦门儿或者礓礤门儿。

五、右安门叫南西门儿

下面讲到右安门。右安门规制和左安门是一样的，也都是在明朝嘉靖年间建成的，后来在清乾隆十五年（1750）又加盖的箭楼。在乾隆五十一年（1786）又对箭楼和城台进行了修葺。右安门有什么特点呢？刚才笔者说，外城的七座城门，最繁华的是广安门，最荒凉的是广渠门儿，而最有特点的则非右安门莫属。什么特点呢？不是有什么高大的建筑，也不是有什么特殊的名胜古迹，而是浑然天成的自然风景。可能朋友们又发现，右安门这不是也没有儿化音吗？是的，右安门是朝廷的叫法，老百姓是不管这座城门叫右安门的，那叫什么呢？叫南西门儿。因为这座城门是外城南垣最西边儿的那座门儿，所以叫南西门儿，可不是西南门儿。

六、东便门叫东便门儿

下面再说东便门儿。东便门儿城楼为单层单檐歇山小式，灰筒瓦顶，前后开过木方门，前后无窗；两侧有窗，面阔三间宽11.2米，进深一间深5.5米，高5.2米；其城台正中辟过木方门，楼连城台通高12.2米。大家可以看到，高矮、大小都和广渠门儿、左安门、右安门的城楼差不多，明显的区别是城门洞的上边是方的，门洞上面有一根过木，而不像那几座城门砌了拱，是圆形的。也就是施工更简单了一些。通过城门洞可以看到东便门儿的箭楼的门洞是外圆内方的，很有意思。东便门儿的箭楼单层单檐硬山小式，灰筒瓦顶，南背面辟过木方门，东、西、北三面辟箭窗，每面2层，北面每层4孔，东西面每层2孔；面阔三间宽9米，进深一间深4.6米，高4.7米；其城台正中辟门，外侧（北半侧）为拱券顶，内侧（南半侧）为过木方门；楼连城台通高 10.5 米。经过比较就会发现东便门儿的箭楼比那几座箭楼又小了一些、简陋了一些。东便门儿瓮城为半圆形，东西宽 27.5 米，南北长 15.5 米，瓮城里没有庙宇和其他建筑。老北京人管这里都叫东便门儿，绝没有叫东便门的。

七、西便门叫西便门儿

最后说说西便门儿。西便门儿城楼为单层单歇山小式，灰筒瓦顶，四面开方门，无窗；面阔三间宽 11.2 米，进深一间深 5.5 米，高 5.2 米；其城台正中辟过木方门，楼连城台通高 11.2 米。西便门儿的建筑尺寸与东便门基本是一样的，出于同一种原因，老北京人管西便门都叫西便门儿。

京门掌故

都城城门的故事

买前门楼子的故事

老北京人对于爱吹牛的所谓有钱人，习惯说一句讽刺他们的话：有钱你买前门楼子去呀！其实这是北京的一句老话儿，流传了有近 100 年了。笔者现在就说一说这句话的出处。

在 1922 年进行了第一次直奉战争，曹锟领导的直系军阀获胜，控制了北京政府。在 1922 年 5 月 19 日，他任命了刘梦庚担任京兆尹。说起这位刘梦庚可了不起，他是天津人，曹锟也是天津人，他们俩是盟兄弟。

刘梦庚早年在天津教会学校学习，受过良好的西式教育，精通英语、法语、日语、德语、俄语、拉丁语、希腊语等七国语言，毕业后在教会任职。1902 年考入北洋陆军军医学堂第一期，后赴美国留学，毕业后派充曹锟营任军医官。民国时期历任直隶督军署军医课课长，保定陆军军医院院长，直、鲁、豫三省巡阅使参仪，1918年署理军医总监，1919 年任天津造币厂厂长，1920 年任直系军驻北京办事处长，直鲁豫巡阅使公署侦缉处处长，他当时是直军驻北京的代表，全权代表曹锟。同时兼任第二十六师驻京办事处处长等职。1921 年 2 月晋升少将，1922 年 2 月晋升中将。他是北洋政府时期著名的政治家、医学家、军事警察，也是直系军阀的灵魂人物，是直系诸多重大事件的幕后策划者和组织者。例如在 1919 年他就给曹锟出主意，他说已经找到了皖系军阀的致命弱点，但是必须要先联合奉系的张作霖才能打败皖系的段祺瑞，然后再打败张作霖，就可以一统天下了。曹锟听从了他的高见，果然经过 1920 年 7 月 14 日至 19 日，6 天的直皖大战，以曹锟、吴佩孚为首的直系军阀，联合奉系军阀张作霖击败了以段祺瑞为首的皖系军阀。仅过了一年多，曹锟继续按他的计谋于 1922 年 4 月 28 日发起了第一次直奉战争，到 5 月 5 日，不到 10 天的工夫，战胜了张作霖的奉系军阀。

刘梦庚担任京兆尹之前，已经在北京生活两年了，看到了北京城里市容市貌的脏乱差。他担任京兆尹之后的第一件事情就是安排人查北京市政府的财务账，想了解一下北京市的财政收支情况，想在财务部门拿些钱，改善一下北京城的环境卫生，做点儿得人心的事儿。这一查不要紧，他发现近年来北京市的财政收支严重不平衡，已经到了入不敷出的程度。改善环境卫生的事情，暂时是做不成了。

刘梦庚仔细分析了一下，北京市的财政收入来源主要依靠税收，可是各个工厂、商店、饭店都是照章纳税的，很难再增加了。而北京市财政支出的项目就太多了，大头儿是市政公务人员的工资支出，但是市政府工作人员的工资已经出现了拖欠的现象。自己接了这么一个烂摊子，怎么办呢？他苦苦思索了两天，想出了办法。

刘梦庚上任一个星期后，让人通知从前门到天桥，所有大买卖字号的负责人到市政府开会。这些人接到通知，知道是新上任的京兆尹召集开会，那是不敢不来的，所以都按时参加了。刘梦庚对大家说，我上任查了账目，近年来在座的诸位，都是奉公守法的商人，都照章纳税了，我向各位表示感谢！但是现在北京市的财政入不敷出、寅吃卯粮，我又不想给大家提高税率。我想了一个办法，就是把正阳门箭楼和城楼出租出去，正阳门箭楼和城楼是国家的资产，谁也没有权利买卖，我说的是出租，北京市政府是出租方，每年的租金为大洋 10 万元，租期三年，30 万元一次交齐，租金作为市政公用。承租方在这三年里可以在正阳门的箭楼、城楼上依法经营各种商品，可以张贴广告，开展各种活动，这些行为受到市政府的保护。但是在租赁期间，承租方有保护这两座建筑的义务，不得给建筑造成任何损害。当时听了刘梦庚的讲话，参会的绝大多数人觉得出租前门楼子是在敲竹杠，和明抢钱差不多，可是这些人都知道刘梦庚的背景，都是敢怒不敢言，只好都装聋作哑，推脱说没那么多钱，租不起。

可是有一位参会人员可不是这么想的，这位就是长春堂药店掌柜张子余。他从刘梦庚的讲话里听到了商机。散会后，他立刻回到长春堂，与药店老板孙三明商量承租前门楼子的事宜。长春堂药店是哪一号呢？他为什么敢租前门楼子呢？

原来在清朝乾隆年间，北京有位走街串巷的游方郎中，此人为山东道士孙振兰，人们俗称其为孙老道。孙老道在给人治病的同时主要是卖他自己研制的消暑的"无极丹"和用鼻子闻的药"避瘟散"，经多年的走街串巷，攒了些钱，也不太多，买不起好地段的房子，在乾隆五十五年（1790）就买了前门大街南侧鲜鱼口胡同里的长巷头条北口的几间房和一个院落，挂上了"长春堂"的字号，形成了前店后厂的经营方式，结束了游走郎中的生活。这生意是越做越好，一晃儿就过去了130多年，长春堂药店是挣了钱了，发了财了，领头人也传到了孙三明这辈儿了，可是长春堂的发展也遇上"瓶颈"了，虽然都说"好酒不怕巷子深"，但是这鲜鱼口胡同里的长巷头条北口的长春堂和珠市口的南庆仁堂药店，和大栅栏里的同仁堂药店怎么比啊？地理位置限制了长春堂的发展，所以急需在繁华的地段找一处比较大的铺面房，来做大做强，才能更好地发展。

就在这个时候，刘梦庚代表政府出租前门楼子，还没人愿意承租。孙三明一听，这真是天赐良机啊，他和自己聘用的掌柜张子余一拍即合，就花了 30 万现大洋把前门楼子租下来了。孙老板租下前门楼子后，立即给予充分利用。他在城楼上不仅开了药店，还开了百货商店、娱乐园、戏院，同时又在城门洞两边张贴和悬挂了很多的广告。前门楼子在市中心，老百姓不认为是租前门楼子，就认为是长春堂药店把前门楼子给买了。这件事本身就有极强的广告效应，再加上从来都是闲人免上的前门楼子，这回可以随便上了，谁不想上去看看啊。所以到这里来购物的、听戏的，人山人海，一下就让长春堂出了大名了，结果没过多长时间孙老板就把 30 万给赚回来了，刘梦庚也通过出租前门楼子得到了 30 万元，缓解了北京市财政的窘境。这件事情成了互利互惠、两全其美的好事儿。

时间过得飞快，一晃儿长春堂药店在正阳门上经营了两年多了，刘梦庚也是无意之中为长春堂的发展助了一把力。另外，在刘梦庚担任平津府尹期间还为北京的老百姓干了两件好事。第一件是 1923 年北京永定河发大水，刘梦庚要求冯玉祥部队抗洪，当时冯玉祥不敢得罪刘梦庚，所以要求属下官兵都要卖力气抗洪，自己还亲临抗洪一线，控制住了永定河的水势，避免了河水的泛滥，使北京城的老百姓逃过了一劫。第二件是在近代中国历史上最早创立植树节有刘梦庚的功劳，他不但固定了每年植树节的日期，并且还带头到石景山附近去植树造林。这两点还是值得人称道的。

1924 年第二次直奉战争爆发了。让曹锟没想到的是冯玉祥反水了，在 10 月 23 日傍晚，冯玉祥率领他的人马撤出了前线，回师北京，发动了北京政变，软禁了曹锟。刘梦庚一看不好，赶紧跑回天津老家了，北京就换了王芝祥当平津府尹了。孙三明一看，天下大乱、前途未卜啊，心说，别再谁看我挣钱眼红，出什么幺蛾子吧，得了，见好就收吧，他就以"无能力维修保护"为说辞，分文不要，把前门楼子又退还给了北平市政府。从此雄伟壮观的正阳门依然屹立在那里，依然闲人免上，曾经长春堂药店在这里红红火火经营的场景，就像刮了一阵风，风过之后就像什么也没发生过，幸亏笔者的长辈们知道这段特殊的历史，他们告诉给了笔者，笔者才能在今天写给朋友们看。

这件事虽然就这样无声无息地过去了，可是对于长春堂的发展可就不一般了。长春堂不单单是赚了大钱了，不单单是知名度大大提高了，他们自此搞起了多种经营，先后在鲜鱼口一带开设了印刷厂、棺材铺、饭馆、副食店、亿兆百货商店，又在东晓市开了木厂，在地安门开设了仁和堂药铺，还在外地开了多家长春堂分号，掌柜张子余被 20 世纪 30 年代的北京商界称为四大巨子之一。当时北京曾流传着顺口溜："三伏天，您别慌，快买闻药长春堂，抹进鼻里通肺腑，消暑去火保安康。"当然，这就是后话了，不过就因为这件事还给北京城落下了一句话：你有钱啊，有钱买前门楼子去啊。意思是你比得了长春堂的孙老板吗？这句"有钱你买前门楼子啊"的话，现在还有人说，可是知道这句话全部含义和来历的人已经是少之又少了。

崇文门的崇文铁龟

明朝时崇文门的瓮城里面右侧是关帝庙，左侧还有一座小寺庙，叫镇海寺，在镇海寺里有一只铸铁的大龟。据传说这座镇海寺和大铁龟是在明朝初年，姚广孝设计建造北京城时占了苦海幽州龙王的地盘，龙王率领龙子和姚广孝斗法，结果姚广孝把龙王和龙子斗败了，用铁锁链把龙王锁在了北新桥旁边的井里。龙王问，你什么时候放我出来呀，姚广孝说什么时候桥旧了，就放你出来，然后就给这座桥起名北新桥，无论多少年也叫新桥，龙王永远也出不来

了，这是传说中的北新桥的来历。崇文门瓮城里有个海眼，姚广孝
要把龙子关在这个海眼里，说你是自己进去还是我把你赶进去。龙
子问，要是进去，你什么时候放我出来啊？时间短了我就忍了，时
间长了我可不干！姚广孝说："只要你听见这座城门开城门的时候
打点，就可以出来了。"龙子听了一想，每天早晚开关城门的时候
都要打点啊，很快我就能出来了，心说那我就忍了吧，于是自己乖
乖地钻进了海眼。没想到打这儿起，姚广孝就安排崇文门开城门、
关城门不再打点，改为撞钟了，所以龙子也永无出头之日了。但是
姚广孝只是把龙子关在海眼里，并没有锁上，所以姚广孝不放心，
担心它什么时候钻出来就麻烦了，所以就安排下人铸造了一只大铁
龟，压在了海眼上面，为了避免别人移动铁龟，又围着铁龟建了个
寺庙，叫镇海寺，嘱咐寺庙的方丈，任何人不得移动铁龟，所以就
有了崇文铁龟之说。当然用铁龟压着海眼，防止龙子出来只是个传
说，朋友们别当真。但是崇文门瓮城里曾经有座镇海寺，镇海寺旁
有只大铁龟是确有其事。到清朝后期，镇海寺逐渐衰败了，大铁龟
也不知去向了，只有崇文铁龟这个说法流传至今。

东直门的东直雕像

在明朝的时候，东直门的瓮城里不但有一座关帝庙，而且还有
一座药王庙，那时候穷老百姓一般看不起病，得了病之后，家里有
几个钱的，找坐堂的大夫或者走街串巷的江湖郎中，没钱的，儿女
们就上药王庙里磕头许愿，求药王保佑家里病人早点儿好了。也有
人在药王庙拜完之后，要一些药王庙香炉里的香灰，带回家给病人
喝了，其实这哪里管用啊，可是据传说，来东直门瓮城里药王庙磕
头许愿还挺灵验，有不少的病人真好起来了，所以这座药王庙是远

近闻名。而且这座药王庙中供奉的药王孙思邈的雕像，制作得与众不同，雕刻得是极为精细、漂亮，所以老北京人管这里叫"东直雕像"。后来到了清朝后期，药王庙消失了，但是东直雕像成为一个传说，流传至今。

德胜门的德胜祈雪

在清朝的乾隆年间，有一年，天大旱，很多地区种的庄稼颗粒无收。受了灾的老百姓扶老携幼，背井离乡，沿途要饭，纷纷逃难、迁徙，灾区的官员就把这种情况上报给朝廷了。朝廷也没有什么好招儿啊，乾隆皇帝知道了，也是心急如焚，赶紧安排人到灾区去放粮赈灾。等到第二年的冬末春初，乾隆帝出京城北行，去明陵祭祀，返回的路上行至德胜门处喜逢天降大雪，下大雪就意味着能有个好收成。乾隆帝龙颜大悦，随即让手下人笔墨伺候，即兴写了一首五言律诗：春祀还宫内，路经德胜门。文皇缅高祖，渺已实无孙。力取权弗取，德尊果是尊。微尘郊外有，望雨复心存。

写完诗，传下圣旨，要求"刻石立之，以慰天公"，就是让下人们制作一通石碑，把这首诗刻在碑上，以告慰上天，感谢老天爷下雪。下人们立刻照办，制作了一块精美的汉白玉的碑，和燕京八景的碑大小差不多。这碑立在哪里呢？诗是在德胜门作的，就立在德胜门吧。当时在德胜门瓮城中有一个同兴德煤栈，于是碑就立在了同兴德煤栈的西侧了，并且在石碑四周建了一座黄琉璃瓦，重檐四角攒尖顶的亭子。这里既有皇上题诗的碑，又有非常精美的御制亭子，所以声名大震，成了一处风景，誉满京城，往来客商行旅见此碑无不下马阅之，甚至有些居住在很远的地方的人听说了，都特意来此观看"德胜石碣祈雪碑"。碑亭东侧的同兴德煤栈的生意也随之日益兴隆，老板觉得是碑亭给他带来的财运，所以逢年过节带头清扫、祭奠。从此德胜祈雪就名扬京城了，因为这是乾隆皇上题写的石碑，所以德胜祈雪要比崇文铁龟、东直雕像的名气大得多。这是哪一年的事情呢？主要有两种说法，一种说法是乾隆二十二年（1757），还有一种说法，说是乾隆四十三年（1778），笔者倾向于是乾隆四十三年（1778）。因为在清朝官修的规模最大、编辑时间最长、内容最丰富、考据最翔实的北京史志文献资料集《日下旧闻考》中没有提到这座碑。《日下旧闻考》是于乾隆三十八年（1773）开始修订的，所以这应该是在乾隆三十八年（1773）之后的事情了。据说在新中国成立后的 20 世纪 50 年代初，这座德胜祈雪碑亭还在，"文革"时期肯定是没有了，但是已经说不好是什么时候拆除的了。

宣武门的宣武水平和宣武午炮

明朝在宣武门瓮城内有砖砌的五火神台。宣武门在北京内城的九座城门里是相对比较低洼的地方，雨季时城内积存的雨水多从此经过，流出城外，日久天长，看城门的兵士就以此五火神台，也就是这个砖台为记号，或者为标准，一旦看到瓮城里的积水快和砖台平了，即使是夜间，也要赶紧打开瓮城东侧闸楼下面的城门，宣泄城中雨水。如果水淹没了砖台，没有及时地把闸楼下面的城门打开，由于城门是往里开的，城门被水拥堵，就很难打开了。同时假如雨水已经淹没了砖台了，也就说明在北京城里已经形成水灾了。比如光绪十六年（1890）北京地区连降 40 天大雨，使得"都门浮潦，屋壁皆颓"，也就是房倒屋塌了。宣武门内水深没人，按现在的尺寸，水深大约有 2 米，宣武门瓮城闸楼下面的城门因为没有提前打开，结果再想开的时候就打不开了，眼看着雨水越积越多，水位越来越高，给所有的人都急得够呛，可都没有办法。那时候也没有什么机械设备，这如何是好啊？后来不知是哪位高人出了个主意，说把外国进贡来的大象给请来试试吧，大象又高又大，又有力气，没准能把城门拉开。正好饲养大象的象房就在宣武门里边，往西不远的象来街，把守城门的官兵就赶紧到象房和管事的一说，管事的也在水里泡着呢，也着急啊，挺痛快就带着人，把几头大象牵来了，看守城门的兵丁又赶紧找了好几根非常粗的绳子，连起来，一头拴在了大象的身上，另一头让水性好的军士拿着，游到城门洞，系到城门上，然后就提心吊胆地让看象的人轰这些大象，为什么提心吊胆呢？主要是担心万一大象拉不动城门，不但白耽误工夫了，而且可就没有别的招儿了。结果就见饲养大象的人一招手，几只大象慢慢悠悠地迈动着象腿，晃动着身体往前走，没费吹灰之力就把城门拉开了。大家这才把提着的这颗心放下来了。眼看着城门打开了，城里的积水排泄出去了。把守城门的官兵们松了一口气，后来再下雨，军士们再也不敢掉以轻心了，时刻观察瓮城里的积水到了五火神台的什么位置了，从此人们就将此砖台称作"宣武水平"了。这就是宣武门"宣武水平"的故事。

宣武门还有一个别称、一段故事，就是"宣武午炮"的故事。

明清两朝城内报时是靠钟鼓楼上钟、鼓之声。1924 年以后，北京的钟鼓报时声不再响了，取而代之的报时方式是午时鸣炮。鸣炮的时间是正午 12 点，鸣炮的地点开始是在宣武门城楼旁的城墙上，使用的炮是两尊退役的德国克虏伯野炮。放炮的声音巨大，声震南城，人称"宣武午炮"。声音有多大啊？据当时的报纸记载，首次鸣炮就震塌了城墙下的两间民房，笔者估计这两间房肯定也是年久失修的危房，经不起剧烈震动。可是那时候危房挺多的，别再震塌了，于是当时的京兆尹就决定把两门炮分开，其中一门炮给挪

到北城德胜门至安定门之间的城墙上，南北城各一座，震动力减了
一半，后来再也没有听说震塌房的事情。火炮分开了，可是老百姓
仍然叫"宣武午炮"。这个中午鸣炮报时的制度一直延续到 20 世纪
30 年代，由于鸣炮也需要费用，每天都要花钱，当时的市政府舍
不得了，最后停止了这项费力不讨好的报时活动。宣武午炮也就空
有其名了。

彰义门的彰义金人

说彰义门，其实就是明朝嘉靖年间在北京建外城时建的广宁
门，只不过北京的老百姓都管广宁门叫彰义门。传说在清朝乾隆年
间重建广宁门城楼的时候，挖地基挖出来一座石头雕像，雕的是三
位挨在一起的成年男人，看雕刻的服饰，像是蒙古族人的服装。当
时的施工人员觉得这是个大事，就上报朝廷了，朝廷就派了几位能
人到施工现场察看。据说当时找的能人仔细看了看，说这尊雕像是
金朝的遗物，雕刻的是女真人，很可能雕的是金朝的三位领导人
物。确实，广宁门一带正是金朝的金中都所在地。朝廷一看，那现
在挖出这个物件说明了什么呢？是上天暗示给我们什么信息呢？我
们应该怎么处理这尊雕像呢？还得请高人指点呀！高人说了，既然
是上天让我们在这里把它挖出来，就是不想让我们把它毁了，我认
为既然是在这里挖出来的，就意味着还要继续安放在这里，只不过
原来是埋在地下，现在出了土了，就意味着它要见天日了，等城楼
建好之后，就要把这个雕像放置在城楼上面，让它享受日月光华。
乾隆皇帝一听，有道理！所以就决定，等建好广宁门城楼之后，把
这个雕像摆在广宁门城楼的二层上。结果在北京内外城所有的城门
中，只有广宁门城楼的二层上摆了这尊硕大的石头雕像，与众不

同。因为老百姓都管广宁门叫彰义门，雕的又是金朝人，所以老百姓就叫它彰义金人。还有人说因为彰义门城楼上的石头人，每天在晚霞的照耀下，发出金色的光芒，就好像是三个金子做的人，所以叫彰义金人。这是两种说法，其实是一个故事。

右安门的右安花畦

右安花畦的花畦就是指种花的田地，又称"花池子"，也就是说右安门外就像一个大花池子。右安门外不但自然风光漂亮，而且自古以来，右安门外的水就特别好，据清朝道光年间写成的《鸿雪因缘图记》里记载：十里草桥，方十里，皆泉也。这里指的就是右安门外的草桥。书中还说：草桥众水所归，钟水田者资为利。有莲池，香闻数里。清朝孙承泽写的《春明梦余录》也写着：泉源涌出，为草桥河。这就是说，以前的这里到处都是泉眼，泉水汇合到一起就是草桥河。这里不但水好，而且土也特别好，这里不是黑土地，全是上好的黄土，所以这里比较有名的地方就叫黄土岗，有好水，有好土，是最适合种花儿的地方了。清朝道光年间的《鸿雪因缘图记》载：前后十八村，泉甘土沃，养花最宜，故居民多以种花为主。这里的十八村，就是指草桥、黄土岗、樊家村、白盆窑一带。确实，根据史书记载，这里种花的历史可追溯到两千年以前的春秋战国时期。从汉到隋唐，从辽金到元，右安门外的很多人家都是以种植花卉为业，特别是到了元代，这里的花卉种植已是颇具规模，基本上占据了北京城绝大多数的鲜花市场，据称草桥万柳园内"名花万木，为京城第一"。到了明清两朝，逛庙会已经成为北京人的时尚，而北京各个庙会的鲜花市场，基本上被右安门外种植的鲜花占领了，包括最为知名的"五大庙会"，即隆福寺庙会、护国寺庙会、白塔寺庙会、土地庙庙会和花儿市火神庙庙会。一听这五大庙会的名称，大家可能以为这五大庙会之中，一定是花儿市火神庙庙会中卖鲜花的花农最多，规模最大。花儿市嘛！其实可不是这样的，花儿市火神庙庙会之所以是北京城唯一叫花儿市的庙会，不是因为这里卖鲜花闻名，而是因为这里是以制作和销售纸花、绢花、绒花而出名的。当时有"天下绢花出北京，北京绢花出花儿市"的说法。

要说销售鲜花规模大、品种多，还得说是土地庙庙会。土地庙的地址在宣武门外下斜街，早先叫槐树斜街，这里距离右安门非常近，所以每个月的初三、十三、二十三，这三天开庙的日子，花农们都要带着最新鲜、最漂亮的鲜花来这里销售，相比之下，这里鲜花的数量之多、品种之全，远超其他的庙会，姹紫嫣红，五彩缤纷，深受京城各界人士的喜爱。北京城里的居民，不但喜欢在庙会上买右安门外花农种植的鲜花，而且还愿意在春天郊游踏青的季节到右安门外去观赏花卉。春季出城踏青，是京城文人墨客和富贵之家的传统。由于北京周边比较知名的适合春天郊游踏青的山水风景基本上为皇家或贵族们占据了，所以城里的老北京人到城外踏青可去的地方并不多，一般城里东半部的人喜欢去"菱角坑"，就是位于北京朝阳门外迤北护城河东岸的一个大湖，它三面环水，西依护城河，坑里生长着菱角、莲藕、老鸡头等水产品，而其中最多的是菱角，这大概就是"菱角坑"名称的由来吧。这里的天然景色优美，是比较适合春天踏青郊游的。而西城的人踏青一般是去西直门外的高梁桥一带去长河看柳，高梁桥下边的长河之水是从颐和园流过来的，绿水潺潺，清澈见底，河两岸绿草成茵，柳树更是一片嫩绿，这里确实是春天郊游的好去处。而且在当时春天的高梁桥旁，长河两岸，有不少打把式卖艺的、练杂耍的，挑着挑子卖各种小吃的、卖大碗茶的，这既是迎合了踏青人们的需求，也是商贩们赚钱的机会，而且显得非常之热闹。老北京谚语有"清明不插柳，红颜变皓首""清明不戴柳，死后变黄狗"之说，所以到高粱桥一带游玩的人，大多在长河两岸折下一些柳条，编成柳条圈，戴在头上，再用柳条做个口哨，一边吹着，一边心满意足地踏上回家的路。这说的是北京东城、西城的一部分人，但是城里更多的人，尤其是南城的文人墨客基本上是要去右安门外赏花踏青的，曾有人作诗曰：四月春河芍药开，千红万紫簇丰台；相逢俱是看花客，日暮歌笙夹道回。说的是在每年的春暖花开的季节，北京城里的人纷纷到右安门外看花儿，所以右安门也被称作"花门"，因此就有了"右安花畦"之美誉。

来到右安门外所看到的花卉，不但比庙会里的花数量多、品种全，而且要买的话，价格也比庙会上的便宜得多，所以赏花踏青的人基本都要买些鲜花带回家。鲜花得用花盆装啊，这就让聪明人看到商机了。原来这个地区有个给朝廷烧制瓷器的窑场，后来朝廷看到这里烧的陶瓷没有景德镇烧得精美，就把这里的瓷场放弃了，瓷场立马就没生意了。有一户姓白的烧瓷人，正为没有生意发愁呢，一看，花盆有市场啊，而且需求量巨大，就放弃烧制陶瓷制品了，开了个窑口，改烧各种花盆了。嘿！供不应求啊，一下就发了家了，后来连这个村都改叫白盆窑了。直到现在，这个村子还在，还居住着几户白姓人家。据说他们就是烧花盆的白家的后代。再后来，右安门外的黄土岗地区种的花最好，大家就称呼黄土岗为花乡，这个称呼逐渐就名声在外了，到了新中国成立初期，国家各大机关、部委里种花的人、花把式基本都来自黄土岗地区。1958 年 8 月 28 日，在人民公社、"大跃进"运动中，这个地区成立了政社合一的上游人民公社，下设四个大队 39 个生产队。1959 年 1 月，这个上游人民公社就改名为黄土岗人民公社，公社设立了园艺大队，专门从事鲜花生产。当时这一地区的花卉生产蒸蒸日上，给公社集体带来了很好的经济效益和社会效益，成为京郊农副业生产的一个亮点。

到了改革开放之后，为了更好地适应市场经济发展，提高黄土岗花卉的知名度，经市区政府批准，在 1987 年 5 月，把黄土岗乡改名为花乡。这是曾经的一段历史，也是北京城南花乡名称的一段来历，也是右安门的"右安花畦"的来龙去脉。

东便门的东便游船

要说右安门的"右安花畦"是老北京人春天踏青的好去处，那么东便门的"东便游船"就是老北京人夏天消暑纳凉的好地方了。那么这条游船载着游客要驶向哪里呢？听笔者慢慢说。元朝的元世祖忽必烈安排郭守敬主持修建为元大都运送各种物资的漕运河道，郭守敬就仔细地进行了勘察，他经过深思熟虑，巧妙地利用了原来就有的高梁河，略作调整与疏通，从至元二十九年（1292）开工，到至元三十年（1293），不到两年就完工了，完工之后漕运的粮食和各种货物就能够直接运到元大都，到城里的积水潭了。元世祖忽必烈看了甚为高兴，将此河命名为通惠河，由于京城至通州落差很大，上游水源又不足，为了使河道能存住水，以利行船，郭守敬就从东便门附近的大通桥至通州，加固和重建了五座闸口，这样使通惠河每一河段都有充足的水源。到了明朝初年，通惠河上游的水源减少，从万宁桥到崇文门外的河道已不便漕运。漕运只能到东便门外的大通桥下了，因此通惠河当时又叫大通河。到清光绪二十六年，也就是 1900 年，由于上游水源进一步减少，河道淤塞也没人疏通了，结果通惠河的漕运彻底停运，水面上没有了货船，只剩下消夏游玩的大画舫、小乌篷船，河水清澈、鸟唱虫鸣，清风习习，令游人暑气顿消。

那么这些游客坐着船，究竟要到哪里去呢？在清末民初时的京城百姓中流传着一段儿歌：劳您驾，道您乏，赶明儿请您逛二闸。两岸风光美如画，向东五里是三闸……这首儿歌就唱出了当时非常值得邀请朋友们游玩的好去处是二闸。这二闸是哪儿啊？是通惠河上的第二道闸口。根据《元史》记载，这道闸口本来叫籍东闸，在郭守敬疏浚河道之后，改名为庆丰闸，因为这道闸是出北京城之后的第二道闸口，所以北京老百姓更愿意叫它"二闸"。老北京俗语中曾有"五闸二坝十三仓"之说，其中的"五闸"就是指通惠河上的五道闸口。当时通惠河两岸，水草丰盛，树木葱茏，尤其是二闸附近的花草极其茂盛，所以确实是个值得郊游的好地方。人们观赏之余自然忘却了烦恼与忧愁。所以东便门的东便游船指的是北京城里的有钱人在夏天从东便门乘坐游船到二闸游玩避暑。人们从东便门出发，或乘画舫或坐乌篷小船，沿通惠河东下，河两岸花草鲜美，落英缤纷，扁舟叶叶，雾霭茫茫；潺潺的水声，呱呱的蛙鸣，还有孩子用苇叶吹出的芦笛声，伴着鸟儿的歌唱，听着是那么和谐欢快；花的芬芳，草的清香，融入充满生机的大自然中，人们宛若到了江南水乡，对于久居闹市的人们来说，其乐融融是可想而知了。故自明清以来这里素有燕京秦淮的美称。在欣赏沿岸美景意犹未尽的时候，远远就听到哗哗的水声，二闸到了，此时人们弃舟登岸，以更近的距离目睹二闸之凛然气势。由于水被闸住，形成很高的落差，所以水流湍急，浪涛翻滚，宛若卷起千堆雪。当游人正惊看这水花飞溅的时候，竟然有一群当地的男童，赤身裸体地跳入激流中嬉戏。这时候，有的游人将几个铜钱扔入水中，男童们一头扎下去，少时便口衔铜钱浮出水面，游人即将铜钱赏与男童，各得其乐。岸上还有游人休息娱乐的地方，虽然只是席棚，却可以遮阳防晒；虽然是长条木凳，却可以歇脚喝茶。也可以即兴小酌，吃上些北京小吃。大饱口福之后，还可以听曲艺、看杂耍。这条通惠河在元、明、清三朝，全靠闸口控制水流，需要蓄水时，闸板落下，有汛情时，闸板拉起。每个闸口都有负责指挥闸板起落的看闸人，人们称之为闸头儿。

在二闸曾有位被称为"奇人"的管闸人，也就是闸头儿。他能根据天气情况判断何时下雨，下多大的雨，河水会涨多高，应该落几块闸板。每当汛情到来之前，他便敲起铜锣，沿着通惠河的南岸、北岸边走边高声呼喊："老少爷们儿们，起闸板喽！"只要听到这呼喊声，各家各户的男人们就像听到军令一样，马上放下手里的活计，赶紧会集到二闸闸口。接着大家就会看到一幕惊心动魄的场面，十几个男子汉赤条条地站在水中，把住闸口的绞棍，将钢钩准确地钩住闸板两头的大铁环，"嘿呦、嘿呦"地齐声喊着号子，齐心合力地把闸板推到一边，河水瞬时向东冲泻而下，场面特别壮观。这个二闸原来有十三块闸板，后来二闸这个闸口废弃了，仅保存下一块闸板，历经多年却丝毫没有糟朽，当地人称"万年青"。二闸这地方的景色真是别有特色，其主要特色突出在"水"上。二闸的水势猛，凛然气势如飞珠泄玉、寒星激进，似狂飙卷起千堆雪，似银蛇浮蹿激流中，这在从来看不见潮汐的北京，可谓一奇观。二闸不仅是老北京人览胜之地，更是老北京人夏日消暑的好地方。消暑伴随着娱乐，这是老北京人最引以为豪的。放眼水中，三三两两的游船载着游人荡行水面，尤其是那一艘艘大船每船载着二三十位游客，撑篙缓行于水面之上，让游人尽情享受水面阵阵凉风，浏览两岸风光；小舟则尽显泛舟者争渡之快意。一般乘坐大船的游客，都是在东便门外集体坐船，沿水面缓缓而行饱览两岸景色。而二闸两岸繁茂的树木主要是垂柳和老槐树等，那槐柳交覆汇为阴凉的两岸地面又是游人乘凉歇息的胜地。据说二闸这地方在清末民初之时极为热闹。尤其是每逢夏季，北京城里的人们都争相到此来赏览野景，消暑解乏，人人趋之若鹜。二闸两岸绿树葱郁，庆丰闸北的村庄叫"二闸村"，庆丰闸南的称"庆丰闸村"，南北村落里有酒楼、饭馆、茶肆、旅店、店铺等，同时演出秧歌、舞狮、高跷、唱大鼓、说评书、唱二黄、莲花落、时调等，此起彼伏，声声环绕。闸北有龙王庙，引来八方游人进庙烧香，有颇具规模的饭馆望海楼。闸南边有更为宽敞的饭馆望东楼，美酒香飘、高朋满座。河里还时常有人放河灯，吸引无数游人至此。很多人是从大通桥下租条船来这里品茶、消遣，但也有人是从东便门步行来这儿赏景、游玩、吃美食的，来来往往好不热闹。在清代曾有人作竹枝词一首，称赞在这里可以一边品珍馐美味一边观赏窗外风景的感觉：乘舟二闸欲幽探，食小鱼汤味亦甘。最是望东楼上好，桤樯烟雨似江南。作者在词中提到的"望东楼"其实还曾经与写《红楼梦》的曹雪芹有一段故事。曹雪芹有一好友名叫敦敏，北京的风筝玩家都知道这个名字，他是清代著名的诗人、画家，常与曹雪芹在二闸相聚，友谊深厚。在曹雪芹去世后，敦敏在二闸的望东楼酒楼写下《河干集饮题壁兼吊雪芹》诗：花明两岸柳霏微，到眼风光春欲归。逝水不留诗客杳，登楼空忆酒徒非。河干万木飘残雪，村落千家带远晖。凭吊无端频怅望，寒林萧寺暮鸦飞。这首诗被后来的红学家们称为《二闸题诗》。由此可见，二闸也是文人墨客经常光顾的地方。

爱新觉罗·敦敏（1729—1796），字子明，号懋斋，敦敏与弟爱新觉罗·敦诚与《红楼梦》作者曹雪芹交好。他曾经写过多首与曹雪芹有关的诗作，在他的著作《懋斋诗钞》中就有六首直接与曹雪芹有关的诗文。后来在1947年，29岁的周汝昌先生从燕京大学图书馆发现了《懋斋诗钞》，从此他走上了研究红学的道路，这是题外话了。除了喝酒、赏景，到二闸喝茶也是当时的时尚。当时的北京城流传着一句话："要喝茶，到二闸。"二闸的茶馆很有特点，一个是多，少说得有几十家；一个是野，在漫荒野地，野花野草丛中，搭起个棚子就是茶馆。茶馆的名称起得也有特点，柳树下面的叫柳连居，篱笆墙上爬满喇叭花的叫大花障。很多人说二闸的茶馆别看简陋，可是茶水是特别的好喝。笔者估计那里的茶水好喝不一定使用了多么好的茶叶，而是客人们大夏天的，从东便门乘船到这里，都口干舌燥了，喝什么茶都是香的。

说完二闸的吃饭、喝茶，再说说二闸的风景。在20世纪二三十年代，二闸的风景在北京是相当有名气的。在20世纪30年代初，马芷庠编写、张恨水审定的《北平旅行指南》中，就在《北平东郊》一章里特别编写了"二闸"一节，他写道：两岸芦苇掩映，垂柳疏杨，夹河森荫。岸旁村舍三五，点缀其间，风景绝佳。夕阳西下，渔舟唱晚，尤具林壑景象。清季游人极盛，两岸列肆，供客游憩。茶招酒帘飘荡于密树丛林间，别饶风味……盛夏游人多时，肆主间设什不闲、八角鼓等游艺，以资招徕。这本《北平旅行指南》可是当时的畅销书，书里再现了90年前北京的许多风光。

人们之所以喜欢在盛夏来二闸游玩，一是白天的热闹，二是夜晚的凉爽。先说白天的热闹，这里除了水面上的游船、画舫，岸上的茶肆、饭馆，最热闹的当数狮子、五虎棍、高跷等各档民间花会在岸上、船上的表演。北京有句歇后语，"二闸的狮子——会浮水"，就来自这里的舞狮表演。狮子怎么会浮水呢？二闸的舞狮会，起源于明朝正德年间，那时这个舞狮会的旗标上写着：大明正德京都二闸钢铃舞太狮公益助善童子老会。据传，在清末的时候，一档太狮会在大船上表演，船一摇晃，表演黄狮的两个演员没站稳，一起跌入水中。这本是个失误，可这俩演员凭借好水性，在水中又舞动起来，留在船上的青狮子见状，也索性跳入水中，一对狮子在水中上下舞动，弄出水花四溅，煞是好看。这段故事一经传播，便有了"二闸的狮子——会浮水"的歇后语。再说晚上的二闸，人们喜欢在这里纳凉的一个主要原因是这里有块"避蚊石"。早先在二闸闸口边上有座石桥，桥面用大石块雕砌而成，在石桥南桥翅附近，有一块接近 2 米的长方形石头，上刻有一条龙，这块石头从不招蚊子，人称"避蚊石"。一到夏天，村里的人就在上面歇凉。游客们听说了，也到这块石头上乘凉。这块石头还有另一神奇之处，冬天不管下多大雪，落在石上随即融化。后来二闸被废弃了。再后来，在 20 世纪五六十年代市政府决定把庆丰闸拆除了，这块"避蚊石"也就此失踪了。再后来，政府安排在原来水闸的位置修建了汉白玉拱桥一座，名"庆丰桥"，可惜没能找回"避蚊石"。在河畔保留有元代虎皮石河墙及闸门槽，拱形结构，栏杆、板柱均采用元代建筑模式。桥西，南北两岸坡上安置重 5 吨的元代镇水兽、石刻青龙和泗马等吉祥物。闸区北岸修建仿元代屋脊式艺术壁画，壁画由三部分组成。在遗址旁，还有一通仿元的庆丰闸遗址碑，碑身文字记载了通惠河整治工程、庆丰闸遗址保护工程建成的全部历史。前几年，市政府又在通惠河南岸修建了庆丰公园，这里又成了京城一处怀古的胜地。

建都逸闻

建都城的传说

中国自古以来，就有很多的传说故事，所谓传说就不是历史，就有虚假的成分，大家就不要当真。尽管大多数的传说是虚构的，但是描述了中华民族勤劳、善良的品德，歌颂了中国人民勇敢、无畏的精神，而且这些传说往往是以不违背历史为前提的，所以是值得传颂的。下面笔者就说几个与建北京城有关的传说故事。

一箭定京城的传说故事

一、燕王朱棣为什么要迁都北京

话说燕王朱棣通过"靖难之役"夺取了皇位，当了皇帝之后，他感觉很多朱允炆的旧臣对自己口服心不服，和他离心离德。但是万万没有想到他非常信任的，接受了他赏赐的官职的景清不但和他不是一条心，而且还对他行刺，想要他的命！

景清是大明陕西真宁县新庄里寨子村（今甘肃省正宁县山河镇寨子村）人。他本姓耿，讹传为景。洪武年间中了进士。多年来，景清一直标榜自己是最忠义之人，所以，当他接受朱棣的官职担任御史大夫后，其他的大臣都在背后嘲笑他言行不一。不过，景清似乎并不在乎世人的嘲笑，该怎么做还怎么做。其实他接受这个官职，效忠朱棣都是表面现象，而他在心中早就设计了一个胆大包天的计划——刺杀朱棣。正因为景清过去就与朱棣相识，朱棣一直把他当作故人，根本没有怀疑他，所以他觉得有机可乘。景清经过精心的准备，在一天上朝的时候，穿着红色的朝服，若无其事地去上朝，其实他在怀中揣着一把短剑。然而，景清无论如何也没想到，当天早上钦天监急奏"异星告变，光芒甚赤，急犯帝座"，就是说有一个红色的东西要侵犯皇上。朱棣暗中派人做好防备，但是不知道是哪个人。上朝一看，朱棣发现景清穿的是红色的衣服，就对他格外注意。景清浑然不觉，上朝期间平安无事，下朝往外走的时候，景清有意往皇上的身旁靠，然后突然向朱棣扑了过去。没想到那天上朝之前，卫士们已经接到了通知，做了充分的准备，没等景清扑到皇上的身边，卫士们就把景清给摁地上了。一搜身，果然搜出一把锋利的短剑。朱棣勃然大怒，问景清："你拿着这玩意儿上朝是不是要刺杀朕？"景清大义凛然道："你夺走侄子的皇位，真是禽兽不如！你背叛太祖，是朝廷奸贼，全朝廷的大臣、全国的老百姓都要杀你！"朱棣气得哇呀直叫，直接下令将景清凌迟，并株连九族。株连九族之后朱棣还不解气，就又下命令，将景清老家村中的人全部屠杀了。

二、姚广孝不同意迁都北京

从此以后朱棣就经常做噩梦，梦见景清持剑追杀他，他感觉朱允炆的很多旧臣要杀他。于是找来太子少师，人称"黑衣宰相"的姚广孝商量。姚广孝 14 岁就出家为僧，在洪武十五年（1382），结识燕王朱棣，成为朱棣的主要谋士。姚广孝是明朝政治家、佛学家、文学家，也是朱棣夺取皇位发动"靖难之役"的主要策划者。朱棣对他说，景清要杀我，所幸有人密报给了我，我做了安排，才使他的阴谋没有得逞。可是我觉得还有很多人要杀我，我在这里待着是防不胜防啊！我想迁都北京，我在北京住了20多年，还是在那里安全。姚广孝听了，想了一会儿说，皇上所虑极是，要想安全，必须离开此地。但是迁都北京恐怕不妥。朱棣说，你是不是担心大臣们不愿意离开南京啊？姚广孝说，那倒不是，您是皇上，您决定了的事情，他们不同意也没用，而且我有办法略施小计就能让他们同意迁都。现在的问题是北京曾经是苦海幽州，是龙王居住的地方。俗话说，一山难容二虎，一海不居双龙，您原来在北京的时候是燕王，您管不了龙王，龙王是自由自在的，所以他与您是相安无事的，如今您是皇上了，是真龙天子了，就不一样了。您如果回北京，龙王就要归您管辖，龙王肯定心里不舒服，不舒服就要闹事，就可能搅得朝廷不安稳，天下不太平了。朱棣说那少师您能不能想个办法啊？姚广孝说，龙王肯定是不甘心离开北京城的，如果咱们把原来的北京城留给龙王，还让他踏踏实实地住着，咱们在离北京城不远的地方另建一座都城，龙王就不会闹事了。朱棣问，那先生觉得在哪里另建都城合适呢？姚广孝说，为帝都选地方那可是一件涉及江山社稷的大事情，必须详细查看风水，可不能草率行事。朱棣问，先生您看谁能当此大任呢？姚广孝说，看来只有贫僧我亲自走一趟了。朱棣说，那就有劳少师了。您看都需要做什么准备，何时动身呢？姚广孝说，既然皇上您不想在这里了，那事不宜迟，我明天准备准备，后天就走，只是这件事千万要掩人耳目，必须要做得人不知、鬼不觉，如此这般、这般如此，按这个计策而行，才可保此事大功告成。朱棣听后不由得心中大喜，也只有少师有这个神通，才想出这个奇策！

三、姚广孝寻找新国都

第二天一上早朝，姚广孝就说：启奏陛下，昨日我接到书信，北京的庆寿寺近日失火，大殿焚毁，必须翻建。我在庆寿寺担任住持多年，此次翻建我应该亲自指导监督。现在朝廷安稳，天下太平，我想去北京数日，完工之后马上回来。朱棣闻听之后说：少师为我国当今佛教之大师，又担任朝廷僧录司的左善世，庆寿寺乃皇家寺院，因此准奏。我批准从国库拨银五千两，派士兵 30 名随少师返庆寿寺从事大殿翻建工程，为期 4 个月，还希望完工后少师早日回朝。下朝后姚广孝抓紧做准备，朱棣抽调了跟随自己多年的嫡系亲兵 30 名，告知跟随少师回北京 4 个月，一切必须听从少师的安排。第三天早晨吃完早饭，30 名士兵身着便衣，怀揣银两骑着马，跟随姚广孝出了南京城的北门，顺着大道就出发了。一晃儿到晌午了，眼看着前面有个村庄，姚广孝勒住马和大家说，前面的村庄，一定有饭铺，咱们在那里打尖儿，可是到那里说话就不方便了，咱们在这里歇一歇，听我说说咱们的任务。大家伙儿下得马来，聚在道旁，姚广孝就把前天和皇上商量好的事儿和大家说了一遍。姚广孝说，你们是皇上挨个挑选的人，是皇上最信任的人，一定要把皇上交给的差使干漂亮了。大家纷纷说，放心吧宰相，这么重大的事情，我们要加一百个小心，皇上的事就是我们的事，您的事还是我们的事，您呢，就赔好儿吧。姚广孝又说，到了饭铺就不提这件事了，凡是当着外人，一律不许说这件事。大家又连忙点头称是。进了村子果然有饭馆，大家伙儿吃饱了饭，喂足了马，继续上路。

咱们闲言少叙。他们是饥餐渴饮、晓行夜宿，快马加鞭，大跑小跑，一路好跑。这一日就来到了北京城外，姚广孝说北京城里我是了如指掌，咱们就不进去了。西边是山，北边走不了多远也是山，咱们往南走吧。嘱咐士兵领班儿的，到旁边饭馆多买些烙饼、熟肉，把水囊灌满了水，一是防备赶上前不着村、后不着店的时候充饥，二是在京城附近就不打算去饭馆里吃饭了，避免招事儿。领班儿的照此办理之后，大家就信马由缰地往南溜达，累了就在向阳背风的地方半躺半坐地歇会儿，饿了就烙饼夹肉吃一顿，晚上就找个旅店洗一洗、睡一觉，这 30 个士兵感觉清闲自在得很。这姚广孝可忙得够呛，白天掐指算，晚上罗盘看，既要找风水好的地方，又要找面积足够大的地方，但是选了几个地方都不可心。这一天大家来到了一个好的去处，眼看大地宽阔而平坦，绿油油的稻田一眼望不到边，时有野鸭大雁展翅飞起，地广人稀，偶尔可见一两处村落，显得安稳而且沉静，一看就是一处要雨得雨、要风得风的宝地。姚广孝掐指一算，嗯，有点儿意思，就叫班头儿去问问当地人这儿叫什么地方。班头儿不一会儿回来说，这儿是叫飞放泊。姚广孝当时就明白了，不由得心中暗喜，这儿就是元朝皇家打猎和游玩的苑囿飞放泊（后来的南苑）啊，我说怎么这么好呢！姚广孝面上不动声色，对身边的人说，今天有些累了，咱们就在附近找旅店住下吧。住下之后姚广孝连忙从行李里面拿出罗盘仔细推算，越算越觉得这儿是一块风水宝地，越算越觉得这里适合作为明朝的都城。高高兴兴地睡了一个踏实觉，第二天早上他和士兵们说，今天咱们不去别的地方了，再在这一带转转吧。带着大家又转了一个多时辰，姚广孝在心里就把寻找都城的事儿定下来了。后来索性下来牵着马，一边溜达一边看，不知不觉地就到了中午饭点儿了，姚广孝叫大家伙儿把马匹拴在道边儿的几棵大槐树上，喂些草料，让士兵们在一堵院墙下围成一圈席地而坐，一边吃饭一边听他说话。

四、智者千虑也有一失

姚广孝说，咱们从南京出来一晃儿一个多月了，现在我可以明确地和大伙儿说，咱们寻找新都城的任务顺利完成了，不再找了，将来明朝的新都城就是这里了。正说着呢，走过来一个胖老头儿，姚广孝不再说话，大口地吃烙饼夹肉。眼看着老头顺墙角拐了过去，姚广孝继续说，这里曾经是元朝皇上打猎、游玩的地方，风水极好，我昨天晚上又仔细测算了一下，这里是非常适合建国都的。等咱们回到南京我就禀报皇上，在这里建新的都城。你们和我一起来，都是寻找新国都的功臣，都会得到皇上的奖赏。大家一听，这回可赚大发了，几个月不用出操训练，天天吃烙饼夹肉，还有重重的奖赏，差点儿乐出大鼻涕泡儿来。姚广孝又说，为什么我要带你们这30人来呢？一方面你们都跟皇上一条心，忠心耿耿；另一方面你们都身强体壮，善于骑马，等咱们回到南京之后，皇上会安排人往北射出一支响箭"鸣镝"，你们都要骑着马，准备好了，箭一飞起来你们骑着马就追，每到一个驿站就换一匹马继续追（明代在全国各地都建有驿站，每60里至80里设一个，当时叫驿递，驿递的官叫驿丞，全国共有驿站近两千个）。姚广孝说你们千万要记住，那支箭飞到这里就落下来了，就落在咱们拴马的那几棵大槐树和右边那所孤零零的碾坊之间的地上。不管你们其中是哪一位，只要看到这支皇上的御箭，捡起来就在原地不动了，等待后面的人赶上来，我将来要在箭落的地方立块碑，确定新国都的位置。30位士兵都认真地听着，心里默念道：槐树、房子、槐房，后来这里就留下了一个地名：槐房。姚广孝又对班头儿说，今天咱们回旅店好好歇息，让店主多烙些饼，多酱些肉，明天早晨咱们就回南京。果然第二天一早儿，他们结清了饭钱、店钱，高高兴兴地、踏踏实实地回南京了。

可是聪明一世、谨慎一生的姚广孝万万没有想到能在这小阴沟里翻船，为什么这么说呢？又翻了什么船了呢？原来在姚广孝对士兵们做安排的时候，在他们身边走过去的那个胖老头儿，不是别人，正是这方圆几十里大名鼎鼎的郑大老爷。那时候的京城南郊素有"八大富户"之称，这位郑大老爷就是"八大富户"之首。他不但有千顷的良田和万贯的家财，还在京西养着骆驼，在京东出租着船，这方圆十里八乡的买卖字号大多数都是他开的，姚广孝他们住的旅店就在其中，这个旅店别看地方挺大，房间挺多，可是平时客人极少，这些房间都是给郑大老爷的朋友们预备的，所以姚广孝他们刚住下，掌柜的就觉得有些扎眼，有点儿奇怪，就让店小二去告诉大管家了，说一下来了 30 多人，都是二三十岁的壮汉，都骑着高头大马，看样儿是远道而来，可又不像是住一宿就走的匆匆过客。大管家听了也觉着蹊跷，就让店小二原原本本地和郑大老爷又说了一遍，这郑大老爷，经过风雨、见过世面，可听了半天也是没琢磨透，这才迫使郑大老爷走出门来，满街溜达，本想要看看到底是些什么人，结果还就在自家墙外碰到了这些人。郑大老爷是老江湖了，这眼睛里可不容沙子，一看这姚广孝就是位与众不同之人，虽然没穿官服，但肯定是朝廷的官员，而且品级还绝对不低呢。再看那 30 多位，一定是训练有素的兵丁，只不过穿着便衣。当姚广孝看见他就假装吃饭，不再说话了，就更引起了他的怀疑，他若无其事地转过墙角，回到院里，就把耳朵贴在墙上偷听他们究竟说些什么。当时姚广孝说话是对 30 个人说的，再压低声音，音量也不算小，就忘了一句老话叫作隔墙有耳。按老北京人说是有蹲窗户根儿的，就被郑大老爷听了个一清二楚。郑大老爷一想，这是要在我们家这一带建国都啊，那我的千顷良田就全得充了公，买卖字号也泡汤了，这不是土地爷掏耳朵——崴泥了吗？可如何是好呢？他想来想去，想到建国都那不是百八十顷地的事儿，那得是方圆几十里地，南郊的"八大富户"都得受影响啊，干脆我和他们商量商量吧。

事不宜迟，他立马把管家叫来，让他拿上请帖，请那七位富户明天中午来家里吃酒，并说有要事相商。那七位富户和他是拜把子的兄弟，他不但资产最多，而且年龄最大，所以那七位对郑大老爷言听计从。今天听说大哥有请，那肯定得准时参加啊。第二天中午，七位兄弟就都来了，纷纷说，前些天刚聚会完，大哥不会是又想我们了吧，要不就是有什么急事啊。郑大老爷说是有点儿事，等酒菜上来，咱们仔细聊。等酒菜都摆好之后，郑大老爷示意让下人们全退出去了，关上了屋门，就把这几天的所见所闻仔仔细细地和这七位说了一遍。兄弟们一听，当时就愣这儿了，屋里是鸦雀无声，一个个好似凉水浇头怀里抱着冰，这心里都是哇凉哇凉的，过了一会儿才缓过劲儿来。接着，这屋里又成热窑了，二爷说，这不是要断咱们的财路，砸咱们的饭碗子吗？三爷说，真是无事家中坐，祸从天上落啊！四爷说，这不是"厨子摆手——坏菜了"吗？五爷说，这不是"老西儿跺脚——坏醋了"吗？郑大老爷说，成了，成了，打住吧各位！我是请你们来出主意的，不是听你们发牢骚的。出了这天大的事儿，时间还不等人，咱们今天必须要商量出对策，要是再过几天，那可就真是黄花菜都凉了。大家就仔细地琢磨开了。还别说，主意还真出了不少，可是尽是行不通的。最后，终于商定了一个好办法，就是请大师作法，再找一位力气大的人配合，到时候把落到地上的箭继续向北射，能射多远算多远，反正是离这里越远越好。可巧老二陈老爷认识一位精通奇门遁甲的高手，据说有翻手为云、覆手为雨、撒豆成兵、攥铁如泥的本领，人送绰号"赛神仙"。大家说无论如何也要把这位"赛神仙"请来，而老四杨老爷本身就是位练家子，擅长炮锤和通臂拳，家里开着武馆，力气大的人有得是。

五、淇国公丘福开弓放箭

这边抓紧做着准备不说，咱们再说姚广孝带领 30 位兵丁，快马加鞭，十来天的时间就回到了南京。姚广孝马上单独向朱棣皇上做了汇报，说这次选的地方甭提多好了，成为国都之后能保大明江山千秋万代，坚如磐石。朱棣听了很高兴，两个人就商量了下一步的行动方案。第二天上朝，朱棣对少师姚广孝往返上千里路以及监督庆寿寺大殿复建工程表示问候，姚广孝假装正经地汇报了一下庆寿寺复建的事儿，感谢皇上的出资，大殿翻建顺利完成。又过了几天上早朝，姚广孝启奏说：陛下，昨天我夜观天象，见有煞星冲日，恐对皇上身体不利。朱棣问，少师是否有破解的良策呢？姚广孝说，看天象，煞星来自西方，如果皇上离开宫城到北方之地住几天，可保安全，不过这只能是暂避一时，如果想要一个万全之策，就是把皇宫往北挪一挪。朱棣又问，那得挪多远呢？姚广孝说，我算了一下，怎么也得一箭之地（这一箭之地在过去就是130步，按现在的距离说也就是200米左右）。朱棣说挪皇宫就是迁都，无论远近，都是件大事，要与满朝文武大臣们商议一下。大臣们不知道这是皇上和姚广孝密谋好的计策，一听，就是一箭之地，一百多步的事儿，还没有一里地呢，而且这是涉及皇上身体的大事，再说，皇上的脾气大家都是知道的，谁要是不顺着他，是没有好果子吃的，这回就做个顺水人情吧。满朝的大臣纷纷说，宰相神机妙算，我们佩服得五体投地，皇上的万尊之躯无比重要，要往北迁都一箭之地我们没有意见。有人说，两箭之地也可以，还有人说十箭之地也成啊。朱棣一看，姜还是老的辣呀，少师略施小计，文武大臣全都中招儿了。就说，既然满朝大臣没有异议，就请录事官记下此事，不再更改，请工部安排建设新国都的事宜，明天的午时三刻在教军场，烦劳淇国公丘福将军开弓放箭，来确定新国都的准确地点。朱棣这话说得有技巧，不是我要去哪儿，是淇国公丘福将军把箭射到哪儿算哪儿。说起来这位淇国公丘福将军可是了不起，那是"靖难之役"的首位功臣，丘福长得身材魁梧、健壮，膂力过人，练就了一身的好武艺，尤其是开弓放箭，不但射得非常之远，而且百发百中。

　　第二天上午辰时刚过，大臣们就陆续来到了教军场。这一看哪，嗬，"山后的核桃——满仁（人）"，不但文武大臣全来了，有些人把家属也带来了，有些人不但把家属带来了，把街坊邻居、亲戚朋友也都叫来了，来干吗呀？都是想看热闹儿。因为大臣们回家说了，皇上要迁都，说丘福把箭射到哪儿就迁到哪儿，所以今天大家伙儿都要看看丘福能把箭射到哪里去。丘将军昨天在上朝的时候听皇上指定他来放箭，知道这是件露脸的事儿，感到非常荣光、高兴，姚广孝也悄悄地嘱咐他了，不要有负担，就像往常打仗射箭一样，就凭您的本事放心地射吧，只要方向朝北就行了。丘将军心里有底了，今天早上是饱餐战饭，然后穿了一件崭新的大红战袍，骑了一匹能征惯战的高头大马，身后背着一把御赐的宝雕弓，雄赳赳、气昂昂地来到了教军场。那30位士兵呢，也吃饱了饭，喂好了马，带好了干粮，在教军场的出口处等候着。大家心里说，这回是"上坟的羊——豁出去了"，前些天连吃带玩，享受了一把，这回该受罪了。这时候唯一没有到教军场来的就是"黑衣宰相"姚广孝，他干吗呢？原来他正把自己关在家中作法呢，但见屋中香烟缭绕，姚广孝身着道袍，手持一把七星宝剑。有人奇怪，姚广孝不是和尚吗，怎么穿上道袍了？其实姚广孝曾经拜道士席应真为师，学习阴阳术数。这回还真派上用场了。他也知道，成败在此一举了，绝不能出什么闪失。但见他，左手掐诀、右手仗剑，口中念念有词，紧张而有序地作法。这时候有个人比姚广孝还要紧张，是谁啊？甭猜了，就是朱棣皇上了，皇上的心情不但是紧张，而且是忐忑不安，那心里就是十五个吊桶打水——七上八下的，那肚子里就像装了二十五只耗子——百爪儿挠心啊！他为什么这样啊？因为他对姚广孝所出的怪招心里没底，虽说少师跟随自己多年，多次使用神通，而且没有一次失误，成功率是百分之百，但是这次可是不一样啊，作一作法就能让一支箭飞出两千里地，听着都有点儿悬，万一要真是飞出个三五里地，出城没多远就掉下来了，这戏可就演砸了，玩儿现了，后边的迁都可就全泡汤了！朱棣心里正在嘀咕着，可眼看着午时三刻就到了，朱棣皇上在卫士们的簇拥保护下对四周的人高声说道：众位大臣、将士们听真，昨天在朝中，满朝的文武大臣与朕确定了迁都的事情，新国都的地址就由淇国公丘福将军决定，等朕下达放箭的军令之后，丘将军射出一支响箭，箭落之处就是新国都的位置，朕已经安排了30名军士骑马跟随，响箭一旦落地，绝不可移动，确定的位置不可更改。今天请各位大臣来教军场，就是要做个见证，共同观看这个结果。如有人是骑马来的，可以与军士们一起寻找箭落之处。按现在的话说，就是见证奇迹的时候到了。皇上话音未落，凡是骑马来的人纷纷扳鞍认蹬，干吗呢？做追箭的准备呢。其中有人还是真担心有人做手脚，把掉到地上的箭拿远了，来挪动新国都的位置，所以一定得盯住了。这时但见一名侍卫双手举着一支响箭，来到丘福的马前，丘将军接箭在手，双脚一磕马刺，就来到了教军场的中央。淇国公丘福是气宇轩昂、威风凛凛、风采过人，但见他左手持弓，右手举箭，端坐马上环顾了一圈，然后把响箭搭在弓弦上，把这张弓开得如满月一般，说时迟、那时快，只听得嗖的一声响，这支箭是犹如流星、恰似闪电，照直向北方飞去。这些骑马来的人是争先恐后地往北赶，那30名士兵更是冲在了前头。说来也奇怪，这支箭嗖嗖地响着往北飞，忽高忽低、忽左忽右，速度也不太快，可就是不往下落，大家骑着马，想超也超不过去，就在后边追啊追，一晃儿，一个多时辰就过去了，这几十里地就出去了，人也饿了，马也累了，这大部分人可就坚持不住了，有的人平时不怎么骑马，这回是跟着大家伙儿起哄架秧子来的，本来就有点儿"小鸡儿吃黄豆——强努儿"，后来就累得呼哧呼哧地拉上风箱了，可是再看这支箭，还是不紧不慢、晃晃悠悠地飞着，"竹板弓——一个劲儿"。看到这个情况，不少人就掉转马头又朝南京城赶去，心里还嘀咕，这丘福是不是有神人相助啊，这箭在天上稳稳地飞，根本没有要往下落的意思，我们就别傻追了。

可是还有几个骑术比较好，平时爱较劲的人，继续和这30位军士一起追，心里说，我就不信这箭不往下掉。又跑了大半个时辰，到了驿站了，这驿站的人和这30位军士都是老相识，一看有急事，二话不说就从马厩里把随时准备着的马给牵出来了，这30位军士也是来不及多说话，把怀里的公文掏出来扔下一张，换了马，骑上紧接着追。那几个人呢？愣这儿了，人家来了，驿站给换马，可谁给我们换呢，唉，一个个都"秋后的黄瓜——蔫儿了"，再互相看看，这乐子可就大了，一个个头发也散了，衣裳也乱了，屁股也磨破了，鞋也颠掉了，脚也坠肿了，这个狼狈相就甭提了！刚才是根本没多想，骑着马就追，糊里糊涂地跑了，也没得出个所以然。这是图什么许的呢！这会儿，眼瞅着天也黑下来了，再往前追是不可能的了，肚子里早就"山后的蝎子——恶蛰（饿着）了"，得，赶紧找个地方吃点饭，喂喂马，再垂头丧气地回家去吧。

咱们再说南京城的教军场里。自打午时三刻丘福将军射出这支箭之后，全教军场的人都兴致勃勃地等着军士们把箭捡回来，只有皇上最怕军士们举着箭回来交令。人们开始还都有说有笑，想着也就是一盏茶的工夫就会有结果了，有人还开玩笑呢：这回皇上是怎么啦？噢，可能是在老皇宫住腻歪了，想"小孩儿拉屎——挪挪窝儿"，打算在城北边再盖一座新皇宫，所以找了这么个辙。可是左等也不来，右等还不来，大家伙儿就议论开了，这位说，丘将军的力气可真大，这箭射得可不是一般的远，横是得几里地。那位说要没两下子，皇上能让他射这支箭吗？人们在教军场里就这么随随便便地又侃了一大阵儿，朱棣一看没回来人，这心里慢慢儿地踏实多了，可是其他人开始不踏实了，越来越感觉不对劲儿了——不就是射了支箭嘛，这都多大工夫啦，是不是出什么事儿啦？有些大臣也沉不住气了，有一位来到朱棣面前，说，启奏陛下，从丘将军射箭到现在差不多有一个时辰了，30名军士全都未归，臣担心出了什么变故。朱棣心里明白，可是也随声附和——说得有道理，我这心中也有些不安，传令，再派30名士兵，骑马前去查看，无论有什么情况都要在一个时辰里回来汇报。又过了接近一个时辰，后去的这30名士兵回来了，说，启禀皇上，我们往北追了有半个时辰，既没看见箭，也没看见那30名弟兄，问道两旁的老百姓，都说看见一支响箭在向北飞，有几十号人骑马追赶，其中有军爷，也有老百姓，我等怕误了军令，没再追赶，抓紧回来禀报。朱棣说，知道了。朱棣接着对文武大臣们说：刚接到禀报，响箭还在飞，30名军士还在紧紧追赶。看来老将军确实神力，朕看天色不早了，大家不必在此等候了，各自回家，明天上朝再听结果吧。教军场里的人一听，来了个"兔爷打架——散摊子"了。朱棣这会儿是"怀里揣个小拢子——梳（舒）心"啊，高高兴兴地就回了宫，心里说，少师还真了不起！真有两下子！这步棋走得太高了，嗯，实在是高！

六、这支箭飞了三天两夜

当晚无话。第二天上朝，大臣们比往常来得都早，来得都齐，黑压压的一片，都是在打听，张三问，这箭是落在哪儿了？李四问，这30名军士是几点回来的？王五说，你问我啊，我问谁去呀！赵六说都别打听了，咱们都是"坛子胡同——闷三爷"，还是等着上朝问皇上吧。上得朝来，朱棣对大臣们说，朕明白大家都想知道昨天射箭的结果，其实朕比你们还着急，几乎一宿没合眼。其实他比谁睡得都香。他接着说，可是到现在 30 名军士一个都没回来，所以也没有箭落何处的消息，还是请众爱卿少安毋躁，耐心等待吧。这一下大臣们可就都是"土地庙着火——慌了神儿"了，真要是这支箭飞到北京去，那就是要迁都北京了，那可真就是"土地爷掏耳朵——崴泥"了！可是那也没辙呀，谁让那天都答应射箭了呢。大家伙儿是我看看你，你看看我，"王八看绿豆——大眼儿瞪小眼儿"，全都傻眼了，只能在心里暗暗叫苦，也有人还盼着没准儿今天那 30 人就回来了，那支箭应该过不去黄河，也就不会迁都北京了。这会儿有人就发现这两天怎么没瞧见"黑衣宰相"姚广孝啊，这箭一个劲儿地飞，是不是和他有关呢？有人就大着胆子问皇上，朱棣说：少师去了一趟北京，折腾了几个月，感了风寒，向朕告了几天假，正在家养病呢。众人听了无话可说，只能在心里琢磨，这是不是姚广孝和皇上商量好了给我们做的局呢，可是这会儿已经是"哑巴吃黄连——有苦说不出"了。结果这一天就在没有结果的情况下过去了，第三天还是如此，朱棣的心里是彻底吃了凉柿子了，大臣们的议论、嘀咕声也越来越少了，第四天再上朝大臣们都是"哑巴就份子——没的说"了，本来有几位能说会道的，能把死人说活了的，现在也是"吃冰拉冰——没化（话）"了。为什么都不言语了呢？因为都明白是怎么回事了，人家是"老儿子娶媳妇——大事儿完毕"了，咱们是"李双双守空房——没喜旺（希望）"了，现在说什么也是"梁山泊军师——吴（无）用"啦。

对于大臣们的胡思乱想咱们先放一放，再回头来继续说追箭的事儿。30 名士兵，连续几天几夜骑马追箭遇到几个难题，一是得吃饭喝水，二是得拉屎撒尿，三是夜里怎么追，四是怎么能几天不停地追。先说这吃饭喝水，虽说大家都带着干粮和水呢，可是骑着马，而且是飞快地跑着，一边儿骑马一边儿吃，可是"大姑娘上轿子——头一回"，虽说前几天练了练，可是那也不行，这口干粮塞到嘴里了，下一口就杵到腮帮子上了。喝水就更甭提啦，这水葫芦的塞子一拔下来，这水就开始乱洒，怀里也是，马背上也是，洒的比喝的多。其实也不敢多喝水，喝多了该撒尿了。第二就是拉屎撒尿问题，这两件事不可能在马背上解决。只好停下来速战速决，解决完了骑上马再追。第三是夜里怎么追，好在这是响箭，能听到声音，而且夜深人静的时候，嗡嗡的声还挺大。再有，这几天天气特别晴朗，晚上的月亮非常给力，那时候也没有雾霾，所以对追箭没什么影响。问题最大的是第四点，终究人的体力是有限的，头一天一宿还行，各个精神饱满，你追我赶的，跑了个不相上下。第二天就有不顶劲的了，慢慢地这30人的距离就拉开了，有的是"碾坊没骡子——人春（喘）了"，有的是吸了一肚子凉气，肚子疼起来了，哩哩啦啦，30人从头到尾得有一里多地，后边的虽然掉队了但是落得还不算太远。到第二天夜里，就更不行了，有看不清方向跑岔了道的，有困迷糊了从马上摔下来的。等到第三天天亮了，也快到北京了，再看啊，还追着箭跑的就剩了十几个人了，领头的正是这30个人的班头儿。就这样，这十几个人总算追到了飞放泊，眼瞅着就要大功告成了，忽然一条大河拦住了去路。哪条河呀？就是现在北京与河北分界的永定河。十几个人一瞧，这不是"老寿星骑仙鹤——没鹿（路）"了吗？不对呀，前些天这条河上有座桥啊，再仔细一看，咦，谁把桥给拆啦！桥墩子的木桩子还在河里，可是做桥面的木板子、桥栏杆的木棍子都在一边地上扔着呢。河岸边有一群像是修桥的人，正坐在地上，抽烟的抽烟，喝水的喝水，聊天的聊天呢。这十几个人只得跳下马来，班头儿对修桥的人说，我们是朝廷的人，必须马上过河，你们赶紧把桥面铺上。说时迟、那时快，就在班头儿说话的当口，这支箭可就飞得既看不见影儿，也听不见声儿了。班头儿一看，可是"鹞儿胡同——侦辑（真急）了"。要说这些人还够听话的，喊里咔嚓，三下五除二，就干开了，班头儿带着这十几个人翻身上马，没等把木板子全铺好，就冲了过去，仗着路熟，朝着北边紧紧追赶，眼瞅着就要到几棵大槐树和碾坊的村口了，也又听到响箭的嗡嗡声儿了。可是到了大槐树和碾坊跟前儿一看，箭并没有落在这儿，一听，这箭声儿还响着呢，那箭一定是还往北飞呢，班头儿心里说，宰相不是说就落在这儿吗，怎么还飞呀？可是必须要拿着箭交令啊，要是空着手回朝廷，那可就"内务府摆席——吃不了兜着走"了。班头儿也顾不得多想，招呼身后的人，继续追吧。

七、做了手脚的箭飞到了万宁桥

您要是问这是怎么回事儿，这响箭怎么不听姚广孝的话了？那您可就错怪宰相了。其实这响箭刚才还就落在大槐树和碾坊之间了，可是被郑大老爷他们八大富户雇的大力士把箭捡起来了，又朝北射出去了。这十几位军士就因为在永定河边耽误了那么一会儿，也就没看见这一幕。咱们还接着说。这班头儿没一会儿就追上这支箭了，怎么这么快就追上了？一是班头儿知道，要是把箭给跟丢了，是要掉脑袋的，所以就玩儿命追；二是八大富户中的老二，陈老爷认识的这位"赛神仙"的功力和姚广孝相比还差着行市呢，而雇的这位大力士射箭的功夫又比不上丘福，所以这箭飞得就慢了点儿。班头儿看见天上飞的箭了，就踏实了，跟着跑吧。这箭飞来飞去可就进了北京城了，刚才说了，这"赛神仙"的功力和姚广孝的功力差远了，差多少啊，他们俩好有三比：一是王奶奶和玉奶奶，还差一点儿呢；二是马奶奶和冯奶奶，还差两点儿呢；三是王奶奶和汪奶奶，还差三点儿呢。怎么说呢？这姚广孝一念咒，这支箭飞了 2000 多里地,可是这"赛神仙"也念咒了,陈老爷还跟他说,我们出多少钱都可以,就是要让箭能飞多远飞多远,飞得越远越好。结果这支箭刚飞了 20 多里地,在北京城里就掉下来了,你说怎么这么寸,正落在万宁桥西侧的桥栏杆上。万宁桥就是后门桥,这桥面儿和栏杆都是石头的啊,这箭射不进去啊,贴着栏杆就掉到河里了。这一切让班头儿看了个真真切切、清清楚楚。班头儿赶紧下马来,趴在桥上一看,嘿,得亏落到了桥西边水闸的上游了,水闸还真没开着,要是落在桥东边没准儿就让水给冲走了。那时候的万宁桥比现在要高出很多,下面的水也深很多,班头儿就在桥头守着,等后边的人,等了好半天才有一位叫王三的弟兄赶来了,班头儿说你可来了,下去捞箭吧,王三说,我要是下去,先来个水饱儿,过一会儿就成了河漂子啦。班头儿一听,噢,你和我一样,也是旱鸭子啊!只好接着等,过一会儿又来了一位叫穆小六的弟兄,还成,会水,脱衣裳下去就把箭给捞上来了。这工夫又来了几个士兵,班头儿对他们说,你们在附近找个旅店住下,要有人轮流在桥头守着,我和王三、穆小六拿着箭回朝廷交令。

八、三军士回南京交差

按下把守桥头的人咱们暂且不表。话说班头儿把箭紧紧地系在身上,带领二人就奔向南京了,虽然不像来的时候那样日夜兼程,可是也不敢耽搁。等晚上钻了被窝儿,这仨人才得空说了说这些日子的体会。王三说,要说起来,也够邪门的,宰相在南京作法,竟然让这支箭飞到北京来。那天"黑衣宰相"和咱们说的时候,我还不大相信呢。班头儿说:你们哪知道啊,我听说宰相十几岁出家之后就再也不打诳语。穆小六说,不过这回宰相说让箭落在槐树和碾坊之间,可是这箭不怎么听话,多飞了 20 多里地。王三说,一根

箭飞了 2000 多里地，多飞了 20 多里地，不算差。班头儿说我还真
不这么看，宰相带着咱们围着北京城转，就是不想再用北京城了，
转了这好几天才选了这么个好地方，而且明确告诉咱们这支箭要落
在槐树和碾坊之间，应该说不会又往北再飞的，这里头一定有毛
病。穆小六说，箭是我捞上来的，就是落在后门桥了，这可是"碌
碡轧碾盘——石（实）打石（实）"的事儿，绝对没毛病呢。班头
儿说毛病在哪儿我说不好，可是你们俩想想，怎么这么巧，咱们前
几天从北京走的时候，那条河上的桥还好好的，再回来桥上的木板
就拆了？等铺上板子我是头一个冲过去的，就一直没看见箭，等快
到槐树那儿的时候，才听到了箭的声儿，你们说会不会是那支箭
落下来了，有人把掉地上的箭捡起来又朝北给射出去啦。那二位
说，如果真是有这样的人，那肯定是"裁缝不带尺子——存心不量
（良）"。可是这不大可能吧，谁有这个胆子啊，再说这事儿除了咱
们又有谁知道啊。班头儿说，反正我觉得蹊跷，可是也琢磨不出个
所以然，咱们还是早点儿睡，明天早点起，早点儿走，等到了南京
如实和皇上、宰相禀报，听他们怎么说吧。话说简短，这一日，这
哥儿仨可就回到了南京城。他们直接奔皇宫大内，说立刻求见皇
上。把门儿的一看，这不是追箭的仨兄弟嘛，可回来啦，不少人天
天都打听你们，都盼着你们回来呢。马上报告给了皇上，皇上说立
刻召见，三人把马交给了门卫，进了宫，就一五一十地向皇上做了
禀报。皇上一听，箭没落在老军师说的地方，赶紧叫人请师姚广孝
进宫。姚广孝来了一听，也愣那儿了，竟然有这等事儿，真是怕什
么来什么，不想在北京城建都，这箭还就落在了北京城的中心地带
了，这问题出在哪儿了呢？宰相又让班头儿把经过详细说了一遍。
一拍大腿，说问题一定出在胖老头儿身上，这可真是智者千虑，必
有一失啊！大家伙儿都一愣。班头儿说我们这回追箭，没看见什么

胖老头儿啊。姚广孝说，我说的是上次咱们一起去北京的时候，我在飞放泊看到的一个胖老头儿。姚广孝转过身来对朱棣说，皇上，看来咱们的新国都只能定在北京城了，虽然是因为有人捣乱，可这也是天意，不能违背啊！其实北京城是个很好的地方，也是适合做国都的地方，我上次对您说了，只是备不住龙王要出来捣乱的。好在有我在，谅龙王也掀不起什么大风浪，所以还请皇上放宽心。朱棣满意地点了点头，又对班头儿他们三个人说，你们去北京追箭辛苦了，对你们30个人都要论功行赏！今天你们回去早早歇息，明日上朝，你们还要来，要对文武大臣们有个交代。仨人叩头谢恩，退下了。皇上对姚广孝说，对那个恶意捣乱的胖老头儿是不是应该处罚一下呢？姚广孝说，皇上圣明，对于扰乱国家大政的恶人，绝不能轻饶！这是"秃子头上的虱子——明摆着"的事儿，不过他没有明着来，咱们不好法办他。既然确定迁都北京了，我肯定要经常去北京，等我哪次去的时候抽个空儿，略施小计，让他倾家荡产就是了。第二天早朝，文武百官到齐，朱棣面带笑容地说，告诉大家一件非常关心的事情，就是淇国公射出的箭有结果了，我派去追赶的30人已经有3个人昨天回来了，现在让他们和众爱卿说说。班头儿双手举箭，穆小六、王三紧随其后，来到了大臣们的面前，班头儿简单地把追箭之事说了一遍，但是没提桥面被拆之事，只是说亲眼看见箭掉到北京城后门桥西侧的桥栏杆上弹落水中。穆小六接着说了说怎么潜入河底把箭捞出来的过程。大家听着那是默默无语两眼泪，一切尽在不言中了。

九、姚广孝智请郑老二

　　朱棣在朝中安排迁都之事咱们就不细表了。单说又过了一年多，北京这里把建皇宫的材料准备得差不多了，朱棣就决定请姚广孝去北京监督皇宫的施工。"黑衣宰相"这回是坐着八抬大轿去的，到了北京，就住进了曾经的燕王府，也就是太液池西侧的元朝的西宫兴盛宫旁边的一处宽敞豪华的院落。其实姚广孝一直惦念着射箭的事，甚至说是耿耿于怀，所以来到北京的当天姚广孝就安排身边的亲信，身着便服，化装成老百姓，去飞放泊了解那个胖老头儿究竟是何许人也。过了几天，几个亲信把郑大老爷打听了个底儿掉，回来一五一十地跟老军师做了汇报。老军师听完了说，这样吧，明天你们去把这位郑大老爷给我带来，就说我姚广孝请他，可务必要请来呀。姚广孝又详细交代了可能出现的特殊情况和应对的办法。

第二天一早，亲信们穿上官衣儿，骑着马，带着下人抬着轿子就来到了飞放泊的槐房。咱们再说这位郑大老爷。自打雇人把箭捡起来射走之后，他是既高兴，又害怕。高兴的是得亏自己偷听到了朝廷要在飞放泊建国都的重要消息，而且还和那七位哥们儿一起成功运作了让响箭二次飞的计谋，避免了家里的土地产业全玩儿完的可能。害怕的是确定迁都地点可是国家的大事儿，自己把地方改了，一旦朝廷知道了，这可是灭九族的罪过。所以他是日日夜夜提心吊胆，门外边儿过一匹马都吓一跳，以为是抓他来了。后来索性以串亲戚为名，带着一些细软，带着几个家丁，跑啦！跑哪里去了？跑到山西一个朋友家里去了，还编了个瞎话，说让一位高人给算了一卦，高人说他在100天之内有血光之灾，必须离开北京才能躲过这场灾，他便只得到朋友府上叨扰数日。两人是熟识多年的好朋友，对方经常上北京做生意，在郑大老爷家也是连吃带住，所以觉得郑大老爷能从北京到这穷乡僻壤来，那是瞧得起自己，就说，您能来，我求之不得，您就放心地住着，三年五载也无所谓的。这郑大老爷住这儿还不踏实，隔三岔五地就让家丁来北京打探消息。过了些天，听说北京城里的后门桥那儿落了支箭，有人日夜看守，他心里说，甭问了，肯定是那支响箭啊！这"赛神仙"也是个二把刀，这箭也没飞多远啊？又过了俩月，郑大老爷又让人回去打探，结果说，没听说有人去村里追查什么事儿，倒听说朝廷要在北京城里重建皇宫了，还把他在通州的船全租走了，说是要从南方往北京运木料呢。家里人呢，也都好好儿的，"外甥打灯笼——照舅（旧）"，他又在心里暗暗地琢磨，看来在北京城建都是肯定的了，我这劫难没准儿真躲过去了。又一想，不行，我还是再躲些日子，听听风儿吧，俗话说，小心无大错。结果他在山西的朋友家住了半年，这位郑大老爷以为这应该是"门头沟打官司——煤（没）事儿"了呢。于是辞别了朋友，又回到了飞放泊的家里。回来之后，他还时不时暗自高兴呢，我是谁啊，我就是能掐会算的小诸葛，你看，我略施小计，国都搬迁这么大的事儿，就让我给挪了窝儿、换了地儿了。再细想，看来去山西躲这半年是大可不必的。一晃儿，从山西回来又半年多了，这郑大老爷都把射箭的事儿扔脖子后头了，所以这几天姚广孝派人查他，他是万万没想到的，直到这天姚广孝派人找上门来了，他还蒙在鼓里呢。这位郑大老爷前一天晚上多喝了点儿酒，早上睡了个懒觉，起来让老妈子给焖了壶香茶，端上盘儿点心，在堂屋正边吃边喝呢，家丁急急忙忙进屋说有人找。郑大老爷说，你慌什么。再看，一挑帘栊，几位军爷可就进来了。郑大老爷一看是军爷，这心里就一惊，表面儿还强作镇静，慢条斯理地说，你们找谁呀？军士们说，我们奉命请您来了。郑大老爷一听不由得问，你们奉谁的命啊？军士们说，我们是奉当朝宰相姚广孝姚少师的命令，请郑大老爷来了。他听了就一愣，心里说，十有八九是那件事东窗事发了，可嘴里还说，我与当朝宰相无亲无故，怕是你们找错人了吧。军士们说，不会错的，轿子已经给您预备在门外了。他一听，还有轿子，不是要五花大绑啊，是不是先礼后兵，等到了地方再掐监入狱啊！唉，反正是福不是祸，是祸躲不过了，可那也得挣蹦一下啊，就说，那请各位军爷略等片刻，容我到内室更一下衣。说着就往里间屋走，边走边对管家说，给我拿件出门穿的衣裳。管家一听就明白了，赶紧跟了进去。郑大老爷悄声对管家说，麻烦来了，你赶紧如此这般不得耽误。完了大声说，我前些天新做的外衣呢？管家也高声说，那件衣裳您上次脱在二奶奶那院了，等我给您拿去。之后这管家就快步往出走。军士们并不阻拦，只是对郑大老爷说，不用挑什么衣裳，随便穿一件就行了，要是再晚点儿走，就赶不上吃晌午饭啦。郑大老爷嘴里答应着又磨蹭了会儿才出来，出门一看，果然有一乘很是漂亮的轿子。郑大老爷很不情愿地上了轿子，轿夫们抬起来就走，军士们骑马紧紧相随。可是没走出二里地，就被几十位壮汉拦住了去路，这个说郑大老爷差我工钱，不能走；那个说郑大老爷差我饭钱，不能走。军士们见状掀起轿帘，对郑大老爷说，宰相知道会有这个情况，临来时嘱咐我们对您说，您今天要是高高兴兴地跟我们走，保证让我们还用轿子平平安安地把您送回家，一根毫毛也不会少，如果今天我们没把您请了去，就唯我们是问。您要是不去，就是给我们出难题，说句不好听的，今天就是缺胳膊少腿，五花大绑，我们也还是得把您送到宰相面前交差。郑大老爷一听，这脸儿都绿了，心想胳膊拧不过大腿呀，我今天即使来个鱼死网破，那肯定我这条鱼是死了，人家那张网也是破不了的。再说，我这手儿人家早就料到了，肯定人家已经做了各种准备了。唉！得了，撒手闭眼吧。想到这里他下了轿子和周围的人说，今天是朝廷的宰相请我去叙叙旧，一半天就回来，有什么事都等我回来再说吧。说着摆了摆手，那些人一听，闪出了一条道儿，这郑大老爷就无可奈何地过去了。

十、十名要犯到齐

闲话少说，头晌午他们就来到了少师府，郑大老爷进屋一看，正中端坐一人，正是当初在他家院外说话的长者。这郑大老爷不由得是"大虾米炒鸡爪儿——抽筋儿带弯腰儿"了，哆哆嗦嗦、结结巴巴地说，宰相在上，小民我给您叩头了。姚广孝笑眯眯地说，免礼了，你就是郑大老爷呀。他连忙说，不敢不敢，我可不敢当，我在家行二，您就叫我郑二吧。姚广孝接着说，我看你有些头脑，有些本事，我愿意交你这个朋友，所以派人把你请来，事先没打招呼，有些唐突，还希望你能海涵。郑二赶紧说，您能和我交朋友，实在是我三生有幸，可是我既没有什么头脑，也没什么本事，您太抬举我了。姚广孝说，你就别谦虚啦，走了一路饿了吧，咱们先吃晌午饭吧。郑二想，这顿饭对于我来说，那一定是"武大郎服毒——吃也得死，不吃也得死"啊，叫吃就吃吧，好歹落个饱死鬼。等饭菜一端上来，郑二又有点儿傻了，都要杀我了，干吗还给我上这么好吃的啊？何止是好吃的，绝对是美味佳肴啊。别说我从来没吃过，我见都没见过，更说不出都叫什么菜名了，可是这香味儿已经进了鼻子眼儿了。心里说，能吃上这么好的饭菜，唉！死就死了吧。按现在的话来说，那就是"气碾子轧罗锅儿——死了也直（值）了"。姚广孝说，你发什么呆啊，赶紧入席吧。这二位踏踏实实地吃完了饭，撤下残羹剩饭换上香茶，姚广孝说，吃饭前我说你有头脑，有本事。你要是没头脑能想出那么绝的招儿吗？这郑二想来个"水仙不开花——装蒜"，说我没想过什么绝招儿啊。姚广孝说，要不是你出的招儿，那支箭能多飞出20多里地吗？这郑二一听这话，知道混不过去了，说这招不是我出的，是我二弟出的。姚广孝说，噢，是不是你们八个把兄弟里的老二啊。郑二连忙说是、是。心里说，他怎么连我拜把兄弟的事儿都知道啊，看来天下人都说姚广孝能掐会算，果然是名不虚传啊！我算什么有头脑啊，和他一比，我就是大脑进水了呀。姚广孝又说，念咒的人也是老二找的？郑二说是啊。那射箭的人呢？郑二说是老四安排的。姚广孝说，看来你们这八位兄弟都有些本事，能不能把他们请来让我都认识认识啊。郑二一想，我临死拉几个垫背的吧，再说，人多势众，这姚广孝总不能把这些人全杀了吧，就说，没问题，在您这儿不用说请，您说叫谁来，我就负责跑腿儿，立马儿给您带来。姚广孝说那就有劳你啦。郑二说，那他们要问几天能回去呢？姚广孝说，多则三五日，少则一两天，和大家认识认识，聊聊天儿，吃几顿饭，谁要是想回去呢，我就安排轿子给送回去。其实郑二是要借这个机会问一下自己的结局，一听这话，高兴地说，那我先替他们谢谢宰相了。一边说一边又要跪下磕头，姚广孝笑着说，好了，快去请他们吧。郑二骑上马带路，军士们骑马跟着，后边还有数乘轿子，就出了军师府了。书说简短，差人们按照姚广孝的命令，在天黑之前把飞放泊的老二到老八，还有念咒的"赛神仙"、射箭的大力士都请到了军师府。这些人进了门一个个是"二小儿穿马褂儿——规规矩矩"，大气儿都不敢出，哆哆嗦嗦地等待发落。姚广孝自是热情款待，这饭菜比中午请郑二的还要丰盛，还上了上等的好酒，在饭桌上挨个儿问了每个人的情况，让他们都说了说是怎么知道这件事的，又是怎么让这支箭又飞的，为什么落在了后门桥。这些人知道瞒不住了，就都来了个"竹筒倒豆子——干干净净"，说了个"小葱拌豆腐——一青二白"。姚广孝听了还夸他们都是有本事的人，假如是在朝廷干活，都能当大官，自己很愿意和几位交朋友，又问他们饭菜对不对口味儿，又劝他们开怀畅饮。这些人对姚广孝的葫芦里究竟卖的什么药可就琢磨不透了，既觉得宰相和蔼可亲，又有一种要大难临头的感觉，就是不知道这难从哪边来，俗话说，不知道哪块云彩有雨，吃也吃不下去，还得装出吃的样子，一边听姚广孝侃山，一边不停地点头应承，一边胡思乱想，好不容易熬到散了席，姚广孝就让他们到院里的客房歇息了。

十一、"赛神仙"失灵

一进客房，这些人赶紧关上门，就纷纷问"赛神仙"，说你给算算姚广孝是真要和咱们交朋友，还是要整治咱们。"赛神仙"说，不用算，人家是高高在上的国家宰相，不可能看上咱们这草民百姓，更不可能和咱们交朋友，请咱们来，请咱们吃饭，那是先礼后兵，整治咱们是肯定的。你们想啊，本来朝廷要让箭落在槐房，咱们把箭给挪出 20 多里地去，肯定得罪人家了，人家找咱们来，肯定是得收拾咱们。大家伙儿又说，那你说咱们该怎么办啊？你给算算咱们还能不能活着回家。"赛神仙"说，怎么办啊？"冻豆腐——没法拌（办）"，活着回家没问题，人家宰相都说了，过两天用轿子把咱们都送回家，就是说肯定让咱们全活着回去。但是我觉得，一定要让咱们全都是"老猫卧房脊——活兽（受）"，特别不好受。大家又问，怎么个不好受法儿呢？"赛神仙"说，那我就算不出来了，大伙儿一听，纷纷说这才是最关键的，是我们最想知道的，大家都管你叫"赛神仙"，这你怎么算不出来了？"赛神仙"说，实不相瞒，今天一找我，我这脑袋瓜儿里嗡地一下，就不好使了，什么也想不起来了，就是"剃头匠不打唤头——没响（想）儿啦"。你们想想，就这件事儿，是我作的法，是我念的咒，咱们几个里头，数我的罪过最大，肯定最不能饶过的就是我，我现在除了后悔还是后悔，把肠子都悔青了，早要是算到有今天，你们就是说出大天来我也不给你们帮这个忙啊。那位大力士也说，是啊，要是四老爷找别人，我何必有今天啊。郑大老爷一听就烦了，打住吧，各位！都别马后炮了，咱们还是商量商量明天咱们怎么能让姚广孝出口气，可怜可怜咱们，给咱们来个从轻发落吧。这些人就合计开了，这一宿几乎就没怎么睡。

第二天一大早儿这十个人就起来啦，和院里当差的打听宰相一般什么时候起来。当差的说，我们宰相可起得早，现在正在屋里打坐呢。这十位赶紧来到老军师的门前，请把门的给通禀一下，说要求见。姚广孝一听，都这么早就起来啦，说那就请他们进来吧。这十个人进得屋来，只听得扑通扑通，什么声音？"宛平城的知县——跪着的差使"，全跪那儿啦，齐说，我们罪该万死，您是打也打得，骂也骂得，我们是任凭宰相发落，毫无怨言哪。姚广孝说你们这是演的哪一出啊？我请你们来是要和你们交朋友的，你们都想到哪去了，都给我起来吧，还不起来，是不是等着我过去挨个揍你们啊。大家只好爬起来，也不敢坐，都站在那儿，"卖不了的秫秸——戳着"，也不是稳稳地戳着，都在那里哆哆嗦嗦地筛糠呢。姚广孝说，吃不吃的就别端着啦，都坐那儿吧，这些人才落了座。姚广孝又说，我要是想发落你们，还能用轿子抬你们来吗？把你们五花大绑地押过来不是就结了，再说我干吗还要请你们吃酒席呀，要吃就是开锅儿烂啦。大家一听，可也是啊，这是当朝的宰相啊，别说惩治几个小老百姓，即使收拾一批四品官、五品官啥的，那还不是一句话的事嘛！姚广孝说，都别胡思乱想啦，咱们还都"季鸟拿大顶——控（空）着肚儿呢"，一块儿得着吧。说话间，这酒席宴就又摆上了，这些人头天的山珍海味都没心思吃，这一宿又没怎么睡觉，这会儿肚子里早就咕咕叫了，又听宰相这么一说，想想也是这么个理儿，好嘛，全都不客气了，这些人在宰相府就全都"力吧儿摔跤——给嘛吃嘛儿"了，各个是甩开腮帮子，露出后槽牙，结果是满桌子的酒肉，来了个爪干毛净。这些人都吃了个肚儿歪，心里也踏实多了。前脚儿把酒席撤下了，桌子都没动窝，香茶又上来了。姚广孝挨个问了问，睡得怎么样，习惯不习惯啊，又开始聊天，各位都有什么兴趣爱好啊。这个说爱钓鱼，那个说爱听戏，有的说爱养个花儿，郑大老爷说，我要有时间就爱下棋。

十二、郑老二中招

姚广孝说我也爱下棋，只是公务与佛事繁忙，已经有好多年没下了，今天咱们也没什么事，要不然咱俩来盘棋怎么样？郑大老爷说，我要是能和宰相手谈，那可是三生有幸了。姚广孝一听，也很高兴，叫手下人，说把我多年都没碰的围棋找出来。过一会儿，下人们连棋子带棋盘都拿来了。姚广孝又说，我下棋爱赌个输赢，要不然就觉得没意思，你看是不是可以赌点儿什么呀？郑二说一切听宰相的安排，只要您觉得有意思就好。郑二心里说，这可打我手背儿上了，玩多大的我都敢跟你赌。姚广孝说就用这个棋盘吧，咱俩就玩一盘儿，谁围的空格多，谁就赢了，按多围出来的空格儿算，你要是多赢一个格呢，我就给你一格的白米，就是在一个格里摆满了米，你要是多赢两个格呢，我就给你两格的米，你要是多赢三个格呢，把刚才的二乘一下，二二得四，我就给你四格的米，你要是多赢四个格呢，把刚才的四乘一下，四乘四等于十六，我就给你十六格的米，你要是多赢五个格呢，把刚才的十六乘十六，我就给你两百五十六格米，以此类推。反过来，要是我赢了你，你也这么给我（从秦朝到明朝，围棋的规则是数目法，到了明朝中期改为数子法）。要是嫌在棋盘上摆米粒麻烦，咱们一格米就按一钱米计算你看怎么样？郑二一想，这一格米、一钱米都是小孩儿过家家儿的数儿，就说，我全听您的。姚广孝又说，你要是舍不得米，按市价折银子折地的都行，10 日内结清。郑二心里说，不就是往棋盘上堆米吗，要说在棋盘上堆金银，可能我还考虑考虑，想一想，我们这里是出了名的稻米之乡，缺什么也不缺米（确实几百年来，飞放泊一带盛产好大米，在北京是出了名的，直到我小时候，北京有两个地方的稻米有名，一个是海淀区六郎庄一带的京西稻，一个是飞放泊一带的南苑稻）。所以郑二根本没想，就说我全听您的。姚广孝又说，我现在是领兵的，军中无戏言，按老北京的歇后语就是"卖羊头肉的回家——没有细盐（戏言）"。姚广孝又说，我从小就养成了爱较真，不爱开玩笑的习惯，咱们空口无凭，还是写个东西吧。郑二说，您怎么安排怎么好，我都没意见。姚广孝叫下人拿来笔墨，按刚才说的意思写完了，说我签个字，你也签个字。又对其他几位说，你们也都签个字，既是个证人，也是个担保人，万一我们俩谁耍小孩子脾气呢，他要是赖账，你们给兜着点儿，我要是赖账，由我的差人给兜着点儿，可以吧。结果这些人也都顺顺当当签字了，这些人边签字边心里说，这可是"巧儿她爹打巧儿——巧急（极）了""巧他妈开门——巧到家了"。为什么这些人毫不犹豫地就全签了字了呢，又为什么觉得巧了呢？请听笔者细说。

十三、郑二围棋水平高事出有因

在当时，飞放泊这十里八乡的人，甚至凡是北京南郊有点文化的人都知道郑大老爷的围棋下得好，那是几十年没有对手。为什么郑大老爷的围棋下得这么好呢？说起来还有个故事。这郑大老爷从他爷爷那辈儿就在飞放泊住，家里就有钱，所以对郑二从小娇生惯养，这小郑二从小就敢欺负人，就爱欺负人，对家里的下人们是非打即骂，后来他长到六七岁的时候，他爷爷正带着他在门外边玩儿呢，看见大街上有位算卦的先生，就让给孩子算一卦，看看他长大了能有多大出息，报了小郑二的生辰八字，这位先生用手一掐就连连摇头。为什么呢？因为小郑二是乙酉年八月十九酉时生人，按天干地支相配，八个字占了四个酉，不是有没有的有，是申酉戌亥的酉，先生又端详了小郑二的面相，忍不住对他爷爷说："这孩子命中好斗，而且肝胆气过于旺盛，小小年纪，脸生横肉，面露凶相，文静不足，勇武有余。"小郑二的爷爷听了是老大不高兴，脸就一沉，先生也没理会，又掐了掐手指头接着说："依我推算，他在一年之内就要因为琐碎小事而伤人，就因为这个，家中必定要破费一笔钱财。您现在要是拿出几个小钱来，我还能给您寻找一个破解之法，如果再耽误些日子……"这算命先生后面要说的"就恐怕来不及了"还没说出口，小郑二的爷爷不由得怒气冲冲站起身来，拉着小郑二就走了，心里说，七八岁的小孩子怎么可能伤人呢，你这纯粹是个靠胡说八道来骗钱的假先生。后来，时间没过去半年，就在转过年来的开春，家里合计着应该让小郑二读书了，就把他送到当地一位老师家里去读私塾。结果上学的第三天他把前边学生的椅子挪了一下，让那个小孩儿摔了个仰巴跤子。那个小孩儿就哭着向老师告状，老师用木板尺打了小郑二五个手板儿，给小郑二疼得够呛，可是他惹不起老师啊，他就琢磨怎么能出这口气。过了几天他想了个主意，在上私塾的路边抓了一只冬眠刚苏醒的蛤蟆，到老师家里的时候，悄悄地把这蛤蟆搁在茅房窗台上的夜壶里了。他知道这个夜壶是老师夜里撒尿用的，就是要成心捉弄老师、报复老师的，结果老师当天夜里拿夜壶撒尿，尿的温度高啊，烫的蛤蟆在夜壶里乱蹦，这可是"养活孩子不叫养活孩子——吓人玩儿"啊，这一下可就把老师给吓坏了。老师一气之下找到他们家，他爸说，跟着您念书的有十多个孩子，您怎么就认定是我们家小二干的呢？先生一看和他们说不清，就到衙门口给小郑二他爸爸告了，县太爷通过审理，认为先生说得有理有据，情况属实，郑二他爸爸有辱斯

文，对子女管教不严，造成严重后果，打十大板并要赔老师纹银
300两。经过这件事小郑二的爷爷知道上次见到的算命先生是真有
本事的先生，是"树梢儿上挂蔫杭——高眼"，就费了好大的劲儿，
又找到了这位先生，花钱请到家里，说上次多有冒犯，多有得罪，
请先生海涵，请先生为我小孙子指条明路吧。先生点了点头，又问
了一遍孩子的情况，看了看孩子的面相，仔细掐算了一番，说这孩
子勇武有余，文静不足。勇武有余必惹是生非，只有加强文静，抵
消勇武，才可保一生平安、一家平安。小郑二的爷爷说，先生讲的
我都听明白了，只是不知如何加强文静来抵消勇武？先生说文乃琴
棋书画，可学其一，静则须心静如水，与世无争，自然是忍气饶人
祸自消了。小郑二的爷爷又问，琴棋书画是四样，应该让他学哪一
门呢？先生说，我看就学棋吧，下棋可以把抢赢好胜、与人争斗的
火气撒到棋盘上，要是学别的，火气撒不出去，天长日久也会憋出
病来伤及自身的。但是世间万事，有一利必有一弊，祸兮福之所
倚，福兮祸之所伏。学会围棋要是用好了可引来家财万贯，用不
好，也可要招致倾家荡产呢。

　　小郑二的爷爷听了千恩万谢，算卦先生收好卦银离去，自不必
说。从此小郑二的爷爷、父亲到处寻名师、访高手，后来找到一位
外号叫"常胜将军"的围棋高手，听说这位高手在十几年来走南闯
北，在全国各地专找水平高的人下棋，还从无败绩，所以别人给他
起了"常胜将军"的绰号。郑二父亲就托人送礼，想让人家收小郑
二为徒，这位"常胜将军"对中间人说，一是我收的学费高，二是
我必须见见孩子，我不怕孩子淘，也不怕他野，但是必须足够聪
明，就是要有学棋的天分，还要能坐得住、静得下心。是这块料，
我教，如果不是学棋的料，无论给多少钱，我还不收呢。小郑二他
爸听了说那也得试试啊，就带着小郑二同着中间人去了"常胜将

军"家。"常胜将军"和他们见了面，问了几个问题，又铺开棋盘，和小郑二摆了摆棋，就对小郑二他爸说，这徒弟我暂时收了，今后每天风雨无阻，都要到我这里学棋，学完之后，回家还要保证他每天至少一个时辰用在学棋上，等半年之后我再看，是好苗子我就继续教，要不行，我就不教了，以后也不要说是我徒弟。就这样小郑二就开始跟"常胜将军"学棋了。说来也奇怪，小郑二对谁都没大没小，出言不逊，经常讪脸，就对"常胜将军"毕恭毕敬。这小郑二干别的吧，都是三分钟热度，而且是"灌铅的色子——坐不住站不住"。可是只要坐在棋盘边上，那就稳稳当当、专心致志，别说一个时辰，就是两个时辰，该吃饭了，不叫他，他还琢磨棋呢。半年之后"常胜将军"还是非常满意，表示正式收小郑二为徒，再教五年，保管郑二能打遍天下无敌手。就这样小郑二又踏踏实实地跟"常胜将军"学习了，小郑二又学习了三年，就在小郑二的棋艺大有长进的时候，这位"常胜将军"暴病死了，反正是一会儿的工夫，人说不成就不成了。小郑二这个哭哇，可是哭也没用了，人死不能复生。他爸爸只好再给小郑二找新的围棋师傅，用了一年多的时间，找了好几位，可是一比画，都下不过小郑二，后来小郑二对他爸爸说，您也别费心了，师傅我也不找了，我每天放学回来自己看书学棋得了。其实他爸爸请人教他下棋，也不是想让他的棋艺能有多么高，只是按算命先生的指点，要加强小郑二的文静，抵消勇武，躲灾避祸而已。他爸爸就答应了。后来这小郑二还真成了个好小孩儿了，上学，老师夸他又聪明又懂事；在家，也不瞎跑瞎闹，一有空就拿着棋书，对着棋盘，不是打棋谱，就是摆定式，他爸爸看了也暗自高兴。一晃儿十几年过去了，小郑二长大了，"马槽改棺材——盛（成）人了"，小郑二虽然没能考取功名，但是把家里的产业打理得风生水起，他的围棋手艺也没丢，在北京的整个南郊，要说起下围棋，那您得让郑二过去。他要谦虚一点儿说自己是第二，就没有人敢当第一！

十四、业余与职业棋手的胜负没有悬念

又一晃儿，二十几年过去了，郑二娶妻生子，成了郑大老爷，这家业、资产成了北京城南的首富了，这郑大老爷财大气粗的名声和他下棋无敌手的名声也就家喻户晓了。所以当姚广孝让这些人签字的时候，他们全都毫不犹豫地就签了字了。他们几个人的心里还暗暗地说，别看人人夸您姚广孝神机妙算，可是您今天肯定是漏算了，我们郑大老爷是赢定了。

棋盘摆好了，姚广孝和郑二双方还郑重其事地猜先，结果是郑大老爷猜对了，执黑先行，俩人你来我往就下起来了。郑大老爷是打小儿养成的习惯，不着急、不着慌，左思右想才下一子。姚广孝是不假思索，步步紧逼，不大一会儿的工夫，棋盘上有了几十个子。双方的布局阶段过去了，郑大老爷捞取实地，姚广孝构筑外势，总体来看，局势还属均衡，半斤对八两，势均力敌，其他那些人基本是不懂围棋的，看也看不明白，后来大家伙儿就看这两个人的脸色，来判断棋的好坏。可是这会儿看脸色也还看不出什么，但是俗话说，行家一出手，就知有没有，当棋下到中盘的时候，这两个人的心里就有了感觉了，这郑大老爷小时候跟高人学棋三年是因为老师去世而中断的，不能说半途而废，终究后来就靠自学成才了，在北京的南郊他是打遍天下无敌手，可是对手们往往是喜欢围棋的普通老百姓，按现在来说，都是业余水平，所以郑大老爷只能算业余高手中的高手。可是姚广孝就不一样了，他不但也是从小跟高手学棋，而且在他辅佐燕王朱棣的20年里，大明王朝下围棋蔚然成风，朱元璋广招天下围棋高手进宫下棋，燕王朱棣的身边也有很多围棋高手，姚广孝与他们经常下棋，也就是相当于与国手们学习、切磋了 20 年的棋艺，他的围棋水平就约等于国手了，按现在说那就是职业棋手，而且段位至少是八段。郑大老爷只听说过姚广孝的神机妙算，可不知道姚广孝下棋的水平如何，但是棋下到了中盘，他就感觉到不对劲儿了。

本来郑二是对自己的棋艺充满了自信，满以为是胜姚广孝一筹，加上今天自己经过猜先，是下先手棋，因为在明朝那会儿下围棋还没有贴目这么一说，所以如果两个人水平相当，那猜到先手的一方，基本上就赢定了，所以郑大老爷就认为今天是赢定了。可是自打下棋开始之后，姚广孝一直是落子如飞，在布局阶段是这样，到了中局他还是这样，就像这盘棋下过好几遍了，已经非常熟悉了一样。郑大老爷很是奇怪，他哪里知道姚广孝这种下法是捶打磨炼了 30 年练成的功夫，属于是"锅台上的小米——熬出来了"。其实姚广孝下棋也不是不思考，而是在对方思考的时候，他已经把棋局看得清清楚楚了，不但预见到了你的下一步棋要下到哪儿，而且已经想到了自己应该怎么应对。所以你的棋子刚落下，他就出手了。郑大老爷想，你下得这么快，就应该有出错的时候，那就是我获胜的机会，可是慢慢地，盘面儿上自己的先手之利在姚广孝的蚕食下逐渐消失了，自己反而有些落后了，可是姚广孝仍然没走出漏着。郑二这心里就有些起急，一起急走错了一步棋，让姚广孝给提了两个子，这差距更大了。眼瞅着时间过去了一个多时辰，中盘的较量过去了，这棋就到了官子阶段了，这么大的差距是很难追回来了，郑大老爷这汗可就下来了。

旁边的哥七个一看，呦，我们大哥怎么冒汗啦。这天气也不热啊，是不是下不过人家呀，那可捅娄子了。就连忙给郑大老爷扇扇子，这郑大老爷开始的时候还喝口茶，现在已经什么也顾不上了，双手扶着棋盘，眼睛盯着棋盘，脑袋瓜子上的汗都流到脖颈子了，也顾不上擦了，结果在官子阶段也没占到便宜，而且又亏了一些。这盘棋不用数，肯定是"卓娅的弟弟——舒拉（输啦）"，可是那也得数目呀，还得根据输多少目给米呢。

十五、无言的结局

通过数目，不多不少郑大老爷整输了十目棋。姚广孝微笑着说，郑二的棋下得不错啊，咱们才差了这么一点儿，以后有时间咱们还得下。不过你先得把今天输的米给我。旁边这几位一看郑大老爷输了，都傻眼了，尤其是陈二老爷，他在这二位下棋的时候，又仔细看了看那张字据，在心里按那个方法算了算，算到八目的时候就不算了，为什么不算了呢？一来是因为算不过来了，属于天文数字了！二来是他当时想的肯定是大哥赢，赢多赢少和自己没什么关系。可是现在才知道，这是"做梦娶媳妇——想得美"，眼下的结果不是赢多少，是输多少的事，不是输多少米的事，是很可能这些人的全部家产都得输光了，这回是"日本的船——满丸（完）"了。郑大老爷和其他人还没有意识到问题的严重性，还说请宰相您给算算我输多少米呀，姚广孝还是微笑着说，那就让我的差人给算一下吧。差人们端着个大算盘，一边扒拉算盘珠，一边说：输一目是一钱米，输二目是二钱米，输三目是四钱米，输四目是一两六钱米，输五目是二斤五两六钱米，输六目是六百五十五斤三两六钱米，输七目是四千二百九十四万九千六百七十二斤九两六钱米，输八目是十九亿亿四千四百六十七万四千四百零七亿三千七百零九万五千五百二十六斤一两六钱米，输九目是……还没等差人的米数报完，就听得扑通扑通，这些人又跪在地下了，个个是"炒葱——蔫了"，全都痛哭流涕，纷纷说，宰相饶命吧……姚广孝还是微笑着说，哭什么呀，咱们是朋友，我哪能要你们性命啊，有言在先，过些时候我要用轿子送你们回家呢，就赢了你们一点儿米，看把你们心疼的。这些人说这可不是一点儿米的事，是让我们倾家荡产啊！姚广孝还是微笑着说，那也得愿赌服输啊。白纸黑字，你们可是都签了字的，我要是输了也得这么给你们呀。说得这些人是哑口无言，心知肚明这回真是"刑部的碑——后悔迟"了。就这样，当天下午姚广孝用轿子把这些人送回了家，同时派人到各家清点财产、土地、买卖字号。到第十天头上朝廷安排人到这十个人家中，将全部财产和土地充公，拉走的拉走，变卖的变卖，折合成银两用于建设新的北京城了。

这十个人和他们的家庭转眼之间从富得流油变成一贫如洗、一无所有的穷光蛋了。这可真是，早知如此，何必当初啊，和朝廷唱对台戏注定没有好下场，最后落了个"木匠戴枷锁——自作自受"啊！时至今日，在南苑一带，郑、陈、杨、孙等姓还都是大姓、大户，可是都不是富户了。再说姚广孝的这个手段，得到了一大笔资金，使建设北京城的钱款充裕了一些。

十六、尾声

因为朝廷确定在北京建皇城了，所以惹恼了龙王，结果在建设新的北京城的过程中以及完工之后，龙王多次现身出来捣乱，姚广孝只好和龙王进行了多次斗智斗勇，也就又产生了很多传说故事。在这里就不细说了，再说一小段作为这篇传说的结尾。

因为姚广孝曾经和皇上商量过，要在箭落之处立一座石碑，刻上"北京城"三个字，可是箭是落在后门桥的水里了，所以后来在建设新的北京城的时候，姚广孝安排人把后门桥上游临时拦了一道坝，把下游的水放掉之后，命人在桥西侧落箭的石头上面刻了三个大字——北京城。后来把水坝拆了，这三个字就在水下看不见了，就天天被水淹着了（不过在 20 世纪 50 年代，北京市政府曾经安排清理后门桥下的淤泥，并没有看到刻字的石头）。

北京城的西郊有座古老的寺院叫潭柘寺，始建于西晋永嘉元年（307），到现在已经有 1700 多年了，北京的建城是起于周朝的蓟城，到现在有 2300 多年了，所以北京城的建立是早于潭柘寺的，可是老北京有句俗话：先有的潭柘寺，后有的北京城。潭柘寺里有一口熬粥的大铜锅，特别大，要刷锅都得蹬着梯子下到锅底下，在这口大铜锅的外面刻有三个字——潭柘寺，天天要烧火熬粥，所以天天都在烧这三个字。老北京人把这两件事联系起来成了一句俗话，叫"火烧潭柘寺，水淹北京城"，出处就是笔者说的这小段。

大青不动，二青摇，三青走到卢沟桥

话说姚广孝确定在北京城建设新的紫禁城了，可是他心里一直不踏实，因为他知道在北京城建设新的紫禁城肯定是得罪苦海幽州的孽龙了。那龙王肯定得报复啊，我总不能干等着他来报复啊，被动地等待不是回事，他要是报复，不可能事先通知我呀，他是什么时候来，是以什么方式报复，这我是一概不知啊，这多被动啊，我是不怕他，可是不能让全城的老百姓跟着吃挂落啊。我得想办法，来个先下手为强。这位能掐会算的老军师姚广孝为这件事是吃不下饭、睡不着觉，仔仔细细地盘算了三天三夜，终于算出来在北京城的西南方向有一个县叫房山县，房山县有一座上方山，上方山的半山腰上，有三块方方正正、平平整整的大青石，每块青石的重量都有上万斤。他们天天是风吹雨淋、日晒月照，天长日久了，逐渐地吸收日精月华就有了灵性了，又经过了若干年的修炼，他们就先后得道成仙了。最大的一块大青石叫大青，已经成仙 1 万年了，练就了一身降龙伏虎和呼风唤雨的本事。那块第二大的青石叫二青，得道成仙也有 5000 年了，降龙伏虎的本事已经练成了，呼风唤雨的本事还没来得及练呢。最小的这块青石叫三青，数他修炼得晚，得道成仙刚 1000 年，本事比不了大哥二哥，降龙的功夫练得还可以，伏虎的本事还练得不到家，更没有呼风唤雨的本事。

　　老北京的人家儿，孩子都比较多，少的三四个，多的七八个。往往是老大的主意多，比较沉稳，说话算数，有大哥的样儿；老二比较听话，比较实在，任劳任怨；老三聪明伶俐、好动，比较淘气，所以都管行三的孩子叫猴三儿。这三块大青石就像一个家里的老大、老二、老三。大青是主意多，比较沉稳，说话算数，有大哥的样儿，而且他的脾气相当的倔强，爱和人抬杠，"三十里地不换肩儿——杠头"一个，你说往东他偏往西，你让他打狗，他偏骂鸡。你还别惹他，谁要是招惹他了，他就是拼了命也得出这口气，可是要是与他无关的事情，他连抬眼皮看一眼都懒得看，更别说出手相助了。二青是比较听话，比较实在，任劳任怨，脾气没有大青那么倔，胆儿小，也没什么主见，别人说话他不一定听，但是很听大青的话，就是大青的跟屁虫儿。数三青年轻，数三青好动、调皮，聪明伶俐，特别贪玩儿，他还有自己的小九九儿，有一定之规。这哥儿仁经常幻化成人形，每人穿一身黑裤黑褂，有时候云游四方，有时候到北京城里走走逛逛，去哪里、去多长时间由大青决定，二青是去哪里都没意见，一切听大哥的，三青是出去就不愿意回来，哪里热闹就爱去哪儿，"叫花子牵着猴——还一半儿的玩儿心呢"。大青要说回来，二青二话不说，跟着就走，三青就不行，磨磨蹭蹭，磨磨叽叽，玩起来没够，不想回去。但是更多的时候这哥仁还是在上方山上，修炼精气神，研习技艺，切磋武功，秋天了，经常有树叶落在他们的躯壳青石上，他们懒得动，大哥就打个招呼，来一阵儿风，把落叶吹走了；有时候，鸟儿在天上拉屎落在了青石上，他们懒得动，大哥就呼唤一下，下一阵儿雨，把青石洗刷得干干净净，因为三个人既不张扬，也不招惹是非，所以人不知、鬼不觉，踏踏实实地在这里居住了很多很多年，就是在附近居住的老百姓和天天上山放羊，经常在青石旁路过的小羊倌也想不到在这深山老林里竟然隐藏着这么厉害的三位精灵。这回让姚广孝给算出来了，姚广孝就想请他们出山，也不用他们去和龙王打仗，只要他们"小孩拉屎——挪挪窝儿"，搬到北京城里居住，就能镇住孽龙，龙王就不敢来北京城里兴风作浪、胡作非为了。可是这是"剃头挑子——一头热"，是姚广孝一厢情愿的事儿。首先说人家愿意来吗？姚广孝这心里也没底儿。再说怎么请啊，琢磨来琢磨去，姚广孝为了能把他们请来就准备了一软一硬两套方案，软的一套方案是预备了高香、蜡烛、鲜花、神礼，用"礼聘"的手段，要恭恭敬敬地请，好让神石高高兴兴地下山；另一套是袖子里的计谋，他要通过法术搬来天兵天将，助自己一臂之力，为的是让大青、二青、三青知道知道我姚广孝的神通，好让他们服服帖帖地下山。姚广孝想，有我这两套手段，这三位隐士即使不能全跟我来，哪怕其中有一位能被我请到北京城来，也足以镇住龙王了。

话说姚广孝把各种物品准备停当，安排好人手，挑选了一个黄道吉日，早早地就起床了，换了一身崭新的朝服，坐着轿子，带领着一千多人和三挂大马车就浩浩荡荡地奔向了上方山。有人问了，干吗那么多人和马车呢？你想啊，如果三位答应来北京城，就得安排人把这三大块全都是上万斤的大青石运回北京啊。他们走得还挺快，走到中午就到了卢沟桥了，姚广孝就安排大家伙在卢沟桥边上吃晌午饭。可巧龙王手下的两个巡河夜叉在水里巡河，此时也路过卢沟桥，这就叫"冰窖起火——该着"，两个巡河夜叉听到岸边和桥上人声鼎沸，一看有军人，有老百姓，得有一千多号人，都坐在道边吃东西呢，身边放着锹、镐，还有大粗绳子，心里说，这么多人是要干什么去呀，还听到有人说，今天住良乡，明天要去上方山。他们也没当回事，巡完河，回到龙宫，和龙王说今天平安无事，请大王放心。然后随便聊天，说今天看见了一件热闹事儿，龙王问什么热闹事啊，这两个夜叉就把看到的说了一遍。龙王一听到上方山就心里一惊，因为他除了不敢惹天庭，在地上最不能惹的就是上方山上的三块大青石了。他赶紧说，这么重要的事情你们两个怎么不郑重其事地跟我说呢？二人说这既不是井里的事，也不是河里的事，我们觉得和咱们没关系。龙王说太有关系啦，再把今天的所见所闻详详细细地说说。二人又仔细地回忆了一下，说了一遍。龙王想，会不会是在北京建皇城的姚广孝来请这三块石头下山帮他守护北京城啊，要真是这样，我报复姚广孝的计策就都行不通了。不行，是不是的我也要弄个明白。龙王顾不上吃中午饭，独自出了龙宫，驾祥云来到卢沟桥，在天上往下一看，果然看到有上千人正在往良乡走呢。龙王摇身一变，化作一位白衣秀才，假装路过此地，两只眼睛看着道路，两只耳朵仔细听着这些人在说些什么，果然听到有人说，听说那三块石头，每块都有上万斤，运到北京怎么也得十几天。龙王心想，不用说了，他们果然是奔着三块青石来的，我得赶快回去想办法了。他虽然心里着急，但表面还不动声色，很斯文地走过一个山脚，到了没人看见的地方，赶紧驾起云头往龙宫赶，一边赶一边想办法，路过卢沟桥的时候又仔细地看了看，等回到龙宫了，办法也想出来了。龙王告诉所有的虾兵蟹将，咱们现在要赶紧全体出去，到卢沟桥办一件大事。大家跟随龙王通过水路到了卢沟桥，龙王说，三五天之后，会有很多人要从西往东运三块大石头过这里，同时要带着三位穿黑衣裳的人过桥。咱们就是要在这里拦住他们，主要是不能让三块石头和那三个穿黑衣裳的人过去。我刚才驾云在天上看了这一带的地势，咱们要抓紧时间利用这里的地形地物，在这儿建一座"蝎子城"，长长的卢沟桥作为蝎子的尾巴，在卢沟桥东面要抓紧垒一座一丈五尺高的能装下上千人的城作为蝎子的肚子，城东边砌个城门做蝎子脑袋，那个地方有两口井，正好留在城门里做蝎子的眼睛，再往东边一点，南北有两座小土山，那就算是蝎子的两只大前爪。我到时候就变成一只大蝎子等着他们，只要他们全都进了蝎子城，龙子龙孙们就负责马上把城门关上，我就在城里用那两口井发大水淹他们，你们就在城墙上往下射箭，咱们一起动手，把他们都杀死在这里。这些虾兵蟹将听了之后就干上了。

放下龙王带着人建蝎子城暂且不表，再说姚广孝带着人走了两天，来到了上方山，怕惊动了这三块神石，就让这些人睡在了山脚下，打算第三天早上再上山。可是终究是一千多人，动静有点大，就被半山腰的大青给听见了。大青一想，不对啊，多少年来，这上方山都是静悄悄的，顶多有几个放羊的、砍柴的人走动走动，今天眼看天都黑了，怎么有这么大的动静呢？就叫三青，说你赶快下山看看去。三青答应了一声，就变成一个身穿一身黑衣裳的小男孩，顺着弯弯曲曲的小道往山下跑去。过了一会儿，又跑了回来，气喘吁吁地对大青石说，大哥，我看见很多很多人在山脚下，正坐在地上，有吃东西的，有靠着树睡觉的，身边放着不少的锹、镐和一些别的东西，天黑了，也看不真着了，好像还有三驾马车，您说能是来山上找咱们的吗？大青听了，想了想说，这几天我一直心里不踏实，看来还真是有事儿了，咱们在这里待了这么多年，山清水秀，风景这么好，还特别清静，正因为这里是风水宝地，所以咱们才能修炼得道。现在有人来请，按理说，这是件好事，是瞧得起咱们，是让咱们英雄有用武之地。可是哪里的风水也没有这里好啊，咱们要是离开这里，换个地方练功，肯定没有在这儿的效果好。所以我是哪儿都不愿意去，二青、三青，你们是怎么想的呀？二青说我没什么想法，我一是舍不得大哥，二是舍不得这个地方，反正无论什么事我全听大哥的。三青说，在这深山老林待了这么多年，我是真待腻了，要是请咱们去别的还是山旮旯儿的地方，我是不去的，要是请咱们去北京城或者别的热闹的地方，我还是挺愿意去的。仨人说着说着就困了，就都睡着了。第二天大清早姚广孝带着人就上山来了。

姚广孝非常想把这三个人请到北京去，所以是毕恭毕敬，从山脚下往山上走的时候就把平常老军师的威风收起来啦，也没坐轿子，一步一步走上来的。他规规矩矩地来到了三块神石的面前，亲自摆好了香花、蜡烛、神礼，恭恭敬敬地说："三位神石在上，我姚广孝奉当今皇帝的旨意，来请三位神石，驾临北京，为国家建功立业，少不得皇帝要封你们为镇国大将军哩！"大青稳稳地躺在那里，一动也没动，二青、三青看了一眼大青，想：大哥既然没动弹，我们弟兄也就不用动弹啦。姚广孝接着又说，我知道你们都有降龙伏虎的本事，可是在这里是永远也用不上的，你们既然呕心沥血练成了这么了不起的本事，那就是想使用这个本事。我现在是给你们送机会来了，其实到北京以后，也不是要劳动你们带兵打仗，你们还是舒舒服服地在北京城里镇山上一躺，平日里你们要活动、要练功还是随你们的便，只要你们答应在北京城里住着，就能镇住孽龙，使他不敢到北京城里胡作非为就行了。三青听了心想，这位老者说得有道理啊，练了这么多年的功，这回可用上了，为朝廷出力是件光荣的事，能到北京，又风光又露脸，还热闹，多好啊！他扭头看了看二位哥哥，大青一听是请他们去北京，就有点儿烦，他认为北京人太多，乱哄哄的，根本没有清静的适合练功的好地方，又听姚广孝说去了是要镇住龙王，他更不想去了，他心里说，我与龙王往日无冤、近日无仇，平日里我呼风唤雨还要靠龙王的支持配合呢，我可不想得罪龙王，所以大青还是一动不动，二青、三青一看，也都没动。姚广孝一看这三个人一动不动和没听见一样，就有点儿生气了，就说，我恭恭敬敬地来请你们，道理全给你们讲清楚了，你们是不是不买我的账啊，可不要敬酒不吃吃罚酒啊！我数一二三，再不动我可不客气啦！姚广孝又数了三下，这仨人还是一动不动，姚广孝就低低地对袖口里的"天兵天将"说："有劳诸位，显一下形，压压他们的锐气。"无数的"天兵天将"就从姚广孝的袖口里飞了出来，风一吹，每一个都比真人还要高大许多，一个个手里举着刀枪剑戟、斧钺钩叉、镗棍槊棒、拐子流星，带尖儿的、带刃儿的、带弯儿的、带翅儿的、带蛾眉针儿的、带刀梁刺儿的、带红绒绳儿的、带铁锁链儿的、扔得出去的、拽得回来的，各种兵刃明晃晃耀人耳目，亮晶晶使人胆寒。刹那间，这些天神就把这三块神石围了个水泄不通，高声喝道，你们必须听令，老老实实地跟随姚老军师进北京！如若不然就叫你们粉身碎骨！大青一听，这倔脾气上来了，偏就一动不动，爱咋咋地了；二青被这些"天兵天将"的神威给唬得够呛，不由得摇了摇身体，晃了晃脑袋，"门头沟的财主——窑（摇）头"；这三青本来就想跟姚广孝走，再加上"天兵天将"的神威，吓得一下就跳起来了，被天神一把抓住了胳膊，接着就要五花大绑，姚广孝连忙说不可伤了三壮士，姚广孝又问三青，壮士是否愿意随老夫一起去北京城，为国家的平安、社稷的太平出一把力呢？三青如实说，我早就想离开这里，去为国家建功立业了，只是怕我大哥、二哥不高兴，也有些舍不得他们，现在我要是跟您走了，最担心的是你们难为我的二位哥哥。姚广孝说，三壮士，请你放心，你能跟我们回北京，我们求之不得，你的二位哥哥不愿意去，我也绝不强求，更不会为难他们，也没准哪一天他们想通了，改主意了，又想为国出力了，那我们是随时都欢迎啊！姚广孝接着说，三壮士，趁着天色未晚，咱们这就动身早些下山，你现在就和两位哥哥告个别吧，接着一扬胳膊，把这些"天兵天将"又都收回袖口里头去了。三青转过身来对二位哥哥说，对不住了，我实在是太想去了，以后我会经常回来看你们的，你们要是想我了也可以到北京城来看我。大青听了说，人各有志，你去自有你的道理，我不愿意去也有我的原因，现在也不必和你细说了，就希望兄弟你今后好自为之吧。二青也说了几句，三青就跟随姚广孝下山了。

　　姚广孝带来的那些人用各种家伙小心翼翼地把三青的躯壳挖了出来，也运下了山，姚广孝对三青说，壮士是与我一样乘轿呢，还是骑马呢？三青说，我不习惯坐轿子，骑马一来可以观看四周的风景，二来还能照看我的躯壳？姚广孝说，壮士说得有理，那你就骑马吧。接着有人牵过来一匹高头大马，三青上得马来，姚广孝坐着轿子在前边慢慢地行走，三青骑马跟在运大青石的马车后边，这些人就朝北京城走去。当天天都黑了才走到良乡，就住在了良乡。第二天清早起来继续走，这离北京城就越来越近了，姚广孝这心里甭提多舒坦了，因为只要三青能顺利到达北京，再把他的躯壳——那块大青石往镇山（就是现在的景山）的山坡上一稳，就齐活了，龙王就再也不敢来北京城闹事儿了。姚广孝坐着轿子哼着小曲儿就来到了卢沟桥，这卢沟桥的桥面比往常厚了一层，那是龙王变的蝎子的尾巴，姚广孝坐在轿子里也没理会，过了卢沟桥姚广孝透过轿帘一看，不对啊，前面怎么冒出一座城来呀，按历史记载卢沟桥是金朝建的，可是卢沟桥东边的拱极城是明朝崇祯年间才建的。所以在永乐年间是有桥没城的。姚广孝立刻叫停了人马，他下得轿子走到城跟前，仔细看了看，城墙上是黑云笼罩，一股水腥气扑鼻而来，就感觉有问题，伸出手来掐指一算，他有些明白了，这座城是暗藏机关的，一定是有人要算计我的，就对手下人说：传我的命令，过了桥之后，决不许进城，一律往南拐，见路再往东，绕城而过。举旗开道的士兵们连忙往南拐了。

其实自打安排人建这座蝎子城起，这龙王就叫龙子去上方山监视着姚广孝的一举一动了，在今天早上姚广孝他们在良乡还没开拔呢，龙子就抢先一步来到卢沟桥，把情况都跟龙王说了，所以龙王是知道就三青一个人跟着进城的，这龙王正在这里候着呢。一看这些人不进城了，就知道自己的计策被姚广孝看破了，心想，看来我是不能让你们全军覆没了，那也要把三青办了，绝不能让三青进北京。这时候三青骑着马，刚刚走过桥，龙王就把蝎子尾巴从桥西头往东斜着猛地一甩，尾巴尖打到了三青的身上，毒钩子就蜇到了三青的脑袋上，三青一下就从马上摔下来了。周围的人连声高喊，大事不好啦，三壮士从马上掉下来了。姚广孝连忙跑过去本想救治，可是一看，三青是先被蝎子尾巴抽，又被毒蝎子蜇，再从马上摔下来，已经是气绝身亡了，就是再好的大夫来，也回天乏术了，"小死孩子——没治啦"！正是出师未捷身先死，长使英雄泪满襟啊！姚广孝这会儿全都明白了，一定是龙王搞的鬼，可是在这时候龙王已经趁乱带着虾兵蟹将顺着卢沟桥下的河水跑远了，姚广孝只好派人掩埋了三青的尸体，把那块大青石安放在了卢沟桥畔，两手空空地回了北京城，从此姚广孝和龙王算结下梁子了，所以后来引发了高亮赶水北新桥等很多关于姚广孝与龙王争斗的传说。三青死了，卢沟桥畔的那块大青石也就没了灵魂，成了一块普通的大青石，在卢沟桥畔又躺了几百年，一直到新中国成立后搞建设的时候，才被砂石厂破碎成碎石渣，卖给建筑工地打混凝土用了。

东直门大脚印的传说

　　话说明朝永乐年间，皇帝老儿要修建北京城了，就下了一道圣旨：城门楼子要九丈九尺高，要盖得楼上加楼，要盖得檐子像飞起来一样，要比以前所有的城门楼子都要高大，都要漂亮。管工大臣召集了当时北京城的八十一家专门盖大建筑的掌柜的们商量这件事。可是这些家施工队伍也没做过这么大的活儿呀，都感觉心里没底，不敢轻易地应承，就说容我们商量商量吧。管工大臣说，工期紧张，只能给你们三天的商量时间。等管工大臣离开之后，这些人就把各自心里的小九九掏出来了。张三说，朝廷找咱们干这个活，是瞧得起咱们，而且干这个活儿肯定钱少不了。李四说，"卖水的瞧见河——那都是钱了"，可是咱不能只看见钱，得先说咱们能不能干吧，反正我是没干过，甭说干，那真是羊上树、狗长犄角，既没瞧见过，也没听说过。你瞧见过吗，你懂吗，我看你是"打磨厂儿的大夫——你董德懋（懂得帽）儿呀"。谁要是说能干，那就给大伙讲讲怎么干。大伙一听这个话，一个个就噘了牙花子了，全都"门头沟的财主——窑（摇）头"了，本来还满面春风的几位也都"秋后的黄瓜——蔫了"。王五说，哥儿几个也先别泄气，要我说啊，咱们不行，有人行啊，"走道拿虱子——有啊"。咱们可以找高人呢。大家伙儿赶紧问，谁呀？王五说，俗话说姜还是老的辣，那些走南闯北、见多识广的老包工头儿和干了几十年建筑工程的瓦木工老师傅们，他们里头就保不齐有懂的，咱们把他们请来问问吧，现在只能是死马当活马医了。大家觉得这话说得有道理，就说都去找自己熟悉的这些老人儿，约好了第二天上午见面。

　　等第二天上午一看，嘿，还真找来不少人。把这件事和来的这些人一说，别说，还真有明白人，真知道怎么干的，有一位老师傅就说，虽然咱们没有亲自干过，可是没吃过猪肉，还没见过猪跑吗？咱们对于盖城门楼子的套路还是门儿清的。接着说了架子怎么搭，柱子怎么立，拱顶怎么起、怎么落，说得那真是"豁牙子啃西瓜皮——条条是道儿"啊，"卖砂锅的伙计——一套一套的"，嘿！大家伙儿一听，甭提多高兴了，顿时底气就足了，精神就来了，不少人也跟着出主意，你一言我一语，就把这城门楼子怎么干、有什么需要注意的，就给说了个差不多。这些掌柜的感觉心里踏实了，"大蝎子告诉小蝎子——就这么蜇（着）吧"，第三天就跟管工大臣回信儿了，这个活儿我们接了，您就抓紧准备材料吧。管工大臣一听也高兴了，说你们放心，材料没有问题，银子也没有问题，你们把所需各种材料拉个清单，再画张城门楼子的图纸，我报上去，用不了几天就全批下来了。

简短节说，瓦木工老师傅们把材料清单拉出来了，城楼样子画出来了，管工大臣报给了皇上，皇帝老儿一看，龙颜大悦，就批准了。工部马上给预备材料，工部的人问管工大臣，这材料送到哪儿啊？这就涉及了先建哪座城门的问题。是啊，先盖哪一座呢？管工大臣是个有心眼儿的人，他一琢磨，先盖离紫禁城远一点儿的吧，等盖好了，皇上和朝廷的大臣们看着都满意了，咱们再盖离皇宫近的城楼子。所以就说把材料送到都城的东北角吧。管工大臣对这些掌柜的说了，咱们先建东北角的那座城门楼子吧。

修建这座东直门城楼，当然要从挖基坑、打地基、砌城台、搭架子、起拱门一样一样地来。为了把这个活儿干好，从工头到小工，那个个都是"二小穿马褂——规规矩矩"，绝对的上心，格外的仔细。拱门起来了，紧跟着就是砌第一层城楼，第一层城楼起来之后，各位工头和掌柜的都觉得挺好，请管工大臣看了，管工大臣也很满意，接着就在一层的城楼上边立起了二十四根楠木明柱，就建城楼二层了，这二层就是这座城楼的中心部位、重点部位，也是显示建筑能力的关键地方了。建到这里，管工大臣看了看，感觉还不错，样子不难看，比较满意，对这几位掌柜的说，这活儿干得挺漂亮的，工期抓得也挺紧，材料也没浪费，我回去找皇上给你们请赏去。这些包工的、掌柜的一听，那可是"小车不拉——推（忒）好了"。千恩万谢啊，掌柜的和工头、工人们一说，大家伙更高兴了，干活也更来劲儿了。

再往下该起升斗（斗拱）了，升斗起来之后，问题来了，大家一看，这四个拱角怎么不一样高啊，怎么瞧，怎么觉得东北角高了一点，怎么回事儿呢？包工大木厂的掌柜的，怀疑是拱角下面的木梁有些走迹（加工的时候没问题，加工之后变形了），木匠们都知道，如果是走迹了，有些变形，通过力量是能够矫正回来的。大木厂的掌柜的就和其他几位掌柜的合计，这件事现在是不是和管工大臣说一声啊，大家伙一琢磨，说了他也帮不上忙，还是别说的好，咱们觉得应该怎么干，就自作主张吧，大木厂的掌柜的就告诉木匠工头说："你们上椽子，也许椽子一压，就压平了。"工头听了心里有些疑惑，就把掌柜的意思和木工师傅说了。木工师傅觉得不对劲儿，说这件事儿有点儿"瘸子的屁股——斜（邪）门"，明明做升斗时是按照测量好了的尺寸，按照木匠的规矩做的，一分一厘也不差呀，再说，我干木匠这么多年，还从来没听说过这么大的木料还走迹呢，估计用椽子是压不下去的，应该拆了重新制作。工头觉得木工师傅说的有道理，就赶紧转告给大木厂的掌柜的了。掌柜的一算工期，拆了重新制作从时间上肯定是来不及了，哪儿能现上轿子现扎耳朵眼啊。工头们说，要不然就按掌柜的说的方法干吧。大家就开始上椽子了。椽子钉完了，再一瞧，呦！坏了，这东北角更高了，木工师傅急得直出汗，这不是越渴越吃盐吗。拿尺量吧，怎么量尺寸都没有问题呀，木工师傅可就没了主意了，工头也想不出什么招法了，这些人都"黄鼠狼烤火——毛了爪儿"了。大木厂的掌柜的一看，也傻眼了。大家伙儿可就都"哥俩打一个——急了"，因为心里都明白，现在城楼的东北角就这么高，要是再苫上背，再砸上瓦，那只会是更明显的了，别说请管工大臣验收，就是自己个也是瞧不过去的了，这要是交不了差，拿不到工钱是小事，真要是皇帝佬怪罪下来，那可是要杀头的啊。大伙儿可就犯了愁了，"有病不吃药——怎么好啊"？

到了中午歇晌的时候了，送饭的来了，可是这些人哪还有心思吃饭啊，都在城楼子底下，有站着的，有蹲着的，都在发愁，都在想办法，可是想也想不出来什么办法。就在这起急冒火的时候，就瞧见一个年轻的壮工（小工），也就十八九岁，从远处走过来，围着这个东北角来回转了三圈儿，木工师傅本来心里就烦，工头本来心里就急，都呵斥这个壮工，说："大伙儿心里正着急呢，你瞎转悠什么！你不怕上头掉下东西来砸着你！"这个壮工连哼也没哼一声，一转身就直奔脚手架了。到了架子跟前儿，系了系裤角儿，掖了掖衣襟，挽了挽袖口，可就上了脚手架了，说时迟、那时快，噌噌噌，转眼之间他可就来到了城楼正脊东北角的最高处了，把下面的这些人都瞧愣了，都不知道这个小伙子去上头干吗去了。脚手架在这里就搭到头了，再往前可就什么都没有了，只见这个年轻的壮工，轻轻地后退了两步，打量了一眼楼檐子，忽然间，垫步拧腰，噌，他竟然往前冲出去了，那时候在脚手架子下面是没有安全网的，工人身上也没有系安全带的，这一下这个人可就"大高玄殿的牌楼——无依无靠"了，就掉下来了，这不是要跳楼自杀吗？让人们看着仿佛这个人忽然一失脚从脚手架上掉下来了一样。下面的人都瞧着呢，不由得喊了一声，"糟了！"再瞧，这个壮工并没掉到地下来，他往前一冲，斜着身子可就飘向了楼檐子了。一只脚正巧落在东北角的椽子上，他站在上面稳了稳身子，着着实实地往下又用力踩了踩，接着一转身，一弯腰，就抓着了下一层的脚手架了，三拐两拐，顺着一根长杉篙就出溜下来了。工头正要骂这个小壮工，木工师傅也正要数落这个小工的时候，只见这个人，一转身就钻出人群，三绕两绕，不见了。

大伙儿就议论这个冒失鬼，没事上脚手架干什么，差一点摔死。还有人说，看这个人眼生，也不知道是跟着哪位师傅干活的，应该管管了。还有人说，这个小伙子干了这么大的悬事儿，怎么一声不哼就走了？大伙儿谁也猜不出个子午卯酉来。这时候，有一位木工师傅忽然惊叫起来，说："你们快瞧，城楼东北角怎么不高了！"大家抬头一看，真是的，现在看着四个角儿一般高啦。大家伙儿在底下看着没问题了，有人说，咱们上上头再看看吧，连工头、木工、瓦工师傅，众多的掌柜的就纷纷赶紧登上脚手架，来到了城楼顶上头，从上往下，往周围一看，四个角还真是一般高了，可不是吗，真的不高了呀，"何家的姑娘嫁郑家——郑何氏（正合适）"了，嘿！那真是"老太太骑瘦驴——严丝合缝"。再仔细一瞧，您猜怎么着，城楼东北犄角的檐椽上面还有一个清清楚楚的大脚印哩！大伙高兴了，再找那个壮工，怎么也找不到了。他姓字名谁，问谁谁不知道，他是跟着哪位师傅干活儿的，谁也说不清楚。甚至所有人都说从来就没瞧见过这个小伙子。后来一位老师傅说："这个壮工，八成是鲁班爷现身，帮咱们解难题来了。"这句话给大家伙儿提了醒儿了，这些人都深信不疑，纷纷跪下来朝城楼东北角磕头，表示对鲁班爷的感谢。后来，这东直门的城楼就顺顺当当儿地盖起来了，城楼的四个犄角高度也是一样的了，管工大臣和朝廷的验收大员全都非常满意。所有的施工人员、工头和掌柜的们都拿到了工钱、赏钱，心里都美滋滋的。就是大家伙儿没敢把鲁班爷现身踩楼檐的事儿告诉管工大臣。可是在城楼檐子苫背的时候，木匠师傅并没把城楼东北角椽子上的那个脚印去掉。大伙儿说："这是鲁班爷给咱们留下的一点痕迹，咱们就留着这点念想儿吧。"这个东直门楼檐大脚印的传说到这里就聊完了。

前门楼子"加檐"的故事

传说明朝修建北京的城墙、城门，建来建去，就建到了正阳门。永乐皇上非常关心北京这个新国都的建设。从南京来了好几趟，既要看看紫禁城的工程进展，也要看看皇城的施工情况，还要看看外边都城干得怎么样。这一天他就来到了正阳门的施工现场。他对负责施工的大臣们说，已经完工的那几座城楼朕都看了，还是不错的，朕比较满意。现在要盖的正阳门是都城最重要的城门，所以要比其他的城门都要高大、壮观、气派，要体现出咱们大明朝的国威。你们要是盖好了，让朕看着满意，朕就给你们和施工的有关人员重重的赏赐，如果盖的不是那么回事儿，可别怪朕不客气。这些大臣听着皇上的圣谕，先是赔笑脸，后来就吓得跪在地上，连连磕头，说请皇上放心，臣子们一定尽心尽力，一定修建一座让皇上称心如意的城楼。

等他们跪送永乐皇上上轿离开之后，这几位大臣爬起来立刻把所有工种的工头都召集了过来，说刚才圣上说了，咱们建的那几座城门他都看了，还算满意，可是要求这座正阳门必须比那几座城门还要高大、壮观、气派，要是建得让圣上满意，就给咱们重重的赏赐，如若不满意，就要对咱们不客气。不客气是什么意思啊，就是杀头掉脑袋啊。脑袋要是没了，可就吃什么都不香了。工头们说那就按建完的那几座城楼的样式，再按照比例放大一些不就成了吗？几位大臣觉得有道理，说那就抓紧干吧。那时候别看没有现在的各种机械设备，可是干活的速度还挺快，几十天的工夫，把这正阳门就盖起来了，模样出来了，负责施工的大臣们一看，还确实比那几座城楼高了不少，也大了不少，可是就觉得不够气派，而且还说不出来问题出在哪儿。

话说永乐皇帝在北京住了一段时间，打算过些日子回南京了，又想起正阳门了，吩咐手下，要再到正阳门看看去，看看干得怎么样了，就坐着御轿，出了皇城就奔正阳门干活的工地来了。离着还挺老远，皇上隔着轿窗就看见高大的正阳门了，皇帝说轿子先停一下，轿夫们赶紧把御轿轻轻地落在地上，下人过来撩起了轿帘，永乐皇帝下了轿，站在那儿看了看，摇了摇头，然后回到轿子里，说走吧，就来到了正阳门的下面。施工的大臣们刚刚接到皇上要来的消息，都在这里候着，看见皇上到了，连忙下跪迎接，口中山呼万岁。皇帝再次下了轿，摆了摆手，示意让这些人都平身，然后就抬起头来仔细端详这座城楼，这几位大臣一看皇上的脸色，就感觉不对劲，永乐大帝满脸的不高兴，看完城楼对这些人说，朕上次来，对你们说要把正阳门建得高大、壮观、气派，现在高大是有了，可是朕没看出来壮观、气派呀！这几位大臣一听，立马又跪下了，纷纷说皇上圣明，皇上说得对，我们也是觉得不够壮观、气派，我们正找原因，正琢磨着怎么改呢。永乐皇帝听了，脸色转过来点儿，说，都起来吧，既然你们已经知道了，那就抓紧改吧。朕呢，打算下个月回南京，在临走前还会来看的，给你们一个月的时间，希望到时候你们能把正阳门改出壮观、气派的模样。还是那句话，要是改得好，让朕看着满意，朕就给你们赏赐，要是正阳门城楼改完之后，还是不够壮观、气派，可别怪朕不客气！说完转身上了轿子就走了，都走出挺老远的了，这几位大臣还在这儿筛糠呢。

　　等几位大臣缓过神儿来，赶紧又把各位工头叫了过来，说皇上刚才说正阳门的城楼够高、够大了，可是不够壮观、气派，说得我们挺服气，因为我们也觉得差了点儿劲头儿，就是没找到原因，不知道怎么改。皇上说了，给咱们一个月的时间，必须把壮观、气派找回来，如果找不回来，可就真不客气了。我们哥几个也没辙了，只有"圆幅脸一拉——长幅脸"了，给你们5天的时间，把整改方案做出来，一个月之内干出来，咱们一块儿向皇上交差，如若完不成，不等皇上治我们的罪，我们就先把你们办了。各位工头一听，也傻了眼了，说我们是按照那几座城门的比例放大的，这尺寸没错儿啊，怎么就把壮观、气派给丢了呢？我们要有好招儿，早就使上了，哪儿敢藏着掖着啊。管工大臣们说，现在顾不了那么多了，必须在5天里拿出整改方案，再用25天改完，说别的没用。各位工头知道说什么也没用了，可是要在5天里拿出方案，20多天里把造好的城门楼子找回壮观、气派，这怎么做得到啊？各位工头没了招儿了，又把工匠们叫到了一块，把上面的意思说了，可是工匠们也没什么好主意。大家伙儿可就发了愁了，这时候的时间还过得特别快，一晃儿四天就过去了，大家都愁得是吃不下饭、睡不着觉了。可不是嘛，脑袋都要搬家了，哪还有心思吃饭啊。

　　厨房里的大师傅也奇怪了，这几天怎么来吃饭的人越来越少，剩的饭菜越来越多啊！心想我这饭菜该怎么做还是怎么做，这味道也没差啊，怎么就都不吃了呢？大师傅正嘀咕呢，厨房来个要饭的，是一个穿得破破烂烂的老头儿，来讨口饭吃。大师傅说，你来得正好，往常是顿顿不够吃的，什么也剩不下。这两天剩的饭菜可多了，你随便吃。说着大师傅就给他拿了好几个馒头，又给他盛了一大碗菜。老头儿吃了一口，说加檐。大师傅正忙着准备晚饭，在择菜呢，一听，噢，老头儿口重，嫌菜没有咸味儿，就站起身来从盐罐里给捏了点盐。老头儿端起菜碗吃了一口，又说加檐。大师傅刚坐那儿拿起菜来要择还没择呢，就连头也没抬说，盐罐那不是在那里摆着呢，你自己加吧。大师傅也没抬头看老头加没加盐，只听到老头又说：加檐。大师傅说，我给你盛了那么多菜，你要是觉着不咸，多吃几口菜不就成了嘛。大师傅说着一抬头，欸，老头儿不声不响地走了，那几个馒头和那碗菜还在门口儿的桌子上放着呢。大师傅觉得奇怪啊，要了饭不吃，也不拿走，还连说了三回"加盐"。这是怎么一回事呢？心说我得问问他，这不是给我添乱吗？

他走出厨房，一看，没有人啊，这厨房外边是个挺宽敞的地方，可是他往四周围一张望，一个人没有啊，要饭老头哪儿去了呢？这时候就看见木工的工头老李，刚上完茅房，溜溜达达往这边走，他就问，李头，你看见一个老头了吗？老李说哪个老头？大师傅说是一个要饭的，老李说没看见啊，你找要饭的干吗？是不是饭菜吃不完了，打算送人啊？大师傅连忙把刚才的这件蹊跷事说了一遍。工头听了也觉得奇怪，又想了想，感觉悟到了点什么，就瞪大眼睛说，你再仔细说一遍。大师傅说，你要干吗呀？就算我把饭菜送人了，也轮不上你这么审我呀！老李看他理解错了，赶紧说您误会了，我可不管您这里的事儿，我听您刚才说，要饭的老头儿说了三遍"加檐"，"加檐"那是我们干活的行话，所以请您再仔细说这件事。大师傅一听，欸，"加盐"是我们炒菜常说的嘛，咸了加水，淡了加盐嘛，什么时候成了你们木匠的行话了？工头老李说的是屋檐、房檐的檐，做饭的大师傅说的是炒菜放的咸盐的盐，两人是"裤兜子里放屁——跑两叉儿里去了"。这可真是"猴儿吃麻花——满拧"啊！这位大师傅说，你让我再说一遍，我就再说一遍，说完了，我可得赶紧预备晚饭去了。大师傅就又把刚才的事儿说了一遍。这老李听完了，说这件事对于咱们这座正阳门的工程非常重要，今天我就不细说了，也不耽误您了，改天一定好好地谢谢您，没准儿管工大臣都得来感谢您呢。说完这位老李去找管工大臣了。

这个工地有几位管工大臣，一个人一个屋，工头老李照直就奔了总负责人歇息的工棚了，都顾不上敲门了，拉门进去就说，大臣在上，我有紧急的事情报告。这位管工大臣往常吃完中午饭都要躺下睡一觉，可是自打皇上来了，提出一个月内必须把正阳门改得壮观、气派之后，他就睡不着了，今天正半躺半靠在床铺上闭目养神呢，听有人不打招呼就进了屋，就有点儿不高兴。睁眼一看，是个小工头，更来气了，都没动地方，慢慢悠悠地说，有什么紧急的事情呀？连点儿规矩都不懂。老李就把厨房大师傅遇到的事儿说了一遍。刚开始说的时候，这位管工大臣没当回事儿，也没着耳朵听，等李头说得差不多了，他明白过味儿了，一个骨碌爬了起来，眼睛也睁大了，精神头儿也来了。他用手扶着桌子说，你再给我细说一遍，李头就又说了一遍。管工大臣连忙把桌子上的图纸摊开，拿出尺子和笔，在上面比画了比画，又站起来推开门，朝正阳门看了看，不由自主地说，这可真是天助我也。又对站在一边的老李说，赶紧去把其他几位管工大臣和其他的工头全都叫到我这儿来。老李连忙去叫人，这位总负责人也没闲着，他趁这个空当，拿纸、拿笔，画了一张正阳门的新草图，和以前图纸的区别是在正阳门城楼的三层楼檐各加长了 5 尺，等老李把其他的管工大臣和工头们叫来之后，这位大臣指着桌子上自己刚画的草图说，你们都看看。大家伙儿一看，嘿，正阳门不一样了，城楼还是原来的模样，可是就比以前漂亮了，还真显得大气、壮观、气派了。大家伙儿都不由得说，太漂亮了，您是怎么改的？怎么就变好看了呢？这位负责人说我只是把三层楼檐各加长了 5 尺。大家伙说，您怎么想起来这么改了呢？他指着老李说，你们问问他吧。老李就又把怎么见到的厨房大师傅，大师傅对自己是怎么说的，跟大伙儿又重复了一遍。大伙儿一听，就问，这位老头儿是谁呀？老李说，我问大师傅了，他说从来没见过啊。一位老工头说，会不会是鲁班爷现了真身，来帮咱们了？大伙儿纷纷点头称是，说一定是鲁班爷在天上知道皇上给咱们出了这道难题，要是到时候完不成咱们就要掉脑袋，鲁班爷是下界救咱们来了。大伙儿说，那咱们给鲁班爷磕头谢恩吧。大家伙都跪下了，梆梆地磕响头。从这天开始，工头们、工人们就又忙起来了，几位管工大臣的心情也好起来了，鲁班爷下凡出手相助的事儿也在工地传开了。

放下正阳门工地干活的事儿咱们暂且不表，就说永乐大帝的心里还真是一直惦记着这档子事儿呢！过了一个月之后，在回南京之前，他坐着轿子又奔正阳门来了。出了皇城又到了上次落轿的地方，皇上说，停一下，轿夫们又把御轿落在地上，永乐皇帝下了轿，抬头一看，欸？正阳门变样了，不但好看了，而且非常之壮观、气派了。不由得又仔细地端详了端详，满意地点了点头，回到轿里，说不用去正阳门工地了，回去准备明天去南京的事吧。第二天皇上就真的回南京了。第二天早上，正阳门工地的管工大臣们就开始盼着皇上来，左等也不来，右等还不来，大家伙儿就嘀咕上了，这位说上次皇上来，说一个月之后要再来看，今天可到了一个月了，开始没招儿的时候，咱们怕皇上来，皇上来了一生气，咱们的脑袋就搬家了，自从鲁班爷给咱们出了好主意之后，咱们是盼着皇上来，等着他来了一高兴，奖赏咱们呢，可是他却不来了。那位说，可能皇上这几天忙，没准儿明天就来了。第三位说，明天皇上肯定不来了，我已经听说了，皇上今天早上就回南京去了。大家一听，哟！圣上不来啦，咱们把问题解决了，还等着皇上来夸奖几句呢，结果不来了，唉，真让人扫兴。

正在这个时候，听门外有人高声喊道：圣旨到！推开门一看，捧着圣旨的太监公公已经到了近前了。公公说，请各位管工大臣接旨。这几位连忙跪了下来。公公展开圣旨念道，正阳门建设得高大、壮观、气派，朕甚满意，各位管工之臣为此有功，特给每人加官一级，加发俸禄两月。施工干活人员亦很努力，每人加发两月工钱，以示奖赏。钦此。大臣们纷纷磕头谢恩，个个喜笑颜开，都说，皇上什么时候来的，咱们怎么不知道啊？甭管他什么时候来的，给咱们又是升官，又是发钱，就说明咱们没白忙活，就证明皇上知道咱们的辛苦。不过要说起来，这些多亏了鲁班爷的指点啊，今天趁着大家都跪在这里，咱们再给鲁班爷磕头谢恩吧。这个"前门楼子加檐"的故事到此结束。

高亮赶水

姚广孝这么一修造北京城不要紧，没想到惹得孽龙烦恼起来，这才又引起"高亮赶水"的故事来。不知道几百年、几千年以前啦，北京的老爷爷、老奶奶们都这么说：当初北京可苦啦，那时候，北京是一片苦海，谁都管它叫"苦海幽州"。苦海幽州的人，都躲到西面、北面的山上去住，把这片苦海让给了龙王。龙王和他的老婆龙母，带着儿子、儿媳、孙子、孙女，就占据了苦海，在苦海里自己称了王爷。那时候的人躲在山上过的真是苦日子，苦到什么份儿上呢？苦到用泥做锅，用斗量柴（"泥锅造饭斗量柴"，是北京流传很久的口语，泥锅指的是砂锅，斗量的柴指的是煤），老百姓的日子过得苦极啦。也不知道又过了多少年，出来这么一个穿着红袄短裤，名字叫哪吒的小孩子，真有本事，来到苦海幽州，就跟龙王、龙子打起来啦，整整打了九九八十一天，哪吒拿住了龙王、龙母，龙王的儿子、儿媳、孙子、孙女都逃跑了。龙王、龙母被拿住了以后，水就降下去啦，慢慢地露出陆地来了。哪吒把龙王、龙母关押在一处顶大的海眼里，上面砌了一座特别大的白塔，封闭了各处的海眼，叫龙王、龙母永久地看守白塔。苦海幽州的水落下去了，就不再叫苦海，光叫幽州啦。慢慢地有人在这里盖房子，在这里住起来。有了人家，就有村子，有了村子，就有集镇。逃跑了的龙子，这时也称了龙公啦，他的老婆也称龙婆啦，他们带着儿子、女儿躲在西山脚下一个海眼里，一声不响地过日子。他们眼看苦海幽州的人家一天比一天多，日子一天比一天好，就生气，就想出来捣乱，就盼着再发水，再把幽州城给淹了，这个地方就还叫苦海幽州了。

这一天，龙公听来了一个信息：幽州要盖北京城啦，他更气恼了。他想，我们的龙宫让你们给平啦，你们现在又要在这里盖城，我一定要给你们捣乱！后来，又传来一个信息：姚广孝要在这里建一座哪吒城！龙公跟龙婆说："这可糟心啦，这可恨透人啦，幽州这地方，要修起来一座哪吒城，咱们就甭想再翻身啦！"龙婆说："算了吧，他盖他的城，咱们住咱们的海眼龙宫，别找麻烦吧。"龙公听了一跺脚，说："这叫什么话？我不能瞧着他们过好日子！我得趁着北京城没盖起来的时候，把城里头的水收回来，叫他们盖不了城，叫他们活活地渴死！"龙婆情知拦是拦不住啦，只好听她丈夫的话，帮助龙公出主意了。

龙公、龙婆算计好了主意。第二天一清早，龙公、龙婆带着龙子、龙女，推着一辆独轮小车，小车上装满了青菜，扮作乡下进城卖菜的模样，龙公推着小车，龙婆拉着小襻儿，龙子、龙女在后面远远地跟着，就这样混进了北京城。龙公推着车子进了北京城，他哪有心情卖青菜呢？他找了个僻静地方，就把青菜全倒在地上啦。龙公、龙婆带着龙子、龙女，在城里转了一个圈儿，按着算计好了的法子：龙子把城里所有的甜水都给喝净啦，龙女把城里所有的苦水都给喝净啦，然后，龙子、龙女变成了两只鱼鳞水篓，一边一个，躺在车子上，龙公推着车子，龙婆拉着小襻儿，一步三摇地出西直门去啦。

这时候的姚广孝呢？他修造的北京城已经盖得差不多啦，他正带着监工官、管工官修皇宫呢！忽然有人满头大汗地跑来报告："报告大军师，大事不好！现在北京城里的大大小小的水井，一齐都干啦，请大军师赶紧想主意！"姚广孝一听，也着了慌啦，他定了定神，掐指一算，心里就明白了：一定是我建北京城，惹恼了龙王、龙母。他们要把北京城里的水都带走，要渴死北京城里的老百姓。姚广孝当下赶紧派人分头到各城门查问，问问看门的门事官，今天有什么特别样子的人出门没有。许多人奉了大军师分派，都骑着快马，飞也似的到各城门查问去啦。不大工夫，全回来了。汇报说各门都没有特别的人出城，只有到西直门查问的人回来说："西直门看门的士兵，看见一个罗锅儿身子的老头儿，推着一辆独轮车，前边还有一个老婆婆拉小襻儿，车上放着水淋淋的两只鱼鳞水篓，一个时辰之前，出西直门去啦。"门事官还说："因为这鱼鳞水篓很特别，所以多看了几眼，看着分量不大，可是那老汉推着车子好像很费劲呢！"姚广孝听了，点了点头，说："这就对上号了，好一条狠毒的孽龙！现在的办法，就只有派人去把水追回来。"监工官说："怎么个追法呢？"姚广孝说："追回水来，也难，也容易。难呢，是追的人如果被孽龙看出来，性命就保不住啦，就会叫他放出来的水给淹死！说容易呢，只要一两枪扎破鱼鳞水篓，不管后面有什么响动，千万不要回头，急忙跑回来，到了西直门就平安没事啦。"大伙儿都摇头说："好悬！真不容易！"姚广孝急得直跺脚，说："事情可紧急啊！等到孽龙把水送进海眼里，就追不回来啦！哪位去追呀？"大官小官你瞧着我，我瞧着你，谁也不搭腔，可把大军师急坏啦！这时候，只听一声清脆响亮的答话声："大军师，我愿意追孽龙去，一定要赶上孽龙，一定要扎破他的鱼鳞水篓，一定能把水追回来！"姚广孝一瞧是一个 20 多岁的年轻工匠，身材高大魁梧，长得浓眉大眼，脸上透着一股精气神。姚广孝高兴啦，就问："你叫什么名字？"这人说："我叫高亮，是修皇宫的瓦匠。"姚广孝听了点了点头，马上叫手下人把自己平时出行骑的高头大马牵了过来，又命人从兵器架子上拿过来一条红缨枪，姚广孝亲自递给了高亮，说："你一切要小心，我带着人在西直门城上给你助威，等候你的归来。"高亮接过红缨枪，说了一声："大军师放心吧！"头也不回，骑上马飞也似的追孽龙去啦。

一眨眼的工夫，高亮出了西直门，可是他为难啦，往北是北关，通西北的大道，可以到玉泉山；往西是西关，通西南的大道，可以到西山"八大处"；往南是南关，通正南的大道，可以到西直门南边的那座阜成门，往哪个方向追呢？高亮想了想，这可是打闪认针的时间啊，高亮想，刘大军师不是说了吗？孽龙是打算把水送进海眼里去，海眼，只有玉泉山有海眼，往西北追！高亮拽了一下马缰绳，就朝西北追下去啦。

高亮一手托着红缨枪，一手牵着马缰绳，急得眼睛里冒出火似的，往西北急急地追了下去，追了没有多大工夫，眼前出现了一道深沟，两旁高高的土坡，中间一道窄窄的土沟，只能对对付付地通过一辆小车去，马拉大车都走不过去。过了土沟，眼前又出现了两条路，一条是朝西北的，一条是朝正北的，孽龙走了哪条路呢？这时候，土坡子上有几个种地的农民正说话呢，一个人说："这两只水篓子很特别，怎么一闪一闪的像龙鳞哪！"另一个人说："我真纳闷，玉泉山那边有多少甜水啊，为什么推着两篓子水往西北跑？"又一个人说："真难为这老汉、老婆，推着这么两篓子水，这么快就过了咱们这个'车道沟'，那么大年纪，真有把子力气！"高亮听了这个话，情知孽龙过了土沟往西北去啦，他一声没响，托着红缨枪就往西北这条道一直追了下去。又追了不多远，眼前又出现了一片大柳树林子，树林子把路给岔成了左、右两股小道，高亮不知道孽龙往哪条道儿去啦。他正在发愣的时候，柳树林子里有小孩子说了话："喂！拿大扎枪的哥哥，你给我们练一趟枪呀！"高亮一瞧，大树底下有几个小孩子，拍着手朝他乐，高亮心里一动，马上说："小兄弟们，我回头给你们练枪，请你们先告诉我，有一个老大爷、一个老大娘，推着水车子，打这儿往左、右哪条道儿去啦？"几个小孩子抢着说："往右边那条道儿去啦！"高亮说了一声"谢谢"就往右边这条道儿赶下去啦。后来，这个地方就叫了"大柳树"。

高亮往前追着追着，发现了一片没有水的泥塘，四外水痕还显着湿漉漉的，泥塘中间有车轱辘印儿，高亮端详了一下，心里明白啦：这一定是个池塘，孽龙的车子误在这儿啦，真歹毒，他把这点水都不留，也给取走啦，好可恨的孽龙！——这个地方，后来叫南坞。高亮扎枪点地一使劲，马通人性，腾空而起，越过了池塘，道路又往北拐了，高亮为了追回城里的水源，血奔心地又往北追了下去，不大工夫，又碰见了这么一处泥塘，还是有车轱辘印儿，这个地方，后来叫中坞。车子印儿也深了，脚印儿也多啦，高亮知道：孽龙一定是劳乏啦，不然哪会踩这么多、这么深的脚印儿？趁这时候快追，一定能追得上。紧接着在前面高亮又看到了一个没有水的烂泥塘，车轱辘印儿、脚印儿更多啦，高亮腿上使劲一夹马肚子，继续往前直追，这里后来就叫北坞了。追了没有多远，可就到了玉泉山的山根底下了，道旁边有四棵大槐树，槐树下面是一座茶棚子，卖茶的是一位老人家，正摇着一把扇子犯困呢。高亮翻身下马恭恭敬敬地说：老人家，您看到推小车的老公婆了吗？老人说，看到了，他们累得气喘吁吁的，在我这里讨了盏茶喝，现在正朝山上走呢。后来这里就叫四槐居了。

高亮闻听此言，抬头仔细一瞧，远处是一片高粱地，有一条小道通往山上，在半山腰上果然停着一辆装着两只鱼鳞水篓子的小车子，一个罗锅儿身子的老头儿，一个老婆婆，正坐在车旁边的地上擦头上的汗呢。这一定是龙公、龙婆了，这两个人显然是劳乏啦。高亮这时候，心里又高兴，又怦怦乱跳。他悄悄地翻身下马，矮着身子，端着大枪就钻进了高粱地，绕到龙公、龙婆的后面，猛然一长身子，举枪就扎，一枪就扎破了一只鱼鳞水篓子，水哗地一下就流下来啦。高亮还要扎那一只水篓，哪里还有水篓，只见一个凸着肚子的小伙子，刺溜一下就钻进玉泉山海眼去啦。又瞧龙婆抱起来叫高亮扎破了的水篓，往北就跑过了北面的山头，投奔黑龙潭去啦。这是急如闪电的事，还没等高亮想：只扎破一只水篓子，怎么交差呢？就听龙公大喝一声："破坏我大事的小伙子，你还想走吗？"高亮打了一个激灵，转身提枪就跑，后面响起了一片涨潮一样的水声。高亮也不敢回头，飞跑了起来，他就听到水声越来越大，这水好像距离自己越来越近，他紧跑，水紧追，他慢跑，水慢追，他跑着跑着，可就快到西直门了，他都能看见西直门城墙上的姚广孝在朝他挥手啦，他心里一高兴，没留神回头一看，水浪就把高亮卷走啦。打这儿，北京城里的井又有了水，可大部分是苦水（北京以前甜水井很少，大部分是苦水井，也有半甜半苦的二性子水井。那时候，很多人家都预备三种水：苦水洗衣服，二性子水做饭，沏茶才用甜水）。原来那么多的甜水呢？甜水叫龙子给带到玉泉山海眼里去啦。

现在的高亮桥在西直门外北关，高亮桥下面的河水是从玉泉山流出来的，过了昆明湖，就到了长河，长河往东南流，经过动物园、北京展览馆的后面，往东就是高亮桥，水过了高亮桥，流入护城河、流进北京城里了。长河古代叫"高粱河"，桥也叫"高粱桥"。自从有了"高亮赶水"的民间传说，才有人叫它高亮桥。后来的人们，瞧见了这座高亮桥，就会想起"高亮赶水"的传说，就会想起传说中的大英雄高亮。

附录

闲谈九门走九车与北京城五镇

闲谈九门走九车

在明清两朝，对于居住在北京城内外的老百姓，平时进出哪座城门，在运输各类物资的时候进出哪座城门，可以明确地说，都是为了近便，为了避免绕道。人员和车辆经常进出那几座城门，包括朝廷运输一些物资，也是要走近路，不可能舍近求远，朝廷也没有什么硬性的规定，所以在长期的实践中，形成了比较固定的线路，这本来是一件很正常、很普通的事情，可是在最近这几十年里，流传着北京城明清两朝的九门走九车的说法，结果现在很多外地人来北京旅游，被导游忽悠，都以为曾经的北京城有规定，运输什么物资的车辆只能走规定的哪座城门，甚至有些北京人也认为九门走九车确有其事，深信不疑。笔者现在要用一定的篇幅，好好说一说九门走九车这个说法是怎么产生的，又为什么与实际不符。

一、正阳门只能走龙车吗？

这个说法的来源，一是根据正阳门箭楼下有供皇上进出的门洞；二是确实明清两朝的皇上每年冬至要去天坛祭天，惊蛰的时候要去先农坛耕他的那一亩三分地，都要进出正阳门。笔者认为这两点就是流传甚广的正阳门走龙车的依据。确实北京内城的九座城门，只有正阳门的箭楼下面有门洞，而且平时不开，只有皇上进出的时候才打开，但是实际上，每年农历的夏至那一天，皇上还要到地坛啊，祭祀地神也是非常重要的啊，可是皇上哪一次去地坛也没有出北京城南边儿的正阳门，而是出北京城北边的安定门。

由此可见，皇上进出北京城走哪一座城门，完全是为了近，为了方便，绝不可能舍近求远地专走正阳门。例如清朝皇上有时要去清东陵给祖先们扫墓，那他一定是出了紫禁城出了皇城之后，朝东北方向走东直门。而皇上要去清西陵的时候，那就一定是要走宣武门，出了宣武门之后呢，再往西拐，出外城的广安门。在清朝的雍正年间，朝廷决定从广安门（当时叫广宁门）往西修一条石板路，这就是让皇上走这条道。再有，不管是乾隆也好，后来慈禧太后也好，去颐和园万寿山，那一定是出西直门的。还有就是皇上去明十三陵，他一定是走德胜门啊。笔者曾经说过在德胜门瓮城里有个德胜祈雪石碑，这就是乾隆皇帝走德胜门的一个见证，见证什么呢？就是皇帝绝不是必须走正阳门，也就是说正阳门走龙车不是绝对的，从这个明朝清朝的朝廷来讲，也没有这个规矩，这就是笔者对正阳门走龙车这个说法的见解。

二、酒车都从崇文门过吗？

主张运酒车都必须进崇文门的人说，因为只有崇文门负责对酒收税，凡是运酒的车必须走崇文门，他得缴税。其实这话是站不住脚的，在有些历史书籍里面啊，也的确描写过很多运酒的车，插着"南路烧酒"的小旗儿，进出崇文门，这好像是崇文门走酒车的根据。

其实了解一些北京历史知识的人，基本上都知道，北京城的九座城门都有税关，不是只有崇文门有税关，也不是只有崇文门的税官管对酒收税。应该上税的物资，朝廷都有目录，就是不管你走哪座城门，该缴税都要缴税，可不是轻而易举就逃税了。只不过负责税关的总管，日常办公的地点是在崇文门的旁边儿。在清朝进出崇文门的酒车是比较多的，但是走这里的酒车多，并不是因为必须要走崇文门，而是在清朝不许在城内开烧锅，烧锅要开在距离京城 30 里地以外的地方。那时候在北京南郊、东南郊酿酒的场所比较多，当时叫酒作坊或者叫烧锅，比如采育、凤河营，还有大兴的庞各庄。在清朝的时候，庞各庄有 1000 来户人家，就产生了当时号称五大烧锅的北裕丰、中裕丰、南裕丰、隆兴号、永格号。这五大烧锅一天能出多少白酒呢？能出 8000 多斤啊！当时的庞各庄不但出酒的数量多，而且酒的品质好。当时在庞各庄一带，流行着一句歇后语：到了庞各庄儿不喝酒——必是眼子手。眼子手就是不开眼、不识货的意思。从北京南郊往北京城里送酒走崇文门是比较近的，所以很多酒车走崇文门。那么，为什么有的运酒的车子上还插着"南路烧酒"的小旗呢？在清朝的时候，生产烧酒必须要经过朝廷的批准，插着"南路烧酒"的小旗儿，就证明是经朝廷同意生产的酒了。

其实在北京城外的其他地方，也有生产白酒的烧锅，比如说非常有名的酒：莲花白，就是莲花白酒，根据有关资料，在乾隆五十五年（1790），莲花白酒就在京西的海淀镇人和酒店开始酿造了。为什么在海淀镇酿造呢？因为莲花白酒的酿造原料莲花是在海淀的昆明湖一带出产的。那时候的莲花白酒是很受朝廷官员欢迎的，他们都喜欢喝莲花白。那么莲花白酒进北京城，是必须绕到北京城的南边去走崇文门吗？不是的，肯定是进西直门的。

再比如现在大家都知道牛栏山二锅头。这个牛栏山酒厂在北京地区也是酿酒历史悠久的老酒厂，根据现在保存在顺义档案馆的《顺义县志》记载，在康熙五十八年（1719），牛栏山就已经有详细的酿酒记录了，比莲花白还早呢。在那时候牛栏山生产的酒，除了在当地销售之外，也是要进京城来卖的，那么它这个酒车怎么走呢？牛栏山进京城，那肯定是走东直门啊，不可能绕到崇文门。也就是说，崇文门走酒车既不是绝对的，也不是必须的。

三、粮车进城只走朝阳门吗？

朝阳门也叫齐化门，在元、明、清几个朝代，确实北京的粮食大部分是在南方收集之后通过京杭大运河用船运到北京，保存到朝阳门里面的粮仓里，现在还有地名南新仓、北新仓、海运仓、东门仓，当时是号称"九仓"的皇家粮食仓库，在明朝统称"京仓"。这些地名都是曾经的粮仓遗留下来的痕迹。把船上的粮食运到这些仓库，肯定是要进朝阳门的，这就是朝阳门走粮车的最充分的理由。

运粮食走朝阳门是因为朝阳门是距离运河比较近的一座城门，城门里就是朝廷的粮食储备仓库。可是并不能因此就推断说朝阳门是朝廷要求专门走粮车的城门，其他城门就不能走粮车。

朋友们都知道北京西边玉泉山的水好喝，其实用玉泉山的水灌溉种植出来的稻米也非常好吃。在北京城西北部的六郎庄、黑龙潭、东马坊、西马坊一带，种植水稻已经有上千年的历史。特别是清朝的乾隆帝下江南，带回来水稻良种紫金箍（每一粒稻米上，都有一个小紫圈）在京西试种成功，称之为御田，就是皇家御用稻田，所产的稻米那是专供宫廷食用，称之为京西贡米。难道说把京西贡米运进北京城，不许走西直门，必须绕道走城东的朝阳门吗？绝不可能。

再有，在北京城南的南苑一带，种水稻也有几百年的历史，康熙皇帝和乾隆皇帝都为发展南苑稻做出过贡献。南苑稻因为煮出米饭有一层米油，闻着、吃着都特别香，所以也一度成了上交朝廷的贡米。难道说把南苑的贡米运进北京城就不能走北京城南侧的三座城门，要绕到城东走朝阳门吗？这不可能。笔者说的把京西稻和南苑稻确定为朝廷贡米，是有文字记载的，运粮食的车必须走朝阳门是没有文字记载的，也是不可能的。

四、东直门走木材车和砖车吗？

有人说，东直门在明朝初期建设北京时所需的木材大多由此门运送进北京城，还说清朝时南方的木材常常储存在东直门外，因此北京城所需的木材大多从东直门运进北京城。当时木材的用途主要是盖房，而盖房是离不开砖瓦的，所以运输木材、砖瓦的车必须走东直门。

实际上，明朝永乐年间建设北京紫禁城时所需的木材大多来自江南的四川、两湖、两广等地，基本上是用船，通过运河运到通州，又经通惠河运到大通桥一带的，也就是后来建北京外城的广渠门、东便门附近，当然当时还没建外城，还没有广渠门、东便门呢。当时如果是急需使用的木料，卸下船就直接用马车运输进入崇文门（当时叫文明门），拉到紫禁城的施工现场了，不着急使用的、富余的木料就存放在崇文门外，而不是东直门外。当时崇文门外，也就是文明门外有几处存放木材的储料场，所以当时崇文门外有一条大街叫神木厂大街，是现在的东起白桥大街，西至羊市口的那条大街。一直到清朝，这里盛产绢花、绒花了，就改为花市大街了。在明朝，储存木料规模最大的储料场还不是这里，是在通惠河二闸的南面，当时也叫神木厂，现在叫黄木庄，里面曾经存放着一根巨大的金丝楠木。明末清初孙承泽所撰写的《春明梦余录》记载："京师神木厂所积大木，皆永乐时物。其中最巨者曰'樟扁头'。"这些木料储存在这个地方是有文字记载的，如果把这里的木料运到紫禁城，不许走崇文门，只能舍近求远绕到北京城的东北角进东直门吗？绝不可能！

所以笔者说东直门专门走运木料的车是无稽之谈。至于东直门专门走砖车的说法，仍然是不对的。北京的城墙用砖是由山东、河南等地烧制的，也是用船，通过运河运到通州，又经通惠河运到大通桥下，卸船装车，哪里需要，就直接运到哪里的。至于明清两朝，皇家在城里盖房使用的普通砖瓦，在北京城外就有很多地方生产，都是距离哪个城门近，就走哪个城门进城，不存在一定要走东直门的规定。而且在明清时期，恰恰东直门外，烧砖的窑厂是非常少的，北京城外的东南一带，烧砖的窑厂是比较多的，有些窑厂演变成了地名，一直流传至今，例如建国门外的大北窑，广渠门外的潘家窑、窑洼湖，挖土烧砖，年头太多了，挖成了好几个大坑，下雨积水形成了湖泊，在20世纪六七十年代窑洼湖这儿还有好几个大水坑呢。还有南三环的刘家窑和再往南的南窑，这些窑厂当初烧制的砖瓦进入北京城，一定是走崇文门，绝不可能走东直门的，至于传说的东直门城门洞里雕刻着一摞砖、一堆木料，纯属子虚乌有。

五、只有安定门走粪车吗？

至于说安定门走粪车的依据笔者没看到，不过笔者估计是因为在明清两朝，相对北京内城其他的几座城门，安定门外是最荒凉的，出了城门不远，就有一些大粪坑，由此就认定安定门走粪车。

对于北京城里粪便的清掏与运输，在明朝就已经有人专门干这个行当了。在清朝时期，朝廷还有一些相关的规定，但是可不是规定只有安定门才能走粪车，而是在乾隆年间就已由"街道厅"来规定城外的各个粪厂子对于东西南北四城掏粪的范围。同时要求对于皇宫内各厕所是不让粪厂子的人掏的，是由太监们清掏，然后运送到宫外指定场所，再由粪厂子运走。

　　开粪厂子的头儿叫粪阀，清掏与运输人员叫粪夫。可别小看开粪厂子的，干的是无本的生意，掏谁的粪，谁得出钱，卖粪干又挣钱，利润还是可观的。干这行有很多门道，行规也很严，后来到了光绪三十二年（1906），朝廷为了加强对这个行业的管理，要求粪业中人在前门外大市精忠庙创立"肥业公会"。民国十七年（1928），改为"北平特别市粪夫工会"，下设六个支部。第一支部辖西直、阜城两门，第二支部辖德胜、安定两门，第三支部辖朝阳、东直两门，第四支部辖宣武、广安两门，第五支部辖永定门一门，第六支部辖崇文、广渠两门。1929年登记在册的正式粪夫就有2000余人，另外还有未登记注册的跑海粪夫1000余人。跑海粪夫就是没有入会，单干的粪夫。

　　这个"北平特别市粪夫工会"归谁管呢，当时归北平市警察局管。为什么是归警察局管呢？因为民国之后，北京城里建了不少的公共厕所，那时候叫"官茅房"。这些"官茅房"的修建以及粪便的清掏、运送是由警察厅下属卫生处第一科负责的，所以"粪夫工会"和各个粪厂子也就归警察局管了。这些粪阀和警察局挂上了钩，就更横了，谁也不敢得罪他们，要是得罪了，几天不给你清掏粪便了，谁也受不了，即使告到警察局，警察局还向着他们，所以即使是大买卖家都敢怒不敢言，花钱买平安，所以民愤极大，大家管"粪阀"都叫"粪霸"。

　　到了1951年，北京市处决了于德顺、刘春江、金仁甫三人，他们当年就是北京的"粪阀"或者说是"粪霸"。笔者说的这段是北京城掏粪行业曾经的历史。

　　笔者曾经看到老北京人张志宗写过一篇文章，叫"倒马子的，和晒粪饼的"，这篇文章专门介绍老北京城里居民的粪便是怎样清掏、运输、晾晒、销售的。他在文章里提到了两处粪便晾晒场，一

个是崇文门外的东大地，一处是永定门外的铁匠营，可就是没有安
定门什么事儿。大家也可以想一想，如果朝廷要求粪车只能走安定
门，那可能粪车再绕半座北京城，去崇文门外的东大地和永定门外
的铁匠营去晾晒粪饼吗？在明清两朝，北京城里的粪便是城外种植
庄稼、蔬菜的好肥料，而那时候，北京城外的四面八方都是庄稼
地、菜地，都需要北京城里的粪便，所以在城外的很多地方都有晾
晒粪饼的地方和沤粪的粪坑，绝不可能要求粪车只走安定门。再
说，当时北京城里居住着市民几十万人，每天都有近千辆马车往城
外拉粪便，要是只能走安定门，那这里的交通得天天堵塞，绝对得
臭气熏天了。

六、只有德胜门走兵车，贻误战机怎么办？

朋友们知道，在明朝的时候，京城在军事上受到的威胁主要来
自蒙古，而蒙古在北京城的北边，所以出兵打仗走德胜门的情况比
较多。笔者估计正因为如此，才有德胜门走兵车的说法，而且还说
兵车专门要走德胜门是为了讨个吉利，出德胜门就能打胜仗。

其实在明朝早期，兵车走德胜门，那只是因为出德胜门距离战
场比较近，根本不是必须出德胜门，更不是走德胜门就能打胜仗。
打仗讲究的是兵贵神速，一定是哪座城门距离战场近，就走哪座城
门，距离近就意味着能早一些到达战场，就有可能占据战场的主动
权。如果为了讨个吉利，舍近求远，绕道走德胜门，那贻误了战
机，反倒可能打败仗了。到了明朝晚期，清军多次闯进山海关，攻
打北京，那时候从北京城里出兵迎敌，大多出的是东直门，而不是
绕道出德胜门。所以德胜门走兵车是不准确的。

后来到了清朝，朝廷防范的不是北方之敌了，出兵就更不走德
胜门了。例如乾隆年间朝廷两次平定大小金川叛乱，都是走的广宁

门（后来的广安门），清军得胜之后班师回朝进的也是广宁门。因为大小金川在北京城的西南方向，而广宁门正是北京城的西南门。在乾隆年间，朝廷在广宁门外的大井建了一座宏大的石牌楼，那就是为了庆祝、纪念两次平定大小金川叛乱而建的，这就是铁证。所以怎么能说打仗的兵车一定要走德胜门呢？德胜门走兵车这个说法不准确。

七、西直门专走水车吗？

从金朝的时候，朝廷就知道玉泉山的水好喝。当时的皇上金章宗完颜璟看到这里水好喝，而且风景也好，就给玉泉山的三个泉眼起名玉泉垂虹，列为金朝的燕京八景。后来从清朝初年开始，皇上和朝廷里的王公大臣们也是认为北京西郊玉泉山的水好喝，就专门喝玉泉山的水，但是那时候玉泉山的水还不是宫廷专用的，老百姓也是可以取用的。那时候科学还不太发达，还没有测量水的软硬度和酸碱度的设备，更没有 pH 值这么一说，那时候的观点是水的分量越轻越好。

后来到了乾隆年间，皇帝为了测量水的重量，特意让手下制作了一个银斗，让全国各地的大员，把各个名山大川泉水运送到京城，由手下人逐个衡量、测重，手下人给乾隆皇帝上报的结果是："京师玉泉之水斗重一两，山东济南珍珠泉斗重一两零二厘，南方扬子江金山泉斗重一两三厘，江苏惠山、浙江虎跑的泉水则各重一两四厘，平山重一两六厘，清凉山、白沙、虎丘及西山之碧云寺各重一两一分。"乾隆皇帝又对这些泉水进行品尝，用各处的泉水沏茶进行品鉴之后，把天下名泉列为七品，也就是七个等级：京师玉泉第一，塞上伊逊之水第二，济南珍珠泉第三，扬子江金山泉第四，无锡惠山泉、杭州虎跑泉共列第五，平山泉第六，清凉山、白

沙（井）、虎丘（泉）及京师西山碧云寺泉均列为第七品。正因为
乾隆皇帝测量所有泉水之中发现玉泉山的泉水最轻，所以乾隆皇帝
将玉泉山的那三个泉眼定为天下第一泉，玉泉山的泉水定为一品。
乾隆皇帝还亲自到玉泉山的泉水周围转了一圈，特意写了一篇《玉
泉山天下第一泉记》来记述此事。并且乾隆皇帝一看，玉泉山的这
个泉水明明是咕嘟咕嘟地往上冒啊，并不是喷出多高再往下落，更
没有在阳光的照耀下形成彩虹啊，他就觉得金朝的金章宗完颜璟给
这个泉水起的玉泉垂虹并不贴切，不形象，他根据玉泉山泉水涌出
的姿态，把玉泉垂虹改为了玉泉趵突，仍为燕京八景之一。现在要
是查字典里对于"趵突"的解释，是喷涌、奔突，一般是指泉水。
那么是不是当初的金章宗完颜璟文学水平不行，用词不当呢？笔者
不这么看，金章宗完颜璟是大定二十九年（1189）即位为帝，到泰
和八年（1208）去世，乾隆是在 1736 年至 1796 年当皇上，两个人
间隔了 600 年。笔者认为在金章宗完颜璟当皇帝的时候，有可能玉
泉山的泉水还真是喷涌而出，喷出一两米高再下落的，在阳光的照
耀下，可能就是出现彩虹的，所以金章宗才使用了"玉泉垂虹"这
个既好听，又文雅，还很形象的词句。而时间过去了 600 年，到了
清朝的乾隆年间，玉泉山地下水的压力释放得差不多了，地面上
的泉水就变成咕嘟咕嘟地冒了，乾隆皇帝没有看到阳光下的彩虹，
只看到泉水咕嘟咕嘟地冒了，所以给改成了"玉泉趵突"，也是贴
切的。

　　因为有了乾隆皇帝文章的赞誉，玉泉山的泉水名扬天下。那么
有没有比玉泉山的泉水更轻的水呢？其实还真有。是哪里的泉水
呢？它不是泉水，是雪水，是天上下雪形成的雪水。乾隆皇帝让手
下人测量，得出的结果是"雪水较玉泉轻三厘"，所以乾隆皇帝每
次遇到下大雪，就会让人收集雪水，放到水壶里，放到火炉上，然

后用晾干的松子、梅花、佛手作为柴火，把雪水烧开来沏茶喝，谓之"三清"，乾隆皇帝认为喝了这种雪水沏的茶可以益寿延年。可是雪水并不是总是能够得到，夏天就没有雪水，所以乾隆皇帝也感叹"雪水不可恒得"，所以他大多数时间还是喝玉泉山的泉水，即使他出行，身边也会有人携带玉泉山的泉水专供乾隆皇上饮用。

自从乾隆皇帝发现玉泉山的水质是天下泉水第一轻之后，乾隆皇帝就颁布禁令，玉泉山的那三个泉眼流出的泉水供朝廷专用，由官兵日夜看守，其他人等不得饮用。所以从乾隆朝开始，一直到清朝灭亡，在这170多年里，老百姓是喝不到玉泉山泉眼旁边的泉水的。清朝，为朝廷运水的车，确实是走西直门，每日清晨，西直门城门一开，第一个进城的就是从玉泉山来的为皇宫运水的马车，车上插着黄龙旗，四个大木水桶上盖着绣龙的大苫布，水车在守城官兵的注视下，威风凛凛地进入了西直门。这都是确有其事，那是不是说西直门就专门走水车，水车就不能走其他城门了呢？也不是的。

西直门走为朝廷运水的车，是因为这么走最近。据说在清朝，有些王公大臣，也觉得玉泉山的水好喝，就安排家里的下人也去玉泉山取水，虽然不能接士兵们把守的那三个泉眼的泉水，但是可以接从这三个泉眼流下来的泉水，或者取玉泉山泉眼附近水井的井水，饮用起来和泉水没有什么区别。他们的家人是用毛驴车或者马车，隔几天就拉那么一趟，而各王府的水车是不愿意和皇上的水车一样走西直门的。究竟是不想走还是不敢走，抑或是不顺路，笔者说不好，反正是各王府的水车走阜成门的居多。再有，在清朝的北京城内外，有大量的水井，当时叫井窝子，每个井窝子都有若干个送水工，老百姓都叫他们水三儿，礼貌一点儿的，管他们叫三哥。他们成天推着水车到处送水。可巧在阜成门外，护城河的旁边，有一口水井，打出来的水出奇的好喝，老百姓都管这口井叫"蜜罐儿井"，所以阜成门里的很多住户都点名让三哥给他们送这口井的水。难道说他们只能绕道走西直门吗？那是不可能的，肯定是进阜成门的，所以说，西直门专走水车，这个说法是不成立的。

八、平则门走煤车吗?

其实平则门走煤车这句话本身就站不住脚，因为在明清两朝，甚至一直到20世纪三四十年代，是不存在阜成门（平则门）进煤车的事情的。因为几百年来，从门头沟往北京城里运煤，既不用人力车，也不用畜力车，基本上靠的是骆驼，再有就是明清两朝从门头沟往北京城里运送煤炭的骆驼也不是只进阜成门，虽然门头沟是北京地区的主要产煤区，而且从门头沟的主要产煤区往阜成门有一条道路，是进北京城比较近的道路，具体来说，就是从门头沟山里的煤窑到三家店经过五里坨，然后从磨石口出山，走廖公庄、田村、八里庄、白堆子，然后进阜成门，一般驮运煤炭的骆驼是这么走的。可是几百年来，靠门头沟南部的煤矿以及房山一带的煤矿（自古以来房山就有煤矿，只不过比门头沟的煤矿数量少一些，知名度也低）生产出来的煤也供应北京城，一般是运往北京的南城。从山里的这些煤矿往北京城运煤的骆驼基本是从房山和门头沟之间的红煤山，走白草洼，然后在南营出山，走卢沟桥，经过大井、小井进广安门或者经过天宁寺进西便门。只是最近这些年流传的平则门走煤车的话误导了人们。难道说宣武门煤栈的煤和广安门煤栈的煤要是往城里拉，还必须要绕半个北京城，只能进阜成门吗？那是不可能的，所以说平则门走煤车，是不可能的。

九、囚车专走宣武门吗?

第九个说法，也是最后一个说法，就是宣武门走囚车。这个说法的依据是在清朝，官府在京城处决犯人的地方是菜市口，拉犯人去往菜市口的囚车是进出宣武门的。有人还说宣武门是"武烈宣扬"，斩杀犯人就是武烈，所以处决犯人必须走宣武门。还有人煞有介事地说宣武门的城门洞上刻着三个字"后悔迟"。这些说法都不准确。其实在明朝的时候，京城处决犯人的地方并不是菜市口。是哪里呢？是在西单北边的缸瓦市到西四牌楼一带。为什么选择在这个地方呢？因为当时的朝廷认为处决犯人要达到杀一儆百的效果，要使老百姓受到教育，所以就要选择在人来人往的繁华地带。明朝的皇城里是不允许老百姓居住与进出的，所以不可能把处决犯人的地点设在皇城里，缸瓦市到西四牌楼一带在明朝是都城里边，皇城外边，是特别繁华热闹的地方，所以当时就把处决犯人的地点安排在这里了。当然把斩杀犯人的地方设在这里还有一个原因，就是明清两朝的刑部大堂和看押犯人的牢房都在西单牌楼的西北边，是现在快到二龙路（当时叫二龙坑）的地方。从牢房把死刑犯人押解到缸瓦市到西四牌楼一带是非常近便的。所以在明朝就不存在宣武门走囚车的情况。等到清朝的时候，京城处决犯人的地方改为菜市口了，拉犯人去往菜市口的囚车也进出宣武门了。这是为什么呢？原因是清朝的朝廷还是希望通过处决犯人使老百姓受到教育，可是北京的内城里居住的都是八旗子弟，而八旗子弟可不是处决犯人使老百姓受到教育的教育对象，朝廷认为这种受教育的对象应该是普通老百姓，而京城的汉人在清朝初年就被朝廷给安排到北京外城居住了，所以清朝政府就把处决犯人的地点安排在外城比较繁华，又离看押犯人的牢房又不太远的菜市口了。从西单一直往南3公里多地，不用拐弯就到了。所以说拉死囚犯人的车走宣武门只是为了距离刑场近，与宣武门的"武烈宣扬"没有半毛钱关系。至于宣武门有"后悔迟"三个字倒是真的，但是这三个字并不是刻在宣武门的城门洞上，而是在宣武门瓮城外的西北角由清政府的刑部立着一通石碑，碑上刻着三个大字"后悔迟"，是为了起到教育百姓、震慑坏人的作用。所以老北京有一句歇后语，叫"刑部的碑——后悔迟"。这才是真正的历史事实。所以宣武门走囚车完全是为了近便，不绕道，而绝不是特意为了能经过所谓的"武烈宣扬"的宣武门。

闲谈北京城五镇

其实中国在 2000 多年前的周朝就有五镇之说，而且有两种说法。一个是说中国的"五岳"就是五镇，是五座名山，即东岳泰山、西岳华山、南岳衡山、北岳恒山、中岳嵩山。还有一说，五镇是指"五岳"以外的五座大山，即东镇青州沂山、西镇雍州吴山、中镇冀州霍山、南镇扬州会稽山、北镇幽州医巫闾山。这两种说法相同的是都认为五镇是五座大山。

为什么要把山作为镇物呢？笔者认为原因是在中国的古代，人们对山是充满敬畏的，山既能暴发山洪，又能发生泥石流，所以人们认为山有一种不可知的力量，充满了神秘感，所以就创造出了山神，在很多山的旁边建山神庙，祈祷山神保佑一方的平安。在神话故事里经常出现用山来镇压住妖魔鬼怪的情况，比如《西游记》里孙悟空就被压在五行山下。

尤其是泰山，不但在泰山上有山神庙、岱宗庙，而且全国很多地方也有，如北京的东岳庙供的东岳大帝就是泰山神。还有北京曾经的五顶，也就是五处娘娘庙供的碧霞元君就是泰山女神。不但老百姓拜山神、拜泰山，而且很多朝代的皇帝也拜泰山、封泰山，足见泰山在封建社会的地位与重要性。这就是中国传统的五镇。

可是到了清朝后期，五镇在北京就变了味儿了，五镇不再是山了，而是把五镇和中国传统文化的阴阳五行以及五行的相生相克联系起来了，竟然牵强附会地在北京城的东、西、南、北中找到了五个镇物。这不但误导了北京城的老百姓，而且还带来了非常严重的负面影响。下面笔者就逐一地说一说五镇产生的原因，以及是什么原因把五镇弄假成真的。

一、东镇

东方镇物：一根金丝楠木。

存放地点：北京城的东南。

产生时间：清朝乾隆年间。

首先说，那些宣扬五镇的人对于这根金丝楠木的存放地点的说法就不统一，有的说是在东直门外，有的说是在广渠门外。据笔者考证，在广渠门外确实有座神木厂，里面有一根巨大的金丝楠木。神木厂的准确位置是广渠门外通惠河二闸的南面，现在的地名叫黄木庄，但是那个地点不是在北京城的东边，是在北京城的东南，那是明初营建紫禁城时，专门堆放从四川、两湖、两广等地采办，从水路运输到北京的木料的地方。明末清初孙承泽所撰写的《春明梦余录》记载："京师神木厂所积大木，皆永乐时物。其中最巨者曰'樟扁头'，围二丈外，卧四丈余，骑而过其下，高可隐身。"根据这段记载可以看到：1. 神木厂不是只有一根神木，是有很多的大木头；2. 神木厂不是供奉神木的庙宇，而是堆积着这些大木头的储料厂；3. 在储料厂里确实有一根巨大的木头，周长两丈多，高四丈多，但它不是什么神木，叫"樟扁头"。也就是说明末清初的时候，还不存在东镇的神木之说。

那么是什么时候、什么原因使"樟扁头"变成了神木呢？是在明末清初之后的一百来年里，很多人觉得这根木头比较"邪气"：
1. 它是根金丝楠木，这么巨大的金丝楠木是很罕见的；2. 虽然这
根金丝楠木有一部分腐烂了，但"精气神儿却一点都没散"，看着
特别地有气势；3. 北京城别的地方经常着火，可这个神木厂，是
存放木材的地方，是非常容易失火的地方，却从来没有发生过火
灾，这很可能是这根巨大的金丝楠木把火给镇住了吧。所以这根木
头有神力的说法就一传十、十传百，逐渐传开了，甚至传到了宫
里。乾隆皇帝闻听此事很感兴趣，在乾隆二十三年（1758）竟然亲
自到神木厂来了，一看还真有点意思，诗兴大发，作了一首诗，题
目叫"神木谣"，其中有这么几句是：远辞南海来燕都，甲乙青气
镇权舆，是称神木众木殊。"远辞南海来燕都"就是这根金丝楠木
是从遥远的南海运来的，但是有人说这根木头不是从南海来的，是
从四川大凉山里运来的；"甲乙青气镇权舆"，甲乙是十位天干的前
两位，按照天干与五方的对应关系，甲乙指的是东方，青气是青、
红、黄、白、黑五色之一，按照五色与五方的对应关系，青气指
的也是东方，"镇权舆"，说的是从一开始就镇得住，换句话说就
是始终都是镇物；"是称神木众木殊"，是说这是一根与众不同的神
木。通过这首诗，说明是乾隆皇上把樟扁头升格成了神木，成了北
京东方的镇物。后来当地衙门口儿觉得这件事是当地的荣耀，安排
人制作了一通石碑，把这首诗刻在了碑上，立在了神木厂里。为了
避免石碑遭到风吹雨淋，还专门建了一座亭子，叫御碑亭。这座御
碑亭的位置应该是在后来的北京钢琴厂院内。那根神木是什么时候
消失的呢？就在"文革"期间，那根神木被钢琴厂"革委会"安排
锯成了板材，做了 20 张长条会议桌，供钢琴厂的领导开会使用了。
在"文革"中"造反派"还把御碑亭给拆了，御碑被扔到了厂里的
白菜窖内，直到 1985 年钢琴厂翻建厂房时，"神木谣"御碑被挖掘

出来。1997 年，厂领导决定投资 3 万余元为御碑修建了一座亭子，并用不锈钢和有机玻璃制作了罩子，将碑保护起来，还在四周修建了绿地，修建了神木碑亭景区，并将"神木谣"的故事载入了厂志。到了 21 世纪，这片地方搞房地产开发了，朝阳区政府为了保护这通御碑，又投资在小区里建了一座非常上档次的御碑亭。石碑在亭子里保存至今。

这就是从明朝的樟扁头到清朝乾隆年间的神木又到 20 张长条会议桌的全过程。通过笔者的这段叙述可以看出，在清朝初年还不存在北京东镇之说，是乾隆皇帝去了，作了首诗才有了关于金丝楠木是东镇的说法。

二、南镇

南方镇物：燕墩。

存放地点：永定门外偏西。

产生时间：清朝乾隆年间。

笔者在讲刘秉忠建造元大都的时候说过，元朝对天上的四方神灵是诚惶诚恐的，在元大都东、西、南、北四个方位，为四方神灵建造了神位，常年进行供奉。燕墩就是供奉南方火神的神位。

但是明朝推翻了元朝之后，明朝政府并不知道这四座建筑的用意，也没有继承元朝供奉四方神的理念。虽然在明朝嘉靖年间，给燕墩包砌上砖了，但是嘉靖皇帝未必知道这座燕墩在元朝是供奉火神的。

后来清朝乾隆年间，更是在燕墩碑座束腰部分雕出水神像 24 尊，大有与火神唱对台戏的味道。为什么乾隆皇上要在供奉火神的神位上雕水神像呢？这就体现了清朝管理者对传统文化，对阴阳五行的相生相克，以及与四方神对着干的一贯思路。从清朝顺治皇帝进北京，为八旗人员安排的驻扎位置就看得出来。东方属木，就安排正白旗和镶白旗居住，因为白色属金，金克木，用这两个旗镇住东方；南方属火，就安排正蓝旗和镶蓝旗居住，因为蓝色属水，水克火，用这两个旗镇住南方；西方属金，就安排正红旗和镶红旗居住，因为红色属火，火克金，用这两个旗镇住西方；北方属水，就安排正黄旗和镶黄旗居住，因为黄色属土，土克水，用这两个旗镇住北方。这是清朝政府对于中国传统风水学的一种认识与实践的思路。由此可以看到乾隆皇上在供奉火神的神位上雕水神像的道理了。虽然乾隆在用水镇着火，但是同时乾隆皇帝也是在用火神镇着南方。

三、西镇

西方镇物：永乐大钟。

存放地点：德胜门外西北的觉生寺。

产生时间：清朝光绪年间。

笔者在前面说了永乐大帝为什么要铸钟，说到明朝的朱棣皇上，为了自己的身体健康，为了长寿，铸造了永乐大钟。没想到这根本不解决问题，朱棣还是在 64 岁就去世了。后来万历皇帝又决定把永乐大钟从汉经厂运到万寿寺。到了清朝，雍正皇帝又把永乐大钟运到了觉生寺，其目的是向上苍祈雨。所以从永乐大钟的几次位置的变化，以及这三位皇上希望它带来的功能、解决的问题来看，都和西镇没有任何关系。而且从永乐大钟所在的觉生寺的位置来看，是在北京城德胜门外的西北方向，根本不是北京城的西方。把永乐大钟说成北京城的西镇，也太牵强附会了吧！可是在清朝的光绪年间，就有人把永乐大钟生拉硬拽地和北京城的西镇联系了起来。这个人是谁呢，他为什么要这么编造呢？笔者在后面会详细地说。

四、北镇

北方镇物：颐和园的铜牛。

存放地点：北京城西北的颐和园。

产生时间：清朝光绪年间。

北方之镇为颐和园昆明湖畔的铜牛。首先说这座铜牛是什么时候建的呢？据史料记载，这只铜牛铸造于清朝乾隆二十年（1755），是我国现存最大的古代镀金铜牛。再说乾隆皇上为什么建造铜牛，还要安放在昆明湖畔呢？

原来乾隆帝在日常生活中经常自诩为天上的玉皇大帝，把颐和园（当时还叫清漪园）的美景想象成天上的宫阙，把昆明湖喻为天河。有一天，乾隆望着昆明湖心想，在天河两侧应该有牛郎和织女啊，就安排铸造了铜牛，摆在了昆明湖的东堤岸边。那么是不是应该有个织女与其相呼应呢？如果在昆明湖西岸立个织女，既不含蓄又俗气，于是乾隆又命人在昆明湖的西侧开辟了一块地，做成耕地的模样，立了一块刻有"织耕图"三字，下面有乾隆御笔方印的汉白玉石碑，作为"织女"与"牛郎"遥遥相望的象征物。

为表示铸造铜牛不只是为了"牛郎与织女"的娱乐情趣，也是为了镇水，乾隆皇上安排在金牛背上用篆文铸了《金牛铭》，曰："夏禹治河，铁牛传颂。义重安澜，后人景从。制寓刚戊，象取厚坤。蛟龙远避，讵数鼍鼋。此昆明，潴流万顷。金写神牛，用镇悠永……"当然，笔者觉得在乾隆皇帝的头脑里，是不排除有通过铸铜牛来镇水的思想的。

后来到了清朝晚期，慈禧太后也有类似乾隆皇上的爱好，她喜欢把自己比作天上的王母娘娘。因此，在扩建颐和园时，她曾经传下一道密旨，要将颐和园修得像天庭，佛香阁象征天宫，昆明湖象征天河，既然有天宫天河，那当然要有牛郎织女了。她见昆明湖东堤已经安置了铜牛（牛郎），所以又在石舫的一侧建起了织女亭。铜牛的身子朝东，头扭向西北，正好冲着织女亭，以昆明湖（天河）为界，也就暗合了中国古天象学家们称呼的牛郎星和织女星。

通过这些情况得知，颐和园的铜牛和北京城的北镇无关，而且颐和园铜牛的位置是在北京城的西方偏北一点儿，并不在北京城的北方。再说清朝中期铸造的铜牛怎么能成为元、明、清三朝的镇物呢？我们后面细说。

五、中镇

中方镇物：景山。

存放地点：北京城中心。

产生时间：清朝光绪年间。

笔者在本篇开始，说了我国在周朝就有五镇之说，当时的五镇指的都是比较有名的高山。北京城里的景山虽然不高，但是也是山。景山曾有多个称谓，如"镇山""万岁山""煤山"等。

在明永乐年间，朱棣皇上下令把景山称为镇山，其目的是镇压"元朝的王气"。据明代北京方志《春明梦余录》卷六记载，"万岁山"于万历三十八年（1610）八月十一日添牌。也就是说在明朝后期，景山就改叫万岁山了。

据《清史编年》第一卷记载，顺治十二年（1655）六月初四，顺治帝下令将皇帝的宫禁命名为紫禁城，将紫禁城北面的山（万岁山）命名为景山。所以在清朝，人们已经不再管这座山叫镇山，而叫景山了。

那么，是谁又旧事重提，说起镇山之事，并且说起了北京城的五镇，而且传播得家喻户晓了呢？笔者曾经查找了很多书籍、资料，终于发现问题根源产生在清朝的中晚期，就是在乾隆朝以后，北京城的老百姓根据明朝曾经管景山叫镇山，乾隆朝将神木列为东镇，再加上认为京城南方有燕墩，很可能是南镇，接着，京城的老百姓又凭着丰富的想象力，经过多年的演绎，产生出了其他二镇，当时这五镇也成了北京城里街头巷尾、茶余饭后的谈资。但是仅限于在北京城里的民间一个传闻。

真正把北京城的五镇弄假成真，传播得家喻户晓的时间是在清朝的光绪年间，实施者是一位河南开封人，叫李虹若。他有一定的文化，家里比较有钱，便进京赶考来了，结果是连续考了十几年，连续考不中。他也就在京城住了十几年。在北京学习、考试之余，他有大把的空闲时间，就写信让家里送银子来，他就拿着银子到各处游山玩水。可是他是个河南人，对北京的道路、街巷都不熟悉，对于寺庙、山水这些景点的特点、故事也都不清楚，所以玩儿起来既不方便，也不尽兴。后来他想，虽然我考试不中，但是凭我的文笔，要是写一本旅游手册之类的东西还是不成问题的，这样既可以为其他刚到北京的外地人提供旅游方便，更可以得到一笔收入，来解决自己的日常生活开销问题，省得老找家里要钱。有了这个想法之后他就有意识地和住地附近的老北京人广泛接触，了解北京的风土人情、风俗习惯，询问各旅游景点的风光特点，走访了解各旅游景点以及北京城里里外外的文物古迹、会馆庙宇、戏曲名伶、食品饭菜、老字号、大买卖等好吃的、好玩的东西，一边了解、一边记录。结果功夫不负有心人，用了几年的时间，他积累了大量的素材，在清朝的光绪十二年（1886），他编写出了八卷书籍，名叫"朝市丛载"。老百姓闲聊的几个镇物在这本《朝市丛载》中就变成了北京城有五镇，成了板上钉钉的实事了。他说是从元朝开始，包括明朝，朝廷为了"震慑妖魔，保京城平安"，在北京的东、西、南、北、中五个方位特意设置了五个镇物。其实有些器物根本不是元朝或明朝的建筑。

他在书中还对于五镇分别作了一首诗，东镇说的是神木厂的樟扁头：大木千囷百丈高，东方作镇记前朝。魂奇犹忆岩阿里，老干亭亭耸碧霄。南镇就是永定门外的燕墩：沙路迢迢古迹存，石幢卓立号燕墩。大都旧事谁能说，正对当年丽正门。其实这首诗是李虹若转录前人杨静山的七绝。西镇说的就是大钟寺的永乐大钟：钟大难悬梁上穿，深深楼覆韵飘然。游人到此占祥瑞，鹅眼青钱费万千。北镇就是颐和园里的铜牛：昆明湖上晚晴初，眼望铜牛柳半疏。水远楼深难画处，顿教俗虑自消除。中镇景山：地安门里绕红墙，树影重重映夕阳。玉蛛金鳌桥上望，煤峰耸峙在中央。本来北京城里老百姓闲谈之中提到的几个镇物，就被这位河南开封人李虹若汇总起来，堂而皇之地写进了这本《朝市丛载》。这本书发行之后卖得还特别火，外地来北京的有钱人，几乎人手一册，北京的人也纷纷购买，结果这本《朝市丛载》在那个时代，成为一本畅销书，在光绪年间就多次再版，广为流传。它不但为李虹若带来了可观的经济收入，而且因为这本书是当时北京最全的旅行指南，畅销全国，所以通过这本书就把北京城有五镇的消息传播到全国各地了。

本来是北京人的随便聊天、信口开河的事情，可是因为印刷到书本里了，对于不明就里的外地人和北京城的后来人，就都深信不疑了。到现在已经有人说五镇为北京历史文化的一个重要组成部分了，包括在景山公园内正对南门的绮望楼里的《景山历史文化展》中，就有关于老北京五镇的介绍，在这个介绍中，还分别配有万春亭、铜牛、燕墩、大钟、神木的图片。这就是笔者对五镇的看法。